निराला-काव्य
पर
बंगला का प्रभाव

निराला-काव्य पर बंगला का प्रभाव

इन्द्रनाथ चौधुरी

वाणी प्रकाशन

वाणी प्रकाशन
4695, 21-ए, दरियागंज, नयी दिल्ली 110 002
फ़ोन : +911123273167 फ़ैक्स : +911123275710
शाखाएँ
अशोक राजपथ, पटना 800 004, बिहार
कॉफ़ी हाउस कैम्पस, महात्मा गांधी मार्ग, इलाहाबाद 211 001, उत्तर प्रदेश
महात्मा गांधी अन्तरराष्ट्रीय हिन्दी विश्वविद्यालय, वर्धा 442 001, महाराष्ट्र
सुल्तानिया रोड, मोतिया पार्क, भोपाल 462 001, मध्य प्रदेश
www.vaniprakashan.in
marketing@vaniprakashan.in
sales@vaniprakashan.in

NIRALA-KAVYA PAR BANGLA KA PRABHAV
by Indranath Chaudhury

ISBN : 978-93-89012-43-9
Criticism

प्रथम संस्करण 2019

मूल्य : ₹ 495

सिटी प्रेस, दिल्ली-110 095 में मुद्रित

वाणी प्रकाशन का लोगो मक़बूल फ़िदा हुसेन की कूची से

बंगला मेरी वैसी ही मातृभाषा है जैसी हिन्दी

—निराला

भूमिका

यह पुस्तक काफी वर्ष पहले एक विनिबन्ध के रूप में लिखी जा चुकी थी। उस समय तक रामविलास शर्मा की तीन खण्डों में लिखी गयी पुस्तक, 'निराला की साहित्य साधना', दूधनाथ सिंह की 'निराला : आत्महन्ता आस्था' और धनंजय वर्मा की पुस्तक 'निराला काव्य : पुनर्मूल्यांकन' प्रकाशित नहीं हुई थीं यद्यपि नन्ददुलारे वाजपेयी और नगेन्द्र अपने वक्तव्यों के द्वारा पीछे धकेले हुए निराला को आगे लाने में महत्त्वपूर्ण भूमिका निभा रहे थे। रामविलास शर्मा की पुस्तक आने पर निराला को प्रतिष्ठित होने में कोई खलल डाल नहीं पाया और सूर्यकान्त त्रिपाठी निराला हिन्दी साहित्य जगत में पूरे सजधज के साथ विराजमान हो गये। मेरी पुस्तक 'निराला काव्य पर रवीन्द्र का प्रभाव' का पूरा फोकस विषय पर रहा है इसलिए निराला से सम्बद्ध अन्यान्य क्षेत्रों का उल्लेख या विवेचन इसमें नहीं किया गया है।

मुझे ऐसा लगता है कि रवीन्द्रनाथ को जोड़कर रामविलास शर्मा की 'निराला की साहित्य साधना' की पुस्तक के तृतीय खण्ड (1976) में संकलित ऐसे कई सारे पत्र हैं जिनका उल्लेख करना जरूरी है। इसी तरह दूधनाथ सिंह की पुस्तक 'निराला : आत्महन्ता आस्था' में विस्तार से लेखक ने निराला और रवीन्द्रनाथ की विषय और भावगत तुलना की है मगर उनकी कोशिश यही रही कि रवीन्द्र की तुलना में निराला को अधिक महत्त्व और बड़ा कवि सिद्ध किया जाये। इस तरह के तुलनात्मक अध्ययन तुलनात्मक साहित्य के आधारभूत पद्धति विज्ञान से अपरिचित आलोचक ही करते हैं। तुलनात्मक साहित्य में विभिन्न भाषाओं के लेखकों की तुलना करते हुए किसी एक के पक्ष में निर्णय देना अनुचित माना गया है। दोनों लेखकों के कवि वैशिष्ट्य का विस्तार से उद्घाटन ही तुलनात्मक आलोचना का मूल प्रतिपाद्य होता है। तीसरी पुस्तक धनंजय वर्मा की 'निराला काव्य : पुनर्मूल्यांकन' में निराला के सन्दर्भ में रवीन्द्रनाथ का यदा-कदा उल्लेख किया गया है।

रामविलास शर्मा की 'निराला की साहित्य साधना' के तृतीय खण्ड में संगृहीत ऐसे बहुत से पत्र हैं जिनमें निराला का बंगला प्रेम और रवीन्द्रनाथ से जुड़े हुए उन पर बहुत-सी टिप्पणियाँ हैं। जानकी वल्लभ शास्त्री ने ऐसी एक टिप्पणी की कि

निराला पर "बंगला का ऐसा नशा चढ़ा था कि दूर-दूर से खड़ी बोली की जमीन उजाड़ और ऊबड़-खाबड़ नजर आती थी।" रामविलास शर्मा के अनुसार जानकी वल्लभ शास्त्री को निराला की छायावादी रचनाएँ भी पसन्द नहीं थीं। दूसरी ओर रामविलास शर्मा का कहना था कि "निराला को न केवल छायावाद के रीति-विरोधी प्रगतिशील पक्ष की पहचान थी वरन् छायावाद का कल्पनाविलासी भावुक पक्ष भी पहचानते थे और उसकी सीमा पार करके ऐसी कविता रचने पर जोर दे रहे थे जिसमें बुद्धि पक्ष की भूमिका महत्त्वपूर्ण थी और यह सब जानकी वल्लभ शास्त्री की समझ से बाहर की चीजें थीं।"

31 मार्च सन् 1936 के जानकी वल्लभ शास्त्री को लिखे गये एक पत्र में उन्होंने स्पष्ट लिखा था, "रवीन्द्रनाथ की नकल बनूँ, मेरी इच्छा नहीं; मैं मैं हूँ : सूर्यकान्त रवीन्द्र नहीं, –कान्त 'इन्द्र' और 'नाथ' की गुरुता चाहेगा!" इस महत्त्वपूर्ण टिप्पणी से एक बात तो स्पष्ट होती है कि रवीन्द्र से प्रभावित होते हुए भी वे अपनी स्वकीयता को खोते नहीं हैं। पुस्तक के 'प्रभाव विवेचन' में इसका विस्तार से विवेचन किया गया है।

इस सम्बन्ध में विश्वविख्यात लैटिन अमेरिकन कवि पाब्लो नेरुदा का उल्लेख करना अप्रासंगिक नहीं होगा। उनकी 10 लाख कापियाँ बिकने वाली कविता की पुस्त्क "Twenty Poems of love and a song of despair" में दो कविताएँ रवीन्द्रनाथ का उल्लेख किये बिना लगभग मूल का कथित-कथन (paraphrasing) है : (1) In my sky a twilight (तुमि संध्यार मेघमाला), (2) Come with me, I said, and no one knew (एकला चलो रे)।

जब पाठकों को इसका पता चला तो नेरुदा की बड़ी आलोचना होने लगी। फिर मित्रों के कहने पर अपने दूसरे संस्करण में नेरुदा ने इस तथ्य का निःसंकोच उल्लेख करके अपनी गलती का संशोधन किया। इन उदाहरणों का उल्लेख कर नेरुदा को विश्वविख्यात कवि मानने से इनकार करना अनुचित होगा। हाँ, यह बात सही है कि निराला पर रवीन्द्र का प्रभाव था। मगर वह सान (whet stone) की तरह था जिससे निराला की अपनी प्रतिभा और भी अधिक चमक उठी थी।

जानकी वल्लभ शास्त्री, रामविलास जी के अनुसार, कालिदास और रवीन्द्र के मुकाबले में खड़ा करके निराला को नीचा दिखाने में तुले हुए थे। इन दोनों कवियों के व्याज से निराला को सलाह देने लगे थे कि उन्हें क्या न लिखना चाहिए, कैसे काम करना चाहिए, कैसे काम न करना चाहिए। निराला ने चिढ़कर लिखा, "रविबाबू बहुत काम करते रहे हैं, करते हैं; मैं तबीयत से जो कुछ कर सकता हूँ : मैं रविबाबू नहीं हूँ।"

फिर प्रसाद के निधन के बाद 18 मार्च 1938 के पत्र में लिखा, "रविबाबू

की तरह के अनेक अर्थ हैं। लिखता भी हूँ जब वैसी तबीयत होती है, कुछ। पर रविबाबू अब जमाने के विचार से दूर हो गये हैं, यह आधुनिक साहित्य के विचार से लिख रहा हूँ।''

यह बात बिल्कुल स्पष्ट है कि बंगला, हिन्दी में जो भी उल्लेखनीय नवीन विकास हो रहा था वह रवीन्द्रनाथ की कल्पना भूमि को छोड़कर। और एक बात भी स्पष्ट हो जाती है कि निराला की रविबाबू के प्रति श्रद्धा चिन्तनहीन दासता का पर्याय नहीं थी। वे विवेक-बुद्धि से रविबाबू को परखना भूलते नहीं थे, वे प्रचारक नहीं थे—अपनी समझ के अनुसार रविबाबू को स्वीकार करते थे। 30.08.38 के पत्र में निराला ने लिखा था कि ''मैं तो कालिदास और रवीन्द्रनाथ से अपनी माँ का मुख ही अधिक पहचानता हूँ।'' रामविलास शर्मा ने इस पर टिप्पणी करते हुए लिखा था कि ''निराला को कालिदास और रवीन्द्रनाथ जैसे बड़े नामों से आतंकित न किया जा सकता था। कालिदास संस्कृत में महान हैं, रवीन्द्रनाथ बंगला के महान हैं, कुछ सम्पत्ति हिन्दी की अपनी भी है। निराला हिन्दी साहित्य को देखते और पहचानते हैं; उनके लिए बंगला और संस्कृत की निगाह को अपनी निगाह बना लेना सम्भव नहीं है।''

आलोच्य पुस्तक में यह स्पष्ट किया गया है कि निराला रवीन्द्र से प्रभावित थे और साथ में अपने स्वतन्त्र कवि रूप पर उन्हें गर्व था और आवश्यकता अनुसार उन्होंने रवीन्द्रनाथ को आधुनिक युग के कवि होते हुए भी विदेश से आयातित आधुनिकता के आश्रय से हिन्दी में विकसित होने वाली आधुनिकता के कवि नहीं माना है। कहा, ''उनमें कमजोरियाँ भी अपार हैं। ...रविबाबू भी ''कालिदास विलास है'' और यह भी कहा कि रविबाबू अपने समय से दूर हो गये हैं।'' निराला आधुनिकता को काल-सापेक्ष मानते हुए रविबाबू के बारे में यह सब बातें कह रहे थे। रवीन्द्रनाथ कहते हैं कि आधुनिकता, सर्वकालिक है, उसे काल से बाँधा नहीं जा सकता।

वस्तुतः रवीन्द्रनाथ ने आधुनिकता के बारे में तीन परिभाषाएँ दी हैं और यह सब परिभाषाएँ उनके चीन और जापान यात्राओं में दिये गये भाषणों में संकलित हैं :

(1) जापान में दिये गये एक भाषण में रवीन्द्र ने कहा था, ''वास्तविक आधुनिकता हृदय की स्वाधीनता है, अस्वाद की गुलामी नहीं। यह विचार और क्रिया की आजादी है, यूरोपीय स्कूल मास्टरों के संरक्षण में जीना नहीं है।''

(2) 'आधुनिक कविता' निबन्ध में आधुनिकता की और एक परिभाषा देते हुए कहते हैं कि ''स्वाभाविक और निर्लिप्त दृष्टि से देखना किसी विशेष युग की बपौती नहीं है; किसी विशेष युग से सम्बद्ध नहीं है; यह प्रत्येक व्यक्ति के लिए है जिसकी दृष्टि यह जानती है कि इस खुली पृथ्वी को देखकर कैसे आश्चर्यचकित हुआ जा सकता है।''

हजार वर्षों से भी अधिक पहले चीन के कवि ली-पो ने कविताएँ लिखी थीं,

मगर वह आधुनिक था। उसने इस विश्व को ताजा नवीन खुली दृष्टि से देखा था। उनकी पंक्तियाँ हैं :

"इस हरे-भरे पर्वतों के बीच
मैं क्यों रहता हूँ?
इस प्रश्न से मुझे हँसी आ
जाती है, मैं उत्तर नहीं देता।
मेरा मन बिल्कुल शान्त है
मैं और किसी आकाश के नीचे
रहता हूँ, किसी और पृथ्वी पर–
एक ऐसी पृथ्वी में जो किसी भी
मनुष्य की नहीं है
आड़ू के वृक्ष फूलों से लदे हैं
छोटी नदी पास से बह रही है।"

(3) रवीन्द्रनाथ की तीसरी परिभाषा निश्चय ही चौंकाने वाली है। चीन में दिये गये एक भाषण में उन्होंने कहा था कि प्राणियों की एकता में व्यक्ति आत्मा का अनुभव करता है। इसीलिए आधुनिकता की परिभाषा अन्य आधुनिकता के रूप में देते हुए, टैगोर ने बिना किसी हिचकिचाहट के 1924 में पेचिंग में यह घोषणा की थी कि "भौतिक पदार्थों की अशिष्टता काफी पुरानी है। मनुष्य में आत्मा का उद्घाटन नया है, मैं इसके पक्ष में हूँ। मैं आधुनिक हूँ।"

इस प्रकार रविबाबू के द्वारा दी गयी आधुनिकता की परिभाषाओं में मन की स्वाधीनता, वस्तुनिष्ठता और अध्यात्म को स्वीकार करके यह स्पष्ट किया कि वे समय से परे हैं–उनकी आधुनिकता सर्वकालिक है। इसको और भी अधिक स्पष्ट करते हुए उन्होंने कहा, जो नूतन है, वह काल से आबद्ध है, रैखिक गतियुक्त है और जो नवीन है वह सदा वर्तमान है। निराला पर रवीन्द्र का प्रभाव अनुभूतिजन्य था इसीलिए उनकी स्वकीयता पर कोई आँच नहीं आ पायी।

दूधनाथ सिंह की पुस्तक 'निराला : आत्महन्ता आस्था' बहुत ही वैदुष्यपूर्ण ढंग से लिखी गयी निराला के काव्य की गहराई से आलोचनात्मक व्याख्या है। उनकी दृष्टि तुलनात्मक रही है और काफी विस्तार से नाना विषयों के आश्रय से उन्होंने रवीन्द्र के साथ निराला का तुलनात्मक विवेचन किया है। परन्तु पुस्तक के इस पक्ष ने उनकी विद्वत्ता पर प्रश्नचिह्न लगा दिया है। यह बात तो अवश्य कहते हैं कि "रचना किस तरह मनुष्य को मुक्त कर सकती है, निराला और रवीन्द्रनाथ से बढ़कर आधुनिक युग में इसका दूसरा कोई बड़ा उदाहरण मिल सकना असम्भव है।"

फिर आगे चलकर कहते हैं, "कवि-धर्म ही मानव धर्म है"–रवीन्द्रनाथ का

यह कथन अथवा ''वैराग्य साधने आमार मुक्ति नय'' रवीन्द्रनाथ से अधिक निराला पर लागू होता है। रवीन्द्रनाथ के सामने तो फिर भी कवि-धर्म के निर्वाह की सभी सुविधाएँ प्राप्त थीं। वैराग्य और कविता के अलावा शिक्षा, समाज-सेवा जैसे आत्म मुक्ति के अनेक साधन रवीन्द्रनाथ ने आजमाये और उसमें सफल भी हुए। निराला के पास न तो इस तरह की सुविधाएँ थीं और न ही आत्म-मुक्ति के लिए उन्होंने कोई दूसरा रास्ता ही सोचा। इसीलिए दूधनाथ सिंह कहते हैं कि ''कविता के द्वारा आत्म-मुक्ति का श्रेष्ठतम उदाहरण आधुनिक युग में निराला के अलावा कोई दूसरा नहीं मिलता है।''

दूधनाथ सिंह सरीखे बड़े आलोचक विद्वान निराला के प्रति उनके अन्ध पक्षपात के कारण उनकी विवेकदृष्टि में दरार दिखाई पड़ती है। पहले कह चुका हूँ कि तुलनात्मक अध्ययन के पद्धति विज्ञान में किसी एक को श्रेष्ठ प्रमाणित करना अनुचित माना गया है और दो कवियों की रचनाओं का गुण-दोष बताते हुए विस्तार से विवेचन ही स्वीकार्य है। रवीन्द्रनाथ की 'वैराग्य साधने मुक्ति' के अतिरिक्त उनकी बहुत सारी और कविताएँ 'मुक्ति' को लेकर हैं। 'सोनार तेरी' काव्यग्रन्थ में 'मुक्ति' शीर्षक से उनकी एक कविता है जिसमें प्रश्नवाचक में एक पंक्ति है–

विश्व में यदि चारों ओर क्रन्दन है तो क्या मैं अकेले बैठा रहूँगा मुक्ति समाधि में? अर्थात् नहीं मैं उस विश्व-क्रन्दन का सहभागी होना चाहूँगा। निराला कहते हैं–

''कुछ न हुआ–न हो
मुझे विश्व का सुख–श्री यदि केवल पास तुम रहो।''

दोनों कवि ही मुक्ति कामना से जीवन को जीना चाहते हैं।

कवि का अलग व्यक्तित्व होता है, उसकी जीवन दृष्टि अलग होती है, उनकी अभिव्यक्ति भी अलग होती है। प्रेम सन्दर्भ में ऐसा क्यों नहीं लिखा कहकर, दूधनाथ सिंह, प्रेम के विवरण पर रवीन्द्रनाथ और कबीर ने दार्शनिकता का आवरण चढ़ा दिया था, कहकर निराला की कवि-प्रेम वर्जना के सन्दर्भ में सीधी-सादी अभिव्यक्ति को श्रेष्ठ प्रमाणित करते हैं। परन्तु–

ज्ञान-तन्तु तुम, जग अजान-मन
शव-शिव-शक्ति महान

जैसी पंक्तियों को ''दार्शनिक व्यंजना के प्रति प्रतिश्रुति नहीं है'' कहकर उसकी दार्शनिकता को भुला देते हैं। दूधनाथ सिंह यह जानते हुए भी अनजान बनते हैं कि कविता के एक छोर पर दर्शन रहता है, दूसरे छोर पर इतिहास। फिर आगे चलकर कहते हैं कि 'जुही की कली' में जो संयोग का अत्यन्त सघन और सूक्ष्म चित्र प्रस्तुत हुआ है ऐसा भरपूर चित्र रवीन्द्रनाथ में भी देखने को नहीं मिलता है। एक बात तो

स्पष्ट है कि दूधनाथ सिंह को पूरे रवीन्द्र साहित्य का ज्ञान नहीं है, नहीं तो ऐसा नहीं लिखते। रवीन्द्र की कविता 'उर्वशी' या फिर 'रात्रे ओ प्रभात' में नग्न स्त्री का वर्णन है या फिर संभोग चित्र का। कवि कभी भी पोर्नोग्राफी का रचयिता नहीं हो सकता मगर सांकेतिक ढंग से वर्णन के द्वारा वह स्त्री-पुरुष के काम-मिलन को चित्रित करता है। 'रात्रे ओ प्रभाते' में रवीन्द्र ने लिखा है–

"कालि मधुयामिनीते ज्योत्स्ना
निशीथे मधुर आवेश भरे।
तब अवगुण्ठनखानि
आमि खुले फेलोछिनु टानि।
....
....................................."

कल चाँदनी से भरी रात में काम के आवेश में मैंने तुम्हारे अवगुंठन को खींचकर खोल डाला था। फिर जबरन तुम्हारे वक्ष से तुम्हारे कमल कोमल हाथ को हटा दिया था। मिलन-सुख से तुम्हारी आँखें बन्द थीं, मुख में भाषा नहीं थी। मैंने तुम्हारे पाश को खोल डाला और जूड़ा को खोल दिया था। तुम्हारे झुके हुए मुख को अपने वक्ष पर रख दिया था। हे सखी, तुम मेरी प्यार वासना को नयी मिलन की आस में हँसी से खिले हुए मुख से सहती रहीं।

यह कविता 'जुही की कली' से कहीं आगे जाकर स्त्री-पुरुष के काम-मिलन को चित्रित करती है। दूधनाथ सिंह ने इस कविता को उद्धृत तो किया है परन्तु बाद में सुबह स्नान और सिन्दूर पहन के जब वह देवी रूप में खड़ी होने पर आपत्ति करते हैं–इसे तामझाम कहते हैं और कविता को सपाट मानते हैं। कविता की अच्छी परख होते हुए भी वे ऐसे क्यों कहते हैं यह हरेक को आश्चर्य में डाल देता है। रवीन्द्रनाथ की दृष्टि सम्पूर्णता की दृष्टि थी, होलेस्टिक दृष्टि थी और सन् 1895 में लिखी गयी कविता पर विक्टोरियन युग की शुचिता, नैतिकता और आदर्श जीवन का प्रभाव था। महावीर प्रसाद द्विवेदी, अयोध्या सिंह उपाध्याय की शुचितापूर्ण दृष्टि से हम परिचित हैं। रवीन्द्रनाथ ने इस तरह एक विवाहित स्त्री का संभोग चित्र और बाद में स्त्री का घरेलू रूप, सुबह स्नान किया हुआ और सिन्दूर पहना हुआ रूप दिखाया है। जब दूधनाथ सिंह कहते हैं कि निराला की कविता में इस तरह का टीम-टाम नहीं है क्योंकि वह एक जन-साधारण का भाव-संवेदन हो तो क्या जन-साधारण का किसी से भी काम सम्बन्ध जोड़ने को ही भाव-संवेदन माना जायेगा? दूधनाथ सिंह स्त्री-सुहाग में भाव-संवेदन ढूँढ़ नहीं पाते, वे स्त्री के सम्पूर्ण (टोटल) चित्र को तामझाम कहकर केवल खण्डित स्त्री

को सराहते हैं। यद्यपि 'जुही की कली' की श्रेष्ठता के बहुत से कारण हैं, और उनसे आँखें मूँद लेते हैं।

मृत्यु से जुड़ी कविताओं को लेकर भी दूधनाथ सिंह का विवेचन खौफ में डालता है। दूधनाथ सिंह का कहना है कि "आधुनिक चिन्ता से अलग पिछली शताब्दी में मृत्यु की भयावहता से मुक्त होने के लिए कवियों ने सौन्दर्य और प्रभु की शाश्वत प्रतीक-फैण्टेसी की परिकल्पना की थी–यह मृत्यु स्थिति के खिलाफ मनुष्य का शाश्वत विद्रोह भाव है। दूधनाथ सिंह का कहना है कि रवीन्द्र की मृत्यु कविताएँ इसी भाव की अभिव्यक्ति है। मृत्यु का निरन्तर भय को प्रकारान्तर से झुठलाने के लिए उसे बन्धु, माँ कहकर सम्बोधित करते हैं और इसके विपरीत निराला मृत्यु के खौफ को सहज-सीधे आत्म-स्वीकार के द्वारा, रवीन्द्रनाथ से आगे के, आधुनिक चिन्ता के कवि ठहरते हैं।"

इस तरह का विश्लेषण केवल आश्चर्यचकित नहीं करता, दुख भी पहुँचाता है। उनके द्वारा 'आधुनिक चिन्ता', 'झुठलाना' और 'आधुनिक भाव' जैसे शब्दों को एक-अर्थ-वाचक बनाना खतरनाक है। रवीन्द्रनाथ ने आधुनिकता के दूसरे अर्थ दिये हैं और इस तरह आधुनिकता की बहुअर्थवत्ता को प्रमाणित किया है। रवीन्द्रनाथ की मृत्यु दृष्टि मृत्यु को झुठलाती नहीं है, उससे उबारती है। वेदों के जमाने से "यस्य छाया अमृतं यस्य मृत्यु"–"उसी की छाया अमृत है और वहीं मृत्यु है" की अवधारणा की निरन्तरता को यदि रवीन्द्र स्वीकार करते हैं तो एक ऐसी स्थिति में जो निराला से बिल्कुल अलग थी। निराला की पत्नी और लड़की की मृत्यु हुई थी; दूसरी ओर रवीन्द्र की माँ की मृत्यु, उनकी 9 साल की भाभी कादम्बरी के साथ 7 साल की उम्र से रवीन्द्र ने अपना बचपन बिताकर यौवन के दहलीज में पहुँचे थे, उस कादम्बरी की आत्महत्या, पत्नी मृणालिनी (29) की मृत्यु, लड़की रेणुका की मृत्यु, पिता की मृत्यु, लड़का सौमेन्द्रनाथ की 11 वर्ष में मृत्यु और उनकी और एक विवाहित लड़की बेला की 32 साल में मृत्यु और दोहता की मृत्यु। इन सब आघातों को सहकर मृत्यु से सीधा आमना-सामना और उसके खौफ और विनाश को सहज-स्वीकार कर लेना क्या किसी हाड़-मांस के व्यक्ति के लिए सम्भव था। और ऐसा क्यों करेंगे, उसकी क्या सार्थकता है? फिर निराला की 'सरोज स्मृति' की ये पंक्तियाँ–

> **"चढ़ मृत्यु तरणि पर तूर्ण-चरण**
> **कह–पितः, पूर्णआलोक-वरण**
> **करती हूँ मैं, यह नहीं मरण**
> **सरोज का ज्योतिशरण-तरण"**

क्या यह सपाट वर्णन है और फिर सपाट वर्णन को आलंकारियों ने 'स्वाभावोक्ति'

अलंकार कहा है। उससे भी अलंकरण होता है। गीतांजलि के एक गीत में कहा है, "इस दुनिया से विदा लेते हुए यह बात सबको कहते जाऊँगा कि जो देखा है, जो पाया है, उसकी कोई तुलना नहीं है।" क्या यह एक स्वाभावोक्ति का उदाहरण नहीं है? रवीन्द्र मृत्यु को "मरणरे तुहु मम श्याम समान" अथवा "ओगो मृत्यु तुम वर वेश में मेरे पास आना, मेरी प्राणवधू क्लान्त हाथ फैलाकर बहुत प्यार से तुम्हारे हाथ को पकड़ेगी।" अथवा "साँझ के मुख को चूमकर रात ने धीरे से कहा मैं मृत्यु हूँ, तेरी माँ हूँ, मुझसे डर नहीं। नये-नये जन्मदान करके पुराने दिन को मैं नित्य नया बना देती हूँ" आदि विचारों को प्रकट कर पारम्परिक विचार दृष्टि के महत्त्व को उजागर करते हैं। उनके लिए आधुनिकता निरन्तरता को स्वीकार करना है, अतीत को मात्र स्वीकार करना नहीं है। उसमें से उन सब तत्त्वों को हटा देना है जिसकी और कोई आवश्यकता नहीं है और नये तत्त्वों को समावेश करना है। रवीन्द्रनाथ के लिए यही निरन्तरता है।

मृत्यु सम्बन्धित पारम्परिक विचारधारा को स्वीकार करते हुए वे उसे अपने ढंग से सँजोते हैं। और फिर दूधनाथ सिंह के अनुसार रवीन्द्रनाथ की आस्था सबकी पहुँच से परे है। इसीलिए निराला रवीन्द्रनाथ की तरह नहीं कह पाते, जैसे "मैं मरना नहीं चाहता" या "मैं मृत्यु से बड़ा हूँ" के स्थान पर "आयो, छवि मृत्यु-दशन, दंश करो जीवन-पल" कहकर उसका आह्वान करते हैं। दरअसल दूधनाथ सिंह क्यों इस तरह की तुलना करते हैं समझ में नहीं आता। इससे दोनों की विराटता को छोटा करना होता है। गीतांजलि से दो उदाहरण काफी होंगे–

"मरण ये दिन दिनेर शेषे
आसबे तोमार दुयारे
सेदिन तुम की धन दिबे उहारे।"

अर्थात् "मरण, दिन के अन्त में जिस दिन तुम्हारे दरवाजे पर आ उपस्थित होगा, तुम उसे उस दिन क्या उपहार दोगे।" दूसरा उदाहरण है–

"मरण, आमार मरण, तुमि
कओ आमोर कथा"

अर्थात् मरण, ओ मेरे मरण मुझसे बात करो ना! यह न तो दूधनाथ सिंह का सपाट वर्णन है या फिर रवीन्द्रनाथ का 'तथाकथित' पारम्परिक विवेचन है। ये इन दोनों से परे मरण का एक बड़ा घरेलू रूप है, मानो कोई पड़ोसी है। और फिर रवीन्द्र का मृत्यु आह्वान–"अमृत से–मृत्यु होते दाओ तुमि आनी" (वह अमृत है मगर यदि मृत्यु है तो होने दो, तुम ले आओ उसे) को कैसे भुला देते हैं। फिर मैं यह मान नहीं सकता कि दूधनाथ सिंह ने रवीन्द्रनाथ का 'डाकघर' नहीं पढ़ा था।

हिटलर के यहूदियों के 'घेटो' में 200 अनाथ बच्चे हिटलर के गैस चेम्बर के द्वारा दिये जाने वाली मौत की प्रतीक्षा कर रहे थे—उनकी देखभाल करने वाले डॉ. कोचाक ने इस समय इन बच्चों की सहायता से 'पोस्ट ऑफिस' नाटक को खेलने का निर्णय लिया, नाटक खेला भी गया। किसी के पूछने पर कि क्यों आपने यह नाटक चुना, डॉ. कोचाक ने उत्तर दिया था कि "मैं इन बच्चों को यह सन्देश देना चाहता था कि एंजेल ऑफ डेथ को कैसे शान्त होकर स्वीकार किया जाता है।"

यह एक सुखद आश्चर्य है कि दूधनाथ सिंह को अपनी पुस्तक के अन्त तक पहुँचते-पहुँचते यह कहना पड़ा—"लेकिन धीरे-धीरे निराला फिर मृत्यु के इस स्वीकार से प्रभु की उसी तर्कातीत आस्था की ओर बढ़ते हुए दिखाई देने लगते हैं।"

परन्तु साथ में यह भी कहना नहीं भूलते हैं कि "इस रूप में वे अतिशय पुरातन और परम्पराबद्ध कवि लगते हैं।" वस्तुतः दूधनाथ सिंह भारतीय परम्परा के dynamic रूप को समझ नहीं पाये जिसे रवीन्द्र ने 'सदा वर्तमान' कहा है या नवीन यानी चिरनूतन कहा है। दूधनाथ सिंह जिसे आस्था और अनास्था के बीच की भटकन कहकर आधुनिक मनुष्य की ट्रैजेडी का प्रतीक मानते हैं वह भटकाव नहीं कवि के क्रमविकासमान मन की यात्रा कह सकते हैं, जिसका प्रतीक है निराला की 'आराधना' : आस्था का एक पवित्र रूप।

ऐसी बात नहीं कि दूधनाथ सिंह रवीन्द्र को निराला के मुकाबले हमेशा छोटा मानते रहे। गीतों की रचना में वे रवीन्द्र को निराला से बड़ा कवि मानते हैं क्योंकि रविबाबू ने "गीत की शास्त्रीय स्वर-लिपि बनाने की चिन्ता नहीं की जितनी उसे तोड़कर कभी मिश्र स्वरों द्वारा, कभी पश्चिमी संगीत का मिश्रण करके एक नये ढंग के संगीत का आविर्भाव करके की थी।"

दूधनाथ सिंह निराला के बारे में कहते हैं कि "जन-सामान्य की उपेक्षा उसके अपमान, उसकी निराशा, सहनशीलता और घोर विपत्तियों में भी जीवन के प्रति उनकी भोली-भाली बेलाग निष्ठा तथा सहज विनम्रता भरा आत्मविश्वास—भारतीय जन-साधारण के चरित्र की इस सच्चाई को निराला ने बड़ी गहराई से और सम्पूर्णतः पहचाना है।" फिर कटाक्ष करते हुए कहते हैं कि "रवीन्द्रनाथ की तरह 'पथवासी गृहहारा' के दर्शन उन्होंने खिड़की से नहीं किये थे।" असहाय दुःख, और अकेलापन का दर्द और धन का अभाव, जिसके फलस्वरूप नाना शहरों में जाकर नाटक का मंचन कर विश्वभारती के लिए धन कमाने की कोशिश पर महात्मा गाँधी ने बहुत ही चिन्तित होकर रवीन्द्र को रोक दिया था और जे.डी. बिरला से एक बड़ी रकम दिलवाई थी। वे केवल 'पथवासी गृहहारा' ही नहीं थे, पथ में ही उन्होंने अपना घर बना लिया था—

पथे पथेइ बासा बाँधि।

दूधनाथ सिंह ऐसे कवि को क्यों नहीं पहचान पाये? गीतांजलि की दो कविताएँ, "हे मोर दुर्भागा देश जिनका तुमने अपमान किया है, एक दिन उन्हीं की तरह तुम्हें अपमानित होना पड़ेगा। मनुष्य को घृणावश अपने से दूर रखकर तुमने मनुष्य में बसने वाले परमात्मा का अपमान किया है। ...क्या देख नहीं पा रहे हो, मृत्युदूत तुम्हारे सामने खड़ा हुआ है, उसने तुम्हारी जाति के अहंकार पर अभिशाप अंकित कर दिया है।" इसे दूधनाथ सिंह क्या कहेंगे? फिर गीतांजलि की और एक कविता–

"जहाँ अधम दीन से भी दीन रहते हैं।
वहीं तो तुम्हारे चरण की चाप
सुनाई देती है
सबके पीछे, सबके नीचे
सर्वहाराओं के बीच में"

इसको पढ़ते हुए मुझे रामनरेश त्रिपाठी की कविता याद आ जाती है–

"मैं ढूँढ़ता तुझे था, जब कुंज और वन में।
तू खोजता मुझे था, तब दीन के सदन में।
तू 'आह' बन किसी की, मुझको पुकारता था।
मैं था तुझे बुलाता, संगीत में, भजन में।"

इससे भी बड़ी बात मृत्यु से कुछ महीने पहले बच्चों की राजा-रानी की कहानी के तर्ज पर रवीन्द्र ने एक लेख लिखा था, "एक जे आछे मानुष"। राजा-रानी की कहानी हमेशा भूतकाल में शुरू होती है, एक था राजा या एक थी रानी मगर उन्होंने वर्तमान काल का प्रयोग किया और राजा-रानी की जगह एक आम आदमी पर निबन्ध लिखा है। क्या दूधनाथ सिंह की यह जन-साधारण की बात नहीं है।

पुस्तक के अन्त में 'ऋतु प्रार्थनाएँ' अध्याय में ऋतुओं पर लिखी कविताओं के सन्दर्भ में उन्होंने रवीन्द्र की कविताओं की तुलना में निराला की कविताओं को अधिक महत्त्व दिया है। रवीन्द्र की ऋतु कविताएँ जगत विख्यात हैं। उनका 'वर्षा मंगल' और 'बादल राग' की तुलना दोनों के प्रति अन्याय है। बसन्त का एक गीत, "आज ज्योत्स्ना राते सबाई गेछे वने"–के बहु अर्थवत्ता के चमत्कार आज भी आलोचकों में डिबेट का विषय बना हुआ है। शरद ऋतु के गीत प्रकृति के साथ जोड़कर मनुष्य का एक नया सपना रचते हैं।

वस्तुतः दोनों अपने-अपने स्थान पर महान कवि हैं। दोनों की इस तरह की तुलना दोनों को छोटा करना है। वर्तमान पुस्तक में इस विषय को लेकर काफी चर्चा की है। अन्त में मेरे लिए यह अनुचित होगा यदि मैं दूधनाथ सिंह की आलोचनात्मक प्रतिभा का समादर न करूँ। मैं उनका प्रशंसक हूँ यह कहने में मुझे कोई संकोच नहीं है।

तीसरी पुस्तक धनंजय वर्मा का 'निराला काव्य : पुनर्मूल्यांकन' जैसे पहले कह चुका हूँ निराला की काव्य-साधना पर केन्द्रित निराला का एकनिष्ठ मूल्यांकन है। इसमें यदा-कदा रवीन्द्रनाथ के साथ निराला की तुलना करते हुए संक्षेप में शालीनता और समझदारी से उन्होंने अपने विचार व्यक्त किये हैं। जिससे विरोध की कोई गुंजाइश दिखाई नहीं पड़ती। उदाहरणार्थ, "बंगाल में रवीन्द्रनाथ की ख्याति फैल चुकी थी और वे विश्व कवि के रूप में आदृत हो चुके थे। इससे नये भावों की उत्तेजना की लहर हिन्दी काव्य में भी आयी, लेकिन हिन्दी के छायावादी काव्य पर रवीन्द्रनाथ के अनुकरण और बंगला की छाप का जो अनुचित आरोप है, वह सत्य नहीं कहा जा सकता।"

धनंजय वर्मा ने और एक बात स्पष्ट की है। रवीन्द्रनाथ के उपनिषदिक रहस्य-प्रधान ब्रह्मवाद की अपेक्षा "सचेष्ट दार्शनिक और सबल बुद्धिवादी निराला का दार्शनिक आधार विवेकानन्द का व्यावहारिक वेदान्त है।" इसके विरोध में भी कहने का कोई अवकाश नहीं है। धनंजय वर्मा की और एक महत्त्वपूर्ण विचारधारा का सन्दर्भ था, गाँधी के विदेशी कपड़े को जलाना या नॉन-कॉर्पोरेशन अथवा चर्खा नीति का रवीन्द्रनाथ के द्वारा विरोध और निराला के द्वारा रवीन्द्रनाथ की इस नीति का समर्थन में कहना कि "दलबन्दी में आकर एक खास वस्तु विषय को सत्य नहीं कह सकता। यह एक साहित्यिक नीति थी इसीलिए और भी निराला ने इसका पक्ष लिया।" आज दलबन्दी के इस युग में निराला की यह बात कितनी सच प्रतीत होती है। बादल राग की पहली कविता–

झूम-झूम गरज-गरज घनघोर
राग-अमर। अम्बर में भर निजकोर।

की तुलना में 'वर्षा मंगल' के गीत–

आजि गरजे गगने-गगने गरजे

की अपेक्षा निराला के गीत को अधिक सफल मानते हैं। धनंजय ने इस विचार को सहज-सरलता से कहकर, पक्षपात करने वाला व्यक्तियों से अलग, अपना एक परिचय दिया है।

भूमिका में इन तीन विद्वानों के निराला सम्बन्धित विचार वर्तमान पुस्तक के प्रकाशित होने के बाद प्रकाशित हुए थे, इसलिए इस दूसरे संस्करण की भूमिका में उनका उल्लेख और उन पर अपना वक्तव्य देकर इन तीनों आलोचकों के प्रति मैंने अपना श्रद्धा-सुमन अर्पित किया है।

इस पुस्तक में निराला के काव्य पर बंगीय प्रभाव का, विश्लेषणात्मक एवं आलोचनात्मक सूत्रों को प्रदर्शित करते हुए, ऐतिहासिक तथा मनोवैज्ञानिक दृष्टि से

अध्ययन किया गया है। इसमें विषय-प्रवेश के अतिरिक्त पाँच अध्याय हैं। प्रथम अध्याय में निराला के कृतित्व और व्यक्तित्व पर विवेचन है। दूसरे अध्याय में निराला के प्रतिपाद्य पर बंगला प्रभाव की मीमांसा की गयी है। तीसरे में, निराला के कला-पक्ष पर और चतुर्थ में निराला के गीतों पर बंगीय प्रभाव की समीक्षा है। पाँचवाँ अध्याय उपसंहार है। तदनन्तर चार परिशिष्ट हैं। प्रथम में निराला द्वारा अनूदित बंगला-कविताओं का विश्लेषण है। दूसरे और तीसरे में निराला द्वारा लिखित बंगला कविता और निराला की हिन्दी कविताओं के बंगला अनुवाद का संक्षिप्त विवेचन है। चतुर्थ परिशिष्ट में निराला की कतिपय पैरोडियों पर विचार किया गया है। अन्त में हिन्दी, बंगला, संस्कृत और अंग्रेजी की उन पुस्तकों की सूची है जिनकी इस पुस्तक के लिखने में सहायता ली गयी है। इस प्रकार 202 पृष्ठों की इस पुस्तक में मैंने निराला पर प्रत्यक्ष या अप्रत्यक्ष प्रभाव का विवेचन करते हुए उनकी स्वतन्त्र विचारदृष्टि और स्वकीयता को भी उजागर किया है। पुस्तक पाठकों के सामने है। उनकी पक्ष या विपक्ष में की गयी आलोचना मुझे निराला पर आगे काम करने का मार्ग प्रशस्त करेगी।

7/3/2019

इन्द्रनाथ चौधुरी

अनुक्रम

विषय-प्रवेश

वर्तमान पुस्तक का आलोच्य विषय है, 'निराला के काव्य पर बंगला का प्रभाव'। सशक्त कवि या लेखक के अनुकरणकारियों का किसी भी साहित्य में अभाव नहीं होता। वैसे तो क्षमताहीन अनुकरणकारी कवि या लेखक अनुकरण के अतिरिक्त और कुछ नहीं कर पाते; परन्तु जिन लोगों में क्षमता है, उनके अनुकरण में कभी भी निज वैशिष्ट्य का लोप नहीं होता। आचार्य हजारीप्रसाद द्विवेदी अपनी पुस्तक 'हिन्दी साहित्य' में बिहारी के सम्बन्ध में लिखते हुए कहते हैं कि दूसरे कवियों के विचारों को प्रेरणारूप में आत्मसात् कर उसकी सहायता से कुछ नयी बात कहना अच्छे कवियों का कार्य है, जिस प्रकार बिहारी ने पुराने कवियों के भाव को ग्रहण किया था, उसे सँवारा था, उसे अपना बना लिया था।[1] यह 'अपना' बनाने की प्रक्रिया ही वास्तविक भाव-प्रभाव की प्रक्रिया है। आधुनिक युग के साहित्य से एक दृष्टान्त लें तो हम कह सकते हैं कि रवीन्द्रनाथ ठाकुर ने अपने एक निबन्ध में निर्वाक्-कुण्ठिता, निःशब्दचारिणी उपेक्षिता ऊर्मिला का वर्णन कर काव्य-रसिकों का ध्यान उस ओर आकृष्ट किया और मैथिलीशरण गुप्त ने उपेक्षिता ऊर्मिला के इस भाव से प्रभावित होकर अपना अमर महाकाव्य 'साकेत' हिन्दी को प्रदान किया। इस भाव-प्रभाव में कहीं भी मौलिकता का अभाव नहीं दिखाई पड़ता। वास्तव में जीवन के सम्पूर्ण अंगों को जो वरण करना चाहता है, दूसरे के प्रभाव से वह बच नहीं सकता। निराला ने स्वयं लिखा है–

"दूसरे के भाव लेकर प्रायः सब कवियों ने कविताएँ लिखी हैं परन्तु वहाँ हर एक कवि ने दूसरे के भाव पर विजय प्राप्त करने की, उससे बढ़कर अपना कोई विशेष चमत्कार दिखलाने की चेष्टा की है।"[2]

रवीन्द्रनाथ के विषय में लिखते हुए प्रमथनाथ बिशी ने भी यही बात कही है, "प्रभाव साहित्य का केवल उपादान है, व्यापार में जैसे मूल धन। दूसरों के मूल धन पर रवीन्द्र ने बहुत मुनाफ़ा कमाया है, इसीलिए उन्हें ऋणी होकर रहना नहीं पड़ा।"[3]

प्रभाव का मुख्य स्रोत

निराला जी के विषय में भी बिल्कुल यही बात कही जा सकती है। रवीन्द्र जहाँ कालिदास, वैष्णव कवि चण्डीदास, विद्यापति, बिहारीलाल[4] तथा शेली, कीट्स आदि से प्रभावित हुए थे, वहाँ निराला मुख्यतया रवीन्द्रनाथ तथा सामान्यतया विवेकानन्द और अन्य बंगाली कवियों के काव्य तथा विचारधारा से प्रभावित हुए। इस सम्बन्ध में निराला के आलोचकों का मत उद्धृत किया जा सकता है। आचार्य रामचन्द्र शुक्ल का कहना है–

"निराला जी पर बंग भाषा की काव्य-शैली का प्रभाव समास में गुम्फित पद-वल्लरी, क्रियापद के लोप आदि में स्पष्ट झलकता है।"[5]

डॉ. रामविलास शर्मा का कहना है–

"बैसवाड़े की आल्हा-नौटंकी संस्कृति के अलावा युवावस्था में उनका सम्पर्क बंगाल की दो महान सांस्कृतिक धाराओं से हुआ। एक तो श्री रवीन्द्रनाथ ठाकुर के नेतृत्व में बंगाल के नवीन सांस्कृतिक जागरण से और दूसरा स्वामी विवेकानन्द द्वारा स्थापित श्री रामकृष्ण मिशन से। इन दोनों का उन पर स्थायी प्रभाव पड़ा है। और इसमें सन्देह नहीं कि अपने साहित्यिक जीवन के आरम्भ-काल में उन्हें पहले इन्हीं से प्रेरणा मिली।"[6]

गिरीशचन्द्र तिवारी भी निराला की 'शिक्षा-दीक्षा' के सम्बन्ध में लिखते हुए बंगीय प्रभाव का उल्लेख करते हैं–

"बंगला में उस समय रवीन्द्र-युग का प्रारम्भ था। सर्वत्र उनके साहित्य की ख्याति छा रही थी। फिर हिन्दी की चर्चा कौन करता? बंगाल की सभी पाठशालाओं में बंगला की ही प्रारम्भिक शिक्षा दी जाती थी। पिताजी ने इन्हें पाँच वर्ष की अवस्था में ही पढ़ने के लिए पाठशाला भेज दिया। कुछ ही वर्षों के उपरान्त इनका प्रेम बंगला भाषा की ओर बढ़ा। बंगाल सर्वदा से अत्यन्त भावुक प्रान्त रहा है और बंगला भाषा भावुकता की प्रतिमूर्ति। भाषा की ही प्रशंसा करते हुए बंकिमचन्द्र ने कहा है–

'बंगलार बधू मुखे तार मधु'

फिर बालक सूर्यकान्त को कितनी भावुकता बंगला और बंगालियों से मिली, इसकी साक्षी तो उनकी कृतियाँ ही हैं।"[7]

डॉ. रामरतन भटनागर भी इसी बात की पुष्टि करते हैं–

"इन दोनों बंगला-कवियों (रवीन्द्रनाथ तथा विवेकानन्द) का प्रभाव निराला के काव्य में बराबर बना रहा, परन्तु निराला ने उस प्रभाव को आत्मसात् कर लिया। ऐसे स्थल बहुत कम मिलेंगे, जहाँ उनके भाव उपर्युक्त कवियों की प्रतिध्वनि मात्र हैं। 'राम की शक्ति-पूजा' (1936) पर माइकेल मधुसूदन के मेघनाद-वध का प्रभाव भी लक्षित है। अतः स्पष्ट है कि आधुनिक हिन्दी-काव्य में जो 'छायावाद' के नाम

से प्रसिद्ध है, उस पर सीधे तौर से बंगला-काव्य का प्रभाव निराला की रचना द्वारा आया। परन्तु निराला के व्यक्तित्व की सजीवता और मौलिकता ने इस प्रभाव को कहीं भी आगे नहीं बढ़ने दिया। स्वयं उनके काव्य में जो रहस्यवादिता है, वह 'निरुद्देश्य यात्रा' जैसी रोमाण्टिक कविताओं और गीतांजलि जैसी रहस्यवादी कविताओं की रहस्यवादिता से भिन्न एक नये प्रकार की वस्तु है। फिर भी मूल स्रोतों की एकदम उपेक्षा नहीं की जा सकती।''[8]

बंगाल के अन्य कवियों के प्रभाव के सम्बन्ध में लिखते हुए डॉ. रामरतन भटनागर अन्य एक स्थान पर कहते हैं–

''बंगला के रवीन्द्रनाथ, अतुलप्रसाद सेन और क़ाज़ी नज़रुल इस्लाम के गीत जिस श्रेणी के हैं, उसी श्रेणी की चीज़ें निराला ने हिन्दी में दी हैं।''[9]

इसी प्रकार बंगला के दूसरे कवियों के प्रभाव के सम्बन्ध में लिखते हुए डॉ. बच्चनसिंह कहते हैं–

''प्रारम्भिक काल में, बंगला के श्रेष्ठ कलाकार–रवि बाबू, चण्डीदास, विवेकानन्द और वैष्णव कवियों का प्रभाव भी उन पर था।''[10]

वैष्णव कवियों के प्रभाव के सम्बन्ध में डॉ. रामविलास शर्मा ने भी अपना मत प्रकट किया है। उनका कहना है–

''निराला ने अपने निबन्ध 'चण्डीदास' (1920) में–वैष्णव कवियों पर रवि बाबू ने जो कविता लिखी है–उसका वर्णन किया है। उसमें उनकी भक्ति के इस मानवीय रूप की ओर उन्होंने संकेत किया है। जिन कवियों ने राधा और कृष्ण की तन्मयता का ऐसा प्रभावशाली वर्णन किया था, उन्होंने अवश्य ही अपने जीवन में उस तन्मयता का अनुभव किया होगा। रवि बाबू ने इन पर लेख और कविताएँ ही नहीं लिखीं वरन् उनकी शैली के अनुकरण पर 'भानुसिंहेर पदावली' की रचना कर डाली थी। बंगला की रोमाण्टिक कविता का एक स्रोत यह वैष्णव कवि भी थे। हिन्दी के नये कवि, जो बंगला भी जानते थे, अनिवार्य रूप से इन कवियों की ओर आकृष्ट हुए। निराला जी ने वैष्णव कवियों की शृंगार-साधना पर आगे चलकर लेख भी लिखे और गोविन्ददास के गीतों का हिन्दी में अनुवाद भी किया। उन्होंने रोमाण्टिक कवि की तन्मयता को अपना आदर्श बनाया है।''[11]

शान्तिरंजन बन्द्योपाध्याय भी निराला पर बंगीय प्रभाव का उल्लेख करते हुए कहते हैं–

''छायावादी युग तथा हिन्दी-काव्य-साहित्य के सबसे अधिक शक्तिशाली कवि निराला हैं। बंगाल देश (महिषादल) में इनका जन्म हुआ था, बंगाल में ही पले हैं और बंगला-साहित्य के प्रभाव से सविशेष प्रभावान्वित हैं। यथा–

गन्ध व्याकुल - कुल - उर - सर
लहर - कच कर कमल - मुख पर

हर्ष अलि स्वर स्पर्श - शर सर
गुंज बारम्बार। (रे कह)
निशा प्रिय - उर - शयन - सुख - धन
सार या कि असार? (रे कह)

इस प्रकार की छन्दभंगी हिन्दी-कविता में पहले नहीं थी। इस विषय में निराला निःसन्देह रवीन्द्रनाथ के ऋणी हैं।[12]

परन्तु उपर्युक्त आलोचकों के मतों के विरुद्ध 'प्रभाव' की बात को न मानते हुए आलोचक 'मानव' कहते हैं–

"गम्भीर अध्ययन के अभाव में हिन्दी के कुछ भूफोड़ लेखक रहस्यवादी रचनाकारों को कवीन्द्र रवीन्द्र से प्रभावित कह डालने में तनिक भी लज्जा का अनुभव नहीं करते। मेरी सम्मति में ऐसे बकवादी न तो रहस्यवाद का यथार्थ तात्पर्य समझते हैं, न रहस्यवाद की ऐतिहासिक परम्परा का क्रमिक ज्ञान ही उन्हें है और न ही वे रवीन्द्रनाथ और निराला को ही भली-भाँति समझते हैं।"[13]

परन्तु क्या 'मानव' हमें निराला के शब्दों पर भी अविश्वास करने को कहेंगे? निराला ने स्पष्ट लिखा है–

"मैं यहाँ अवश्य बंगला का विरोध नहीं कर रहा, उसके आधुनिक अमर साहित्य का मुझ पर काफ़ी प्रभाव है।"[14]

वास्तव में मानव 'प्रभाव' का अर्थ नहीं समझ पाये।

प्रभाव किसे कहते हैं?

'प्रभाव' शब्द की व्युत्पत्ति में परवर्ती रचना पर पूर्ववर्ती रचना के प्रभुत्व की द्योतना स्पष्ट है। किन्तु परवर्ती रचना का पूर्वगामी के प्राण-रस से पुष्ट होना ही आवश्यक है–ऐसी कोई बात साहित्य के क्षेत्र में नहीं कही गयी है। डॉ. धुर्जटीप्रसाद गुप्त का कहना है, "पारिपार्श्विक के सहयोग से वृद्धि को लोग प्रभाव कहते हैं।"[15] डॉ. विमल कान्ति समद्दार इसको और स्पष्ट कर देते हैं। उनका कहना है कि प्रभाव सामान्यतः दो प्रकार का होता है। एक तो दुर्बल सक्षम अनुकरण जो साहित्य का आलोच्य विषय नहीं बन सकता है परन्तु एक दूसरे प्रकार का प्रभाव है जिसकी गणना–प्रबल यद्यपि सूक्ष्म होने के कारण ही–प्रभाव के रूप में की जा सकती है जो परवर्ती लेखक के बीच अपने भाव तथा पारिपार्श्विकता का परिमण्डल इस प्रकार संचारित करता है कि उसके नूतन आश्रय से उसको और स्वतन्त्र रूप में देखा नहीं जा सकता है। ऋणी लेखक अपनी प्रतिभा के बल से उसे अपना बना लेते हैं। अर्वाचीन रचना को वहाँ अवश्य ही मौलिकता का प्राप्य सम्मान सहृदय पाठक स्वतः ही प्रदान करते हैं। इस प्रकार के प्रभाव ने प्रत्येक देश में तथा प्रत्येक काल में परवर्ती साहित्य को श्रीसम्पन्न किया है। इन सभी क्षेत्रों में साहित्य-प्रभाव अनुराग-जात है।[16]

वास्तव में इस प्रकार के अनुरागजनित प्रभाव की ही गणना साहित्य में होती है और प्रत्येक साहित्य में इस प्रकार का प्रभाव दृष्टिगोचर है तथा प्रत्येक देश के आलोचक इस प्रकार के प्रभाव को नियमानुकूल मानते हैं। संस्कृत के कवि कह गये हैं–

कविरनुहरतिच्छायामर्थं कुकविः पदादिकं चौरः।
सर्वप्रबन्धहर्त्रे साहसकर्त्रे नमस्तस्मै ॥[17]

अर्थात् दूसरों की छाया-मात्र को लेने वाला कवि कहलाता है, भाव का अपहरण करने वाला कुकवि कहलाता है, जो भाव के साथ शब्दावली का भी अपहरण करता है, वह चोर कहलाता है और जो पद, वाक्य और अर्थ समेत सारे काव्य का अपहरण करता है, उस साहस करने वाले को दूर से ही नमस्कार है। संस्कृत के आचार्य आनन्दवर्धनाचार्य ने 'ध्वन्यालोक' के चतुर्थ उद्योत में और राजशेखर ने 'काव्यमीमांसा' के 12वें, 13वें अध्यायों में इस सम्बन्ध में विवेचन किया है। आनन्दवर्धनाचार्य कहते हैं–

यदपि तदपि रम्यं यत्र लोकस्य किञ्चित्
स्फुरितमिदमितीयं बुद्धिरभ्युज्जिहीते।
अनुगतमपि पूर्वच्छायया वस्तु तादृक्
सुकविरूपनिबध्नन् निन्द्यतां नोपयाति ॥

(ध्वन्या. 4/16)

अर्थात् जिस कविता में सहृदय 'भावक' को यह सूझ पड़े कि हाँ इसमें कुछ नूतन चमत्कार है, फिर उसमें पूर्वकवि की छाया ही क्यों न झलकती हो तो भी कोई हानि नहीं। ऐसी कविता के निर्माता 'सुकवि' अपनी 'बन्धच्छाया' से पुराने भाव को नूतन रूप देने के कारण निन्दनीय नहीं समझे जा सकते। यही 'प्रभाव' का वास्तविक रूप है।

डॉ. गुलाबराय का कहना है कि अच्छा कवि यदि छाया भी ग्रहण करता है तो उसमें एक नवीन जीवन भर देता है। वह अपने पूर्ववर्ती कवि की कृतियों में नया चमत्कार उत्पन्न कर देता है।[18] इस प्रकार हम देखते हैं कि 'मानव' अपने तर्क में मौलिकता के प्रश्न के आवर्त में फँसकर 'प्रभाव' के वास्तविक अर्थ को नहीं समझ सके। डॉ. विश्वम्भरनाथ उपाध्याय मानव के तर्कों का उत्तर देते हुए एक अंग्रेज़ी आलोचक का मत उद्धृत कर[19] कहते हैं–

"उधार लेना और बात है, प्रभावित होना और बात। निराला का काव्य रवीन्द्र की कला का अनुकरण नहीं है पर यह भी ठीक है कि निराला ने प्रेरणा के लिए रवीन्द्र की ओर देखा है, उसी पद्धति को अपनाया है।"[20] और इसमें दोष भी नहीं है और यह बहुत स्वाभाविक भी है। जैसा कि हम पहले कह चुके हैं कि जो जीवन के सम्पूर्ण अंगों को वरण करना चाहता है, वह दूसरे के प्रभाव से बच नहीं सकता। रॉबर्ट लिंड तो 'प्रभाव' को ही आधुनिक काव्य की कसौटी बताते हैं–

"What is most important in modern poetry is not that which distinguishes it from the poetry of yesterday, but that which makes it in its degree one with the poetry of Homer and Sappho, of Shakespeare."[21]

इस सम्बन्ध में विलियम कुलेन ब्रयांट की उक्ति बहुत ही ठीक है–

"The art of poetry is not perfected in a day. It is brought to excellence, by slow degrees, from the first rude and imperfect attempts of versification to the finished productions of its greatest masters. The gorgeousness of poetic imagery, the curious felicities of poetic language, the music of poetic numbers, the spell of words that act like magic on the heart, are not created by one poet in any language, in any country. An innumerable multitude of sentiments, of illustrations, of impassioned forms of expression, of harmonious combinations of words, both fixed in books and floating in conversation, must previously exist either in the vernacular language of the poet or in some other which he has studied, and whose beauties and riches he seeks to transport into his own, before he can produce any work which is destined to live."[22]

टी.एस. इलियट भी बिल्कुल यही बात कहते हैं–

"No poet, no artist of any art, has his complete meaning alone. His significance, his appreciation is the appreciation of his relation to the dead poets and artists."[23]

मौलिकता

परन्तु प्रभाव के अर्थ में यह कभी नहीं कहना चाहेंगे कि निराला में मौलिकता नहीं है। निराला ने जो कुछ ग्रहण किया है, अपनी प्रतिभा के बल से उसे अपनी सम्पदा बना लिया है और यही अच्छे कवियों का काम होता है। प्रभाव तो मनुष्य पर तब तक पड़ेगा, जब तक उसमें जीवन है। जहाँ जीवन का वेग अधिक है और प्राणधारा का बहाव तेज़ है, उसी स्थान से उसका ऐश्वर्य छितराएगा ही। आलोक सीमा में बँधना नहीं चाहता। इसका धर्म ही प्रकाशित होना और प्रकाशित करना है।[24] इस 'प्रभाव' के अतिरिक्त सम्पूर्ण मौलिक भावों को लेकर भी निराला जी ने काव्य का प्रणयन किया है क्योंकि कवि का पूर्ववर्ती कलाकारों से कितना भी सम्बन्ध क्यों न हो कोई कवि किसी विचार को सांगोपांग नहीं उतार लेता है। जैसा कि गुलाबराय का कहना है–

"विचार के भी कई पहलू होते हैं। जो पहलू जिसको अपील करता है, वह उसको अपने विवेचन का विषय बनाता है और उसमें नवीनता पैदा कर देता है।"[25]

निराला जी में भी इस प्रकार की नवीनता के अशेष निदर्शन प्राप्त हो जाते हैं परन्तु 'मौलिकता' हमारा आलोच्य विषय नहीं है। अतः मौलिकता के प्रश्न से

हम बचने की ही चेष्टा करेंगे। यद्यपि हमारे लिए 'प्रभाव' का विषय[26] मौलिकता सापेक्ष है क्योंकि इस प्रकार के 'प्रभाव' का दृष्टान्त संसार के प्रत्येक साहित्य में प्राप्त होता है तथा संसार के विख्यात आलोचकगण इसको मौलिक साहित्य मानते हैं, जैसा कि उपर्युक्त 'प्रभाव क्या है' के अन्तर्गत विचारों से स्पष्ट हो जाता है। जिसे हम मौलिक कहते हैं, उसमें प्राचीन परम्परा-प्राप्त चिन्तन का योगदान रहता है। एक विद्वान का कहना है कि सामाजिक मंगल के अनुकूल परम्परा-प्राप्त चिन्तन और विचारधारा से परिष्कृत तथा नवीन परिस्थिति पर विजय की आकांक्षा से समृद्ध व्यक्तित्व को रसमय और ग्राह्य बनाकर अभिव्यक्ति करने में भी साहित्यिक मौलिकता या साहित्यिकता हो सकती है। इस प्रकार मौलिक उस साहित्य को कहा जायेगा, जहाँ कवि प्राचीन विचारधारा को ग्रहण कर उसका नवीकरण करता है। अतः हमारी दृष्टि से प्रभाव मौलिकता सापेक्ष है। आलोच्य निबन्ध की आलोचना इन्हीं विचारों के आधार पर की जायेगी।

प्रभाव की उपयोगिता

विषय के अन्तर्गत प्रभाव की उपयोगिता पर भी विचार कर लेना होगा। प्रश्न है कि आलोच्य निबन्ध की उपयोगिता क्या है। इसके उत्तर में हम कह सकते हैं कि प्राचीन साहित्य की तुलना में आधुनिक साहित्य विशेष रूप से अहं-प्रधान है। अतएव काव्य-जिज्ञासा के साथ ही कवि की मानसिक स्थिति की जिज्ञासा का सम्पर्क अति निविड़ है और मानसिक स्थिति के प्रश्न को हल करने के लिए कवि के जीवन पर बाह्य परिस्थितियों का प्रभाव तथा अन्य कवियों के काव्य का प्रभाव अथवा तुलनात्मक भाव-साम्य का दिग्दर्शन आवश्यक है। भाव-साम्य तथा विचार-साम्य एक सार्वभौमिक तथ्य है, जैसा कि निराला स्वयं कहते हैं–

"सभ्यता के आदिकाल से लेकर आज तक जितनी बड़ी-बड़ी बातें साहित्य के पृष्ठों में लिखी हुई मिलती हैं, उनके बाह्य रूपों में साम्य न रहने पर भी वे एक ही सत्य का प्रकाश देती हैं। आज तक मानवीय सभ्यता जहाँ कहीं एक दूसरी सभ्यता से टक्कर लेती आयी है, वहाँ उसके बाह्य रूपों में ही वैषम्य रहा है, वेश-भूषणों, आचार-व्यवहारों तथा उच्चारण और भाषाओं का ही बहिरंग भेद रहा है। उन सभ्यताओं के विकसित रूप देखिये, तो एक ही सत्य की अटल अपार महिमा वहाँ मिलती है।"[27]

इस प्रकार 'प्रभाव' की आलोचना द्वारा विचार-साम्य-जैसे एक चिरन्तन तथ्य पर प्रकाश पड़ता है। इसके अतिरिक्त, सहृदय पाठक किसी काव्य के अध्ययन के समय उसमें निर्दिष्ट किसी विशेष भाव या वाक्भंगिमा का कोई प्रकाश्य अथवा प्रच्छन्न अभिव्यक्ति का, किसी दूसरे कवि के काव्य में साम्य देखता है तो वह

एक नूतन आनन्द से पुलकित हो उठता है। निराला की 'सन्ध्या सुन्दरी' को ही ले लीजिए–

दिवसावसान का समय
मेघमय आसमान से उतर रही है
वह सन्ध्या-सुन्दरी परी-सी
धीरे–धीरे–धीरे..................

उक्त पंक्तियाँ रसिक पाठकों के मन में रस-संचार करने में समर्थ हैं। किन्तु कविता-पाठ के समय जिनको निम्न पंक्तियाँ और स्मरण हो आएँगी–

नामे सन्ध्या तन्द्रालसा, सोनार-आँचल-खसा
हाते दीपशिखा।

वे कुछ अधिक रसाप्लुत होंगे, इसमें सन्देह नहीं। कारण, इसके पीछे हर्टले की मनोवैज्ञानिक 'थ्योरी ऑफ़ एसोसिएशन' का योगदान रहेगा। हर्टले के अनुसार यदि किसी वस्तु के साथ हम अपने किसी पूर्व-स्मरण का सम्बन्ध स्थापित कर सकते हैं तो हमें अधिक आनन्द प्राप्त होता है। कवि, जो दूसरे कवि के काव्य का नवायन सम्भव कर सका है, इस बात को कविता-पाठ करते हुए हृदयंगम कर सहृदय मात्र, जिसको दोनों भाषाओं का ही ज्ञान है, एक विशेष प्रकार के आनन्द से उल्लसित हो उठता है। यह एक प्रकार का अभिनव रस-परिवेषण है। इस अभिनव रस के सम्बन्ध में लिखते हुए डॉ. विमलकान्ति समद्दर कहते हैं कि जिस प्रकार नितान्त परिचित प्रियतम को सर्वदा नये नूतन वेश में देखने की चेष्टा वैष्णव कवियों ने की है–कभी दानी रूप में, कभी योगी वेश में तो कभी नाविक रूप में–वैसे ही यह भी एक प्रकार का नवीन रसास्वादन-प्रयास है।[28]

निबन्ध की रूप-रेखा

रवीन्द्रनाथ अपनी 'जीवन-स्मृति' की रचना कर जिन प्रभाव-उपादानों की सहायता से उनका जीवन गठित हुआ है, उनको स्पष्ट कर गये हैं। परन्तु निराला जी ने ऐसी कोई 'जीवन-स्मृति' की रचना नहीं की, इसीलिए प्रभाव की रेखाएँ हमारे लिए अस्पष्ट-सी हैं। प्रभाव की रेखाएँ उनके काव्य में ही केवल हमें खिंची मिल सकती हैं और वहीं से उनका चयन हमें करना पड़ेगा।

प्रस्तुत निबन्ध की सामग्री, 'विषय-प्रवेश' को छोड़कर, पाँच प्रकरणों में विभक्त की गयी है–

1–व्यक्तित्व और कृतित्व।

2–निराला के प्रतिपाद्य पर बंगला-प्रभाव।

3–निराला के कला-पक्ष पर बंगला-प्रभाव।

4—निराला के गीत पर बंगला-प्रभाव।

5—उपसंहार।

इसके अतिरिक्त निबन्ध की परिधि के साथ एक परिशिष्ट भी जोड़ दिया गया है जिसमें निम्नलिखित पर विवेचन है—

1—निराला द्वारा अनूदित बंगला-कविताएँ।

2—निराला की कविताओं का बंगला-अनुवाद।

3—निराला द्वारा लिखित एक बंगला-कविता।

4—निराला द्वारा बंगला-कविताओं पर लिखी गयी पैरोडी।

प्रभाव का माध्यम है—व्यक्ति, एवं व्यक्ति किन परिस्थितियों में और किस प्रकार किसी विशेष साहित्य से कैसे प्रभावित हुआ, वह उसके व्यक्तित्व तथा कृतियों के ऐतिहासिक और मनोवैज्ञानिक अध्ययन से पता लग जाता है। इसीलिए प्रथम अध्याय में निराला के व्यक्तित्व तथा कृतियों पर ऐतिहासिक एवं मनोवैज्ञानिक दृष्टि से विवेचन किया गया है। इस प्रकार इस अध्याय के अन्तर्गत तीन विभिन्न विषयों पर हमने विचार किया है—

1—वंश-परिवार तथा व्यक्ति

2—कृतियाँ

3—पारिपार्श्विक परिस्थितियाँ तथा युगीन विचारधाराएँ

दूसरे अध्याय में निराला के प्रतिपाद्य अर्थात् उनके विचार-पक्ष पर बंगला-प्रभाव का विवेचन किया गया है। इसमें मुख्यतया रवीन्द्र की दार्शनिक मान्यताओं का निराला पर प्रभाव पदर्शित कर निराला के दार्शनिक विचारों की मीमांसा की गयी है। चूँकि ये विचार केवलमात्र अनुकरण नहीं हैं, इसीलिए अनुभूतिजन्य प्रभाव-सूत्रों पर विवेचन करते हुए रवीन्द्र के दार्शनिक विचारों के प्रभाव-विस्तार का अध्ययन निराला के निम्न प्रिय विषयों के आधार पर किया गया है—

1—विराट-चित्र

2—प्रकृति

3—नारी-प्रेम

4—मानवतावाद

5—भक्ति

परवर्ती काल में आकर निराला की अनुभूतियों पर संसार के दुखदैन्य का कठोर आघात पहुँचने पर उनके विचारों का स्वरूप ही बदल जाता है और वह निम्न दो रूपों में उनके काव्य में प्रकट होता है—

1—सामाजिक विद्रोह

2—व्यंग्य

इन दो विचारों पर बंगला-प्रभाव का भी विवेचन किया गया है। इसके उपरान्त

रवीन्द्र की विषय-वस्तु के अनुरूप जो निराला की विषय-वस्तु है, उस पर आलोचना भी प्रस्तुत की गयी है जो संख्या में 6 हैं–

1–पुरातन वैभव का अंकन

2–संस्कृति

3–स्वदेश-प्रेम

4–मृत्यु

5–महापुरुषों की प्रशस्ति

6–कविता सम्बन्धी

यहाँ तक विचार-पक्ष अर्थात् बुद्धितत्त्व पर विवेचन होता है। बुद्धितत्त्व के उपरान्त निराला की कल्पनाजात भाव-भूमियों पर बंगीय प्रभाव की आलोचना प्रस्तुत की गयी है। कविता में विचार भाव का आधार ग्रहण कर उपस्थित होता है और भाव का उन्मेष कल्पना की सहायता से होता है। इसीलिए बुद्धितत्त्व के साथ ही काल्पनिक भावनाओं का भी विवेचन आवश्यक है। विचार-पक्ष भाव-पक्ष के अन्तर्गत है क्योंकि भाव-पक्ष के दो रूप होते हैं बौद्धिक तथा भावमय अथवा काल्पनिक। बुद्धितत्त्व से 'सत्यं' और 'शिवं' की रक्षा होती है और कल्पना अथवा भावतत्त्व से 'सुन्दरं' का निर्माण होता है। इसलिए इस अध्याय के अन्त में निराला के सौन्दर्य-दर्शन पर विवेचन और उस पर बंगीय प्रभाव की भी आलोचना की गयी है। इस प्रकार सम्पूर्ण अध्याय की विषय-वस्तु निराला का 'सत्यं', 'शिवं' तथा 'सुन्दरं' पर बंगीय प्रभाव की आलोचना है।

तृतीय अध्याय में निराला की कला पर बंगीय प्रभाव का विवेचन है। आधुनिक युग की प्रभावस्वरूप कलाभिव्यक्ति में व्यक्तिगत अभिव्यंजना का प्रभाव बहुत ही अधिक पड़ा है और व्यक्तिगत अभिव्यंजना का सम्बन्ध कल्पना के साथ बहुत अधिक है। अतः निराला के कला-पक्ष को हमने दो भागों में विभक्त कर लिया है–

1–कल्पनागत रूप-विन्यास

2–कलागत रूप-विन्यास

कल्पनागत रूप-विन्यास के अन्तर्गत कल्पनाजात अभिव्यक्ति के तीन रूपों पर विवेचन किया गया है और उस पर बंगीय प्रभाव की आलोचना प्रस्तुत की गयी है–

1–रूपक

2–प्रतीक

3–बिम्ब

कलागत रूप-विन्यास के अन्तर्गत परम्परानुसार निराला की कला के विभिन्न रूपों पर बंगीय प्रभाव की मीमांसा इस प्रकार की गयी है।

1–अलंकार (पाश्चात्य अलंकारों के प्रभाव पर भी विवेचन किया गया है)

2—पदविन्यास, जिसके अन्तर्गत भाषा और शैली को लिया गया है

3—छन्द

इस अध्याय के अन्त में कला के अन्तिम रूप—भाव और भाषा की एकरूपता—पर विवेचन कर यह प्रमाणित किया गया है कि निराला की कला और वस्तु रवीन्द्र की तरह सम्पृक्त हैं और कला का वही श्रेष्ठ रूप है।

चतुर्थ अध्याय में निराला के गीत पर बंगीय प्रभाव का विवेचन निम्नलिखित विषयों के आधार पर किया गया है—

1—प्रार्थना-प्रधान-गीत

2—नारी-सौन्दर्य-प्रधान-गीत तथा प्रेम-गीत

3—प्रकृति-प्रधान-गीत

4—स्वदेश-प्रेम के गीत

5—दार्शनिक गीत

अन्त में सम्पूर्ण निबन्ध का 'उपसंहार' प्रस्तुत किया गया है, जहाँ निराला की मौलिकता पर शंका प्रकट न करते हुए भी उस प्रश्न की उपस्थापना नहीं की गयी है। कारण प्रस्तुत निबन्ध में 'मौलिकता' पर विवेचन अपेक्षित नहीं है।

निबन्ध की परिधि के साथ एक 'परिशिष्ट' भी संयुक्त है, जहाँ निराला द्वारा अनूदित बंगला-कविताओं पर विवेचन प्रस्तुत किया गया है। निराला के लिए अनुवाद व्यक्तित्व-सापेक्ष रहा है अर्थात् अनुवादक के व्यक्तित्व की छाप अनूदित विषय पर स्पष्टतः लक्षित होती है। और इस प्रकार अक्षरशः अनुवाद न हो सकने के कारण इन अनूदित कविताओं की आलोचना प्रस्तुत की गयी है जिनका 'प्रभाव' के अन्तर्गत समाहार हो गया है। निराला की कविताओं के बंगला-अनुवाद के साथ ही निराला द्वारा लिखित एक बंगला-कविता की भी आलोचना प्रस्तुत की गयी है जो उनकी काव्य-पुस्तक में प्राप्त है। इसके अतिरिक्त परिशिष्ट के अन्तर्गत रवीन्द्र की दो-एक कविताओं पर लिखित निराला की पैरोडियों का भी विवेचन किया गया है क्योंकि वे भी प्रभाव के कारण ही लिखी गयी सात होती हैं।

सन्दर्भ

1. डॉ. हजारीप्रसाद द्विवेदी : हिन्दी-साहित्य, पृ. 329
2. निराला : पन्त और पल्लव।
3. प्रमथनाथ बिशी : रवीन्द्र-काव्य-प्रवाह, द्वितीय खण्ड।
4. बंगला कवि।
5. रामचन्द्र शुक्ल : हिन्दी-साहित्य का इतिहास।
6. रामविलास शर्मा : निराला, पृ. 47
7. गिरीश चन्द्र तिवारी : कवि निराला और उनका काव्य-साहित्य।

8. रामरतन भटनागर : कवि निराला—एक अध्ययन, पृ. 77
9. वही, पृ. 230
10. बच्चनसिंह : क्रान्तिकारी कवि निराला, पृ. 6
11. रामविलास शर्मा : निराला, पृ. 69
12. छायाबादेर युगेर, तथा आधुनिक-हिन्दी-काव्य-साहित्येर सब चेये शक्तिशाली कवि निराला। बांगला देशे (महिषादल) ऐर जन्म, बांगला देशे मानुष बांगला साहित्येर प्रभाव प्रभावान्वित सविशेष। यथा

    गन्ध व्याकुल-कुल-उर-सर
    लहर कच कर कमल-मुख पर
    हर्ष अलि स्वर स्पर्श-शर सर
    गुंज बारंबार। (रे कह)
    निशा-प्रिय-उर-शयन-सुख-धन
    सार या कि असार? (रे कह)

    ए—धारणोर छन्दभंगि हिन्दी कविताय आगे छिलना।
    ए—व्यापारे निराला निःसन्देहे रवीन्द्रनाथेर काछे ऋणी।—आधुनिक भारतीय साहित्य, पृ. 57
13. 'निराला काव्य की दिशाएँ' पुस्तक में उद्धृत।
14. परिमल की भूमिका, पृ. 7
15. 'प्रतिवेशेर सहयोगे वृद्धि के लोके प्रभाव बले', वक्तव्य, पृ. 98
16. प्रबल अथच मूलतः सूक्ष्म बलियाइ सेइ जातीय प्रभाव के गणना कर याइते पारे याहा परवर्ती लेखकेर मध्ये आपनभाव ओ पारिपार्श्विकतार परिमण्डल एमनेभावे संचारित करे ये ताहार नूतन आश्रय हइते उहाके आर स्वतन्त्र करिया देखा चले नाः ऋणी लेखक ताहाके आपनार प्रतिभा बले आपनार करिया तोलेन। अर्वाचीन रचना के सेखाने अवश्यइ मौलिकतार, प्राप्य सम्मान सहृदय पाठक स्वतःइ प्रदान करिया थाकेन। एइ श्रेणीर प्रभाव सर्वदेश ओ सर्वकाले परवर्ती साहित्य के श्रीसम्पन्न करिया छे। एइ सकल क्षेत्रे साहित्य-प्रभाव अनुरागजात, रवीन्द्र काव्ये कालिदासेर प्रभाव।
17. कवि रहस्य, पृ. 76
18. गुलाबराय : सिद्धान्त और अध्ययन, पृ. 61
19. "Borrowal is one thing and influence is quite another thing."
20. विश्वम्भरनाथ उपाध्याय : निराला—काव्य, कला और कृतियाँ।
21. On poetry and the modern men.
22. 'On originlity and imitation', American Criticism.
23. 'Tradition and the individual talent', selected Essays.
24. हजारीप्रसाद द्विवेदी : साहित्य का मर्म, पृ. 50
25. सिद्धान्त और अध्ययन, पृ. 61
26. विस्तृत आलोचना 'प्रभाव क्या है' के अन्तर्गत की गयी है।
27. 'मुसलमान तथा हिन्दू-कवियों के विचार-साम्य', प्रबन्ध-पद्म।
28. प्रानेर-एकान्त परिचित प्रियतम के नव नव वेशे वैष्णव कविगण ये देखिबार चेष्टा करियाछेन—कखनओ दानीवेशे, कखनो योगीवेशे, कखनों नाविक वेशे-ए तेमनइ एक प्रकार नवीन रसास्वादन-प्रयास, रवीन्द्रकाव्ये कालिदासेर प्रभाव।

प्रथम अध्याय

व्यक्तित्व और कृतित्व

प्रस्तुत निबन्ध के आलोच्य विषय के अनुसार निराला जी के 'व्यक्तित्व' तथा उनकी कृतियों पर सर्वप्रथम दृष्टिपात करना होगा। 'प्रभाव' का माध्यम है व्यक्ति एवं व्यक्ति किन परिस्थितियों में और किस प्रकार किसी विशेष साहित्य से कैसे प्रभावित हुआ, वह उसके व्यक्तित्व तथा कृतियों के इतिहासमूलक अध्ययन से ही पता चल सकता है। यह ऐतिहासिक अध्ययन प्रस्तुत निबन्ध की पट-भूमिका होगी जिससे निराला जी के काव्य पर बंगला-साहित्य के प्रभाव की रेखाएँ स्पष्ट और स्वच्छ हो सकेंगी। वैसे भी प्राचीन साहित्य की तुलना में आधुनिक साहित्य विशेष रूप से अहं-प्रधान है। अतएव काव्य-जिज्ञासा के साथ ही कवि की मानसिक स्थिति के प्रति भी हमारी जिज्ञासा बनी रहती है। इस मानसिक स्थिति के ज्ञान के लिए कवि के जीवन-समय का क्रमिक अध्ययन अत्यन्त आवश्यक है। हिपोलाइते टेन[1] ने कवि-व्यक्तित्व के निरीक्षण के लिए तीन वस्तुओं को आवश्यक बताया है—कवि या लेखक का वंश-परिवार, पारिपार्श्विक परिस्थितियाँ और उस युग की विचारधारा तथा विश्वास। इस प्रकार इस अध्याय में हम तीन विभिन्न विषयों पर विचार करेंगे—

1—वंश-परिवार तथा व्यक्ति

2—कृतियाँ

3—पारिपार्श्विक परिस्थितियाँ तथा युगीन विचारधाराएँ

इन तीनों पर विचार करने से ही इन विषयों के अन्तर में, अन्तर्धारा रूप प्रवाहित निराला के व्यक्तित्व का परिचय हमें प्राप्त हो सकेगा। व्यक्तिरूप का विकास ही मनुष्यत्व का विकास तथा सभ्यता का विकास है। मानव जो काम करता है, उसे उसके व्यक्तिरूप का वास्तविक फल कहा जा सकता है; व्यक्तिरूप यदि वृक्ष है तो कर्म उसका फल।[2] वृक्ष की प्रकृति पर फल की प्रकृति निर्भर करती है, अतएव व्यक्तित्व के ज्ञान से ही कृतियों का ज्ञान हो सकता है। वैसे भी यह सर्वविदित है कि कलाकार के कृतित्व को समझने के लिए उसके जीवन की परिस्थितियों तथा

विभिन्न घात-प्रतिघातों का अध्ययन आवश्यक है क्योंकि उसकी सहायता से ही हमें कलाकार की चेतना का ज्ञान प्राप्त होता है।

वंश-परिवार तथा व्यक्ति

सन् 1896 ई. की वसन्त पंचमी का दिन। बंगाल के घर-घर में सरस्वती-पूजा के आयोजन में सब व्याप्त हैं। वासन्ती की अपूर्व हरीतिमा बंगाल की अतुलनीय शोभा को और भी बढ़ा रही है। निराला जी कहते हैं—"वहाँ (बंगाल में) मलय पवन बहता है, संयुक्त प्रान्त (हिन्दी प्रान्त) में नहीं। बंगाल में ऋतु पहले आती है।[3] रवीन्द्रनाथ की कल्पना में यह शोभा और भी स्पष्ट हो गयी है। बहुत दूर का असीम आकाश आज वनराजि—नीली पृथिवी के सिरहाने पर झुक पड़ा। कानों-कानों में कहा, 'मैं तुम्हारा हूँ।' मेरे अश्रु आज चंचल हुए हैं, क्या यह तुम देख नहीं पाती हो? मेरा वक्ष आज तुम्हारे श्यामल हृदय के समान ही श्यामल बन गया है।"[4]

वसन्त तार गान लिखे याय धूलिर परे कि आदरे।
ताइ से धूला उठे हेसे बारे-बारे
बारे बारे रूपेर साजि आपनि भरे कि आदरे॥

(वसन्त अपना गाना धूलि पर लिखता है; इसीलिए तो वह धूलि बार-बार हँस उठती है। बार-बार अपने रूप की डाली स्वयं ही कितने प्यार से भरती है)[5]

और वसन्त ने उसी प्यार से बंगाल के महिषादल स्थान में रहने वाले पं. रामसहाय त्रिपाठी के घर को भी सजा दिया। सरस्वती के वर-पुत्र सूर्यकान्त त्रिपाठी 'निराला' का जन्म उसी दिन हुआ। वासन्ती और वाग्देवी दोनों ही खुशी में झूम पड़ीं और सौन्दर्य तथा विद्या से उसे विभूषित किया। यह अच्छा ही था कि निराला के पिता पं. रामसहाय जी गढ़ाकोला, जिला उन्नाव के रहने वाले होने पर भी नौकरी के कारण बंगाल के मेदिनीपुर जिले की महिषादल नाम की जमींदारी में बस गये थे। बंगाल में रहते हुए निराला उसकी कला, साहित्य तथा उसकी मिट्टी से परिचित हुए जिस मिट्टी में सर्वदा गीत की ही ध्वनि गुंजित रहती हैं। निराला जी कहते हैं—"बंगला मेरी जन्मभूमि है इसलिए बहुत प्रेम है।"[6] और यह हमारा सौभाग्य है कि कवि निराला ने बंग देश में एक ऐसे समय जन्म लिया था जब बंगला-समाज की भित्ति की दरार इतनी विस्तीर्ण नहीं हुई थी कि एक जगह से दूसरी जगह चलना ही दुष्कर हो जाये और इस भित्ति की दृढ़ता कवि के लिए बहुत ही आवश्यक है। इस सामाजिक भित्ति के आश्रय में ही कवि सर्वप्रथम खड़ा होता है।

परन्तु दुर्भाग्यवश उस भित्ति की दरार निराला के जन्म के तृतीय वर्ष से ही स्फीत होने लगी। निराला अभी तीन वर्ष के ही थे कि उनकी माँ का देहान्त हो गया और यह दरार बढ़ते-बढ़ते उनके जीवन का एक घोर व्यंग्य बनकर रह गयी।

शायद इसी कारण वे केवल महत् जातीय कवि हो पाये हैं, महत्तर सर्वजातीय कवि नहीं हो सके। रवीन्द्रनाथ भी यदि जीवन की प्राथमिक अवस्था से ही इस प्रकार के आघात सहते तो शायद प्रतिभा का प्राचुर्य होने पर भी महत्तर कवि नहीं हो पाते।

माता का देहान्त कवि के लिए किशोर-कल्पना पर पहला प्रहार था। कवि को 'अनगिनत आ गये शरण में जन-जननी' से उस अभाव की पूर्ति करनी पड़ी।[7] माँ के अभाव में भी निराला काफ़ी स्नेह से पाले गये। निराला के पिता महिषादल राजा के प्रियपात्र होने के कारण सम्पन्न भी हो गये थे। इसी कारण निराला के पालन-पोषण में किसी भी प्रकार की कठिनाई नहीं हुई। वे इसी समय से बैसवाड़ी भाषा तथा बंगला दोनों ही बोलते थे। निराला के लिए ये दोनों ही भाषाएँ मातृ-भाषा के समान थीं। उन्होंने प्रबन्ध-प्रतिभा में लिखा है–"बंगला मेरी वैसी ही मातृ-भाषा है, जैसी हिन्दी।"[8] निराला जी जब 5 वर्ष के हुए, तब उन्हें एक बंगला पाठशाला में पढ़ने के लिए भेजा गया। इस सम्बन्ध में गंगाप्रसाद पाण्डेय ने लिखा है–"भावुक बंगाली अध्यापक निराला को शिक्षण के साथ-साथ अपना स्नेह भी देते रहे तो कुछ आश्चर्य की बात नहीं"[9] और इस प्रकार प्रारम्भिक काल से ही उन पर बंगला का प्रभाव पड़ता रहा। यह बहुत ही दुख की बात है कि जीवन में केवल घात-प्रतिघात सहते हुए दुखी कवि अपने जीवन से ही वीतराग हो गये थे। इसी कारण रवीन्द्रनाथ की तरह किसी भी प्रकार की 'जीवन-स्मृति' उन्होंने नहीं लिखी। यदि लिखते तो रवीन्द्रनाथ के समान उनके जीवन के प्रारम्भिक प्रभाव का हमें सहज ही ज्ञान हो जाता।

पाठशाला की पढ़ाई समाप्त करके वे महिषादल के हाई स्कूल में अंग्रेज़ी पढ़ते रहे। स्कूल में हिन्दी पढ़ने की कोई सुविधा नहीं थी, घर पर सिपाहियों के साथ वे रामायण और ब्रजविलास के द्वारा हिन्दी भी सीखते रहे। हाई स्कूल में निराला ने द्वितीय भाषा के रूप में संस्कृत ली थी। इस तरह हिन्दी, संस्कृत, बंगला, अंग्रेज़ी चारों भाषाएँ उन्होंने साथ-साथ सीखीं।

डॉ. हजारीप्रसाद द्विवेदी का कहना है कि उनकी शिक्षा भी बंगला से ही आरम्भ हुई थी। उन्होंने तत्कालीन बंगला-साहित्य की स्वच्छन्दतावादी और रहस्यवादी कविताओं का अच्छा अध्ययन किया था।[10] इसी समय से उन्होंने कविता लिखनी प्रारम्भ कर दी थी। अब तक वे बंगला में कुछ पद लिखा करते थे, किन्तु उनका मन हिन्दी लिखने की भी प्रेरणा पाने लगा। इस सम्बन्ध में गंगाप्रसाद पाण्डेय ने लिखा है, "उन्होंने उस समय लिखे गये एक कवित्त का कुछ अंश इस प्रकार बताया–

करि अंग-भंग बंग-भाषा के समस्त छन्द
व्रज-अवधी में अब कवित्त हमें लिखनी है।"[11]

इस सम्बन्ध में निराला ने स्वयं भी लिखा है–

मैं कवि हो चला था। फलतः पढ़ने की आवश्यकता न थी। प्रकृति की शोभा

देखता था। कभी-कभी लड़कों को समझाता भी था कि इतनी बड़ी किताब सामने पड़ी है, लड़के पास होने के लिए सिर के बल हो रहे हैं, वे उद्भिज कोटि के हैं। लड़के अवाक् दृष्टि से मुझे देखते रहते थे, मेरी बात का लोहा मानते थे। किताब उठाने पर और भय होता था, रख देने पर दूने दबाव से फेल हो जाने की चिन्ता। फलतः कल्पना में पृथ्वी अन्तरिक्ष पार करने लगी। कल्पना की वैसी उड़ान आज तक नहीं उड़ी।[12]

और इस प्रकार निराला की पढ़ाई पर वहीं पूर्ण विराम खिंच गया। परन्तु संस्कृत, बंगला तथा हिन्दी और अंग्रेज़ी-साहित्य का अपार ज्ञान उनको था। शायद यह रवीन्द्रनाथ का प्रभाव होगा कि वे नवीं कक्षा से आगे नहीं बढ़े। इसी बात को स्पष्ट करने के लिए गिरीशचन्द्र तिवारी गंगाप्रसाद पाण्डेय के कथन को उद्धृत करते हैं–

"किसी ने निराला से कह दिया कि प्रतिभाशाली व्यक्ति कभी परीक्षाओं के चक्कर में नहीं पड़ते। स्वयं रवीन्द्रनाथ नाइन्थ पास हैं।" यह निराला को पड़ी निधि मिली। उन्होंने सोचा मुझे रवीन्द्रनाथ से कम थोड़े न होना है और परीक्षा नहीं दी ताकि नवीं कक्षा पास रहें।[13]

तिवारी जी कहते हैं कि निराला जी के इस कथन से ऐसा ज्ञात होता है कि वे बचपन से ही रवीन्द्रनाथ से प्रभावित थे, साथ ही बंगला-साहित्य से भी। आज भी रवीन्द्रनाथ के गीतों की संगीत-माधुरी में आत्म-विभोर हो कवि अपने को ही रवीन्द्रनाथ समझ बैठता है।[14]

चौदह वर्ष की अवस्था में चाँदपुर ज़िला फ़तेहपुर में निराला की शादी हो गयी। मातृ-स्नेह से वंचित बालक को मनोहरादेवी में स्त्री-स्नेह मिला। निराला का उनके साथ घनिष्ठ प्रेम था जिसका प्रमाण 'सुकुल की बीबी' का एक छोटा-सा चित्र है।

एकान्त में पत्नी जी मिलीं, बड़ी तत्परता से बोलीं–वहाँ नाच देखकर भूल न जाइएगा। निराला जी एक ज़मींदार की बरात में जा रहे थे। उन्होंने उत्तर दिया–'राम भजो'–'क्व सूर्य प्रभवोवंशः क्व चाल्पविषयामतिः' 'चलो' कहकर वह गर्व गुरु-गमन से काम को चल दीं।[15] परन्तु वैवाहिक जीवन का यह सुख अधिक दिन तक नहीं बदा था। श्री मनोहरा देवी ने एक पुत्र और एक कन्या को जन्म देकर इनफ़लुएंजा की बीमारी में शरीर त्याग दिया। इस सम्बन्ध में डॉ. रामविलास शर्मा लिखते हैं–

"पत्नी की मृत्यु मायके में माँ की गोद में हुई। सब कुछ समाप्त होने के बाद सूर्यकुमार भी वहाँ आ पहुँचे। इस वज्रपात से उनका बुरा हाल था। घण्टों श्मशान में बैठे रहते। कहीं कोई चूड़ी का टुकड़ा, हड्डी या राख मिल जाती, तो उसे हृदय से लगाये घूमा करते। इन्फ़लुएंजा में इतने मनुष्य नष्ट हुए थे कि गंगा के किनारे दिन-रात चिताओं की जोत कभी बन्द न होती थी। अवधूत टीले पर बैठा हुआ युवक कवि घण्टों तक बहती हुई लाशों का दृश्य देखा करता।[16]

माता का देहान्त निराला की जीवन-भित्ति की पहली दरार थी और वह दरार

स्त्री के देहान्त से और भी स्फीत हो गयी। इस सम्बन्ध में विश्वम्भरनाथ उपाध्याय लिखते हैं कि यहाँ से दो प्रतिक्रियाएँ स्पष्ट दृष्टिगोचर होती हैं, एक कवि की रुक्षता जो उनकी प्रिया की सरस दृष्टि-निक्षेप से लुप्त हो जाती थी, बढ़ती हुई कुछ समय तो अर्द्ध-चेतनावस्था-सी रही, जिससे अन्तर्मुखी प्रकृति बढ़ी दूसरी ओर 'कोमल आश्रय' के नष्ट हो जाने से उग्रता बढ़ती गयी।[17] डॉ. विश्वम्भरनाथ उपाध्याय का तात्पर्य है कि एक तो कवि में प्रारम्भ से ही रुक्षता थी; परन्तु विवाह के उपरान्त उनकी कविता में ऐन्द्रिकता का समावेश हुआ; फिर स्त्री की मृत्यु के उपरान्त उनमें अन्तर्मुखी प्रकृति के प्रसार के साथ उग्रता का भी सम्प्रसार हुआ। उपाध्याय जी का यह विवेचन अनुचित ही प्रतीत होता है। जैसे, यह कहना गलत होगा कि प्रारम्भ से ही निराला जी में रुक्षता थी वरन् जो चीज़ उनमें थी वह व्यक्तित्व का अहं था। परिवार में, लगभग, हरेक की मृत्यु से जब उनके सामने जीविका का प्रश्न आया और इस वास्तविक जगत् से उनका प्रथम बार तिक्त परिचय हुआ तब उनके अहं को काफ़ी धक्का पहुँचा और उनमें रुक्षता आ गयी। उस महामारी में कवि की पत्नी की ही मृत्यु नहीं हुई, पिता, चाचा आदि एक के बाद एक सभी स्वर्ग सिधार गये। चार भतीजों और अपनी दो सन्तानों का भार 21 साल के युवक के कन्धों पर पड़ा। सम्पूर्ण परिवार के साथ पत्नी की असामयिक मृत्यु का शोक ही निराला के लिए वज्रपात से कम नहीं था ऊपर से बच्चों का पालन-पोषण एक विकट समस्या के रूप में सामने आया। निराला मानो स्तब्ध रह गये। व्यापक कर्मठता और विचारों की अडिग दृढ़ता शैशवकाल से ही उनकी बहुत बड़ी विशेषता थी। अब निराला, साहित्य-जीवन में पूरे प्राण-प्रवेग के साथ प्रवेश करने को कटिबद्ध हो गये। साहित्य को उन्होंने अपनी पारिवारिक तथा सामाजिक क्षतिपूर्ति का साधन बनाया। इस प्रकार जीविका के प्रश्न पर उनका इस यथार्थ संसार से दुखद परिचय हुआ जो उनके व्यक्तित्व के भित्ति की दरार को स्फीत करने में सहायक बना। प्रारम्भिक युग से ही व्यक्तित्व के अहं से युक्त होने के कारण जीवन की विषमताओं ने उन्हें विद्रोहात्मक तथा रुक्ष बना दिया, न कि स्त्री के वियोग ने; यद्यपि स्त्री का वियोग, परिवार का भार तथा जीविका का प्रश्न और संसार की विषमताएँ सबने एकत्रित होकर उनके अहं पर आघात किया था और फलस्वरूप निराला जी रुक्ष बन गये थे।

उपाध्याय जी की दूसरी बात, कि विवाह के उपरान्त उनकी कविता में ऐन्द्रिकता का समावेश हुआ, भी उचित नहीं लगती है। अभी हम कह चुके हैं कि जीविका की समस्या के समाधान के लिए निराला जी ने साहित्य-क्षेत्र में प्रवेश किया, यद्यपि प्रारम्भिक अवस्था से ही कविता लिखने की प्रेरणा उनमें थी और उनकी प्रथम प्रौढ़ कविता 'जूही की कली' सन् 1916 में लिखी जा चुकी थी। जूही की कली में ऐन्द्रिकता का चरमरूप दिखाई पड़ता है, इसलिए यह कहना भ्रम होगा कि विवाह

से पहले उनमें ऐन्द्रिकता नहीं थी। यद्यपि यह बात ठीक है कि विवाहोपरान्त यह ऐन्द्रिकता और भी अधिक व्यापक हो गयी थी।

जहाँ तक विश्वम्भरनाथ उपाध्याय की तीसरी बात, कि निराला की पत्नी की मृत्यु के कारण निराला की रुक्षता ने अर्द्ध-चेतनावस्था में रहकर उनकी अन्तःप्रकृति का प्रसार किया, भी दोषयुक्त है। कारण निराला के व्यक्तित्व का यह अहं भी इस प्रवृत्ति का आधार है। व्यक्तित्व पर जीवन का प्रहार सहते हुए वे विद्रोहात्मक बन गये। मिल्टन को जब 'रेस्टोरेशन' के समय राज्यपद से बहिष्कृत कर दिया गया और साथ ही उनके नेत्रों की शक्ति जाती रही, तब मिल्टन स्वयं विद्रोही कवि बन गये थे। भगवान से बढ़कर शैतान की महत्ता को उन्होंने प्रतिपादित किया था। निराला और मिल्टन दोनों ही व्यक्तित्ववादी पुरुष हैं। अतः इस विद्रोह से ही 'विराटत्व की भावना' ने उनके मन में आश्रय ग्रहण किया। इस विराटत्व की भावना के प्रसार में रवीन्द्र तथा विवेकानन्द का वेदान्त तथा उपनिषद् के विचार भी निराला के सहायक बने जहाँ इसके विपरीत मिल्टन की 'पियोरीटन फ़िलॉसफ़ी' उनके विराटत्व के प्रसार में सहायक हुई थी। इस प्रकार निराला ने इन दार्शनिक विचारों से प्रभावित होकर विश्वसत्ता के साथ तादात्म्य स्थापित करके विराट भावना की अभिव्यक्ति प्रारम्भ की। यहाँ निराला रहस्यात्मक बन जाते हैं और उनकी अन्तःप्रकृति का प्रसार इसी कारण हुआ। रहस्यात्मक भावना 'दिव्य रति' के रूप में आगामी काव्य में प्रतिध्वनित होने लगी, न कि स्त्री की मृत्यु के कारण शृंगारिक-अनुभूति दिव्य-रति में परिवर्तित हुई। यदि ऐसा होता तो उनकी रहस्यात्मक कविताएँ हीन ग्रन्थियों (परवर्टेड सैक्स) की परिचायक होतीं, न कि सुष्ठु वेदान्त की भावनाओं की प्रेषक। यद्यपि अपनी 'दिव्य रति' की प्रमुख पात्र उनकी स्त्री स्वयं थी। गीतिका के समर्पण में उन्होंने यह स्पष्ट कर दिया है–

"जिसकी हिन्दी के प्रकाश से, प्रथम परिचय के समय में आँखें नहीं मिला सका–लजाकर हिन्दी की शिक्षा के संकल्प से, कुछ काल बाद देश से विदेश, पिता के पास चला गया था और उस हीन-हिन्दी प्रान्त में, बिना शिक्षक के 'सरस्वती' की प्रतियाँ लेकर, पद-साधना की और हिन्दी सीखी थी, जिसका स्वर गृहजन, परिजन और पुरजनों की सम्मति में मेरे (संगीत) स्वर को परास्त करता था; जिसकी मैत्री की दृष्टि क्षणमात्र में मेरी रुक्षता को देखकर मुस्करा देती थी, जिसने अन्त में अदृश्य होकर मुझसे मेरी पूर्ण-परिणीता की तरह मिलकर मेरे जड़ हाथ को अपने चेतन हाथ से उठाकर दिव्य शृंगार की पूर्ति की उस सुदक्षिणा स्वर्गीया प्रिय-प्रकृति श्रीमती मनोहरादेवी को सादर।"[18]

इस प्रकार हम देखते हैं कि उनके साहित्यिक जीवन का प्रमुख आधार सहजात साहित्यिक वृत्ति थी जिसका स्फुरण सन् 1916 में 'जूही की कली' के माध्यम से

हुआ। साहित्यिक जीवन का दूसरा आधार था—स्वयं निराला की जीविका का प्रश्न। संसार का समस्त भार जब 1916 के बाद उन पर आ पड़ा, तब जीविका कमाने के लिए ही उन्होंने सक्रिय होकर साहित्य-क्षेत्र में प्रवेश किया। और उनके काव्य का तीसरा आधार था—व्यक्तित्व का अहं जिसमें उनके प्रिय पात्रों की मृत्यु से उन्हें एक भयंकर धक्का पहुँचा, जिस कारण एक ओर उनकी सहजात-काव्य-वृत्ति दार्शनिक तटस्थता तथा विदग्ध हृदय की करुणा को लेकर फूट पड़ी और दूसरी ओर अपने विध्वस्त अहं का समीकरण निराला जी ने प्रकृति के विराट् चित्र के अंकन के द्वारा किया और इस प्रकार व्यापक ढंग से वे काव्य की रचना करने लगे। यहाँ से अब हम व्यक्ति के साथ ही कृतियों का भी विवेचन करेंगे।

कृतियाँ

जैसा कि निराला ने स्वयं 'सुकुल की बीबी' में कहा है, बाल्यकाल से ही कविता लिखने की ओर उनकी रुचि हो चली थी। निराला ने रवीन्द्र की तरह किसी 'जीवन-स्मृति' की रचना नहीं की, नहीं तो निश्चित रूप से उनके प्रारम्भिक काव्य-जीवन का इतिहास हम प्रस्तुत कर सकते। गंगाप्रसाद पाण्डेय की पुस्तक 'महाप्राण निराला' से यह पता चल जाता है कि बंगला के साथ ही अवधी और ब्रजभाषा-मिश्रित भाषा में वे कुछ कवित्त सवैये प्रारम्भिक काल से ही लिखने लगे थे।[19] जीविका के प्रश्न के कारण जब वे निश्चित रूप से साहित्य-क्षेत्र में कूद पड़े और कविताएँ प्रकाशित करने लगे तो उनकी प्रारम्भिक बंगला-कविताओं की बहुत प्रशंसा हुई। इस सम्बन्ध में पाण्डेय जी लिखते हैं—"राजा के काम से प्रायः निराला को कलकत्ते जाना-आना पड़ता था। धीरे-धीरे लोग-बाग उन्हें कलकत्ते में भी मानने-जानने लगे। उनकी बंगला-कविताओं की तारीफ़ महिषादल से कलकत्ते तक समान रूप से होने लगी।"[20]

हिन्दी की सर्वप्रथम प्रौढ़ रचना निराला की 'जूही की कली' है जो सन् 1916 में लिखी जा चुकी थी। डॉ. रामविलास शर्मा इसकी रचना के विषय में लिखते हैं कि निराला जी के व्यक्तित्व में निर्भीकता और उद्दण्डता कूट-कूटकर भरी है। महिषादल में वे श्मशान में घूमने जाया करते थे। 'जूही की कली' का सुहाग उन्होंने वहीं पर देखा था।'[21] सन् 1920 में निराला ने अपनी यह प्रथम रचना 'सरस्वती' में छपने के लिए भेजी, किन्तु द्विवेदी जी ने इसे लौटा दिया। 'सरस्वती' से कविता लौटने का दुख निराला को कुछ कम नहीं हुआ, पर इससे उनकी प्रतिभा के विकास में कोई बाधा नहीं पड़ी।

'सरस्वती' में कुछ काल उपरान्त एक लेख के छपने पर उनका परिचय द्विवेदी जी से हो गया और द्विवेदी जी के सुझाव पर वे रामकृष्ण मिशन की हिन्दी-पत्रिका 'समन्वय' के सम्पादक बन गये। यहीं से उनकी काव्य-प्रतिभा का स्फुरण प्रारम्भ होता है। उनमें नवीनता की ओर झुकाव था। माइकेल मधुसूदन, रवीन्द्रनाथ तथा

विवेकानन्द के प्रभावस्वरूप उन्होंने हिन्दी में मुक्त छन्द तथा नवीन भाव-योजना के साथ विवेकानन्द के वेदान्त-दर्शन का प्रचार किया। इस तरह हिन्दी-काव्य में निराला ने अपने भाव-विचारों सहित पदार्पण किया। 'समन्वय' काल में मुक्त छन्द में लिखी उनकी रचना 'पंचवटी-प्रसंग' उनकी इसी मुक्त रुचि की प्रसूति है। निराला ने लिखा है—पुराण, इतिहास और समाज तीन मुख्य आधार नाटकों के लिए है। पौराणिक नाटकों की भाषा प्रवाहपूर्ण होनी चाहिए। प्राचीन युग का रूप तभी पूरा उतरता है। भाषा इतनी क्लिष्ट न हो कि जनता समझ न सके, पर ऐसी सीधी और शिथिल भी न हो कि प्राचीनता का गम्भीर वातावरण नष्ट हो जाये। मेरा लिखा हुआ स्वच्छन्द छन्द ऐसे ही नाटकों के लिए उपयोगी है। इसी विचार से मैंने लिखा भी था। अवश्य काव्य लिखने के विचार से पहले मैंने उसे मिल्टन की तरह क्लिष्ट-भाषा-पूर्ण कर दिया था, पर मेरा असली मतलब उसे पौराणिक नाटकों में लाना ही था। 'पंचवटी-प्रसंग' की अवतारणा का यही कारण है। इसका उदाहरण पेश करने के लिए मैंने तो अपने लिखे एक सामाजिक नाटक के एक पार्ट में इसका समावेश कर दिया था और वह पार्ट कलकत्ता की स्टेज पर मैंने खुद खेला था।[22]

अपनी सब प्रारम्भिक कविताओं का 'अनामिका' नाम से उन्होंने 1923 में एक संग्रह निकाला। इस समय वे 'मतवाला' के सम्पादक थे और काव्य में क्रान्ति का प्रसार कर रहे थे। इस सम्बन्ध में निराला ने 'सुकुल की बीबी' में उस समय का स्मरण इस प्रकार किया है—

"बहुत दिनों की बात है। तब मैं लगातार साहित्य-समुद्र-मन्थन कर रहा था। पर निकल रहा था केवल गरल। पान करने वाले अकेले महादेव बाबू।"[23]

'अनामिका' (1923) में निराला की वे कविताएँ संगृहीत हैं जो 'नारायण', 'मतवाला' और समन्वय' में पहली बार प्रकाशित हुईं थीं और जिन्होंने खड़ी-बोली हिन्दी-कविता में एक विशेष परिवर्तन की सूचना दी थी। इस सम्बन्ध में रामरतन भटनागर लिखते हैं कि उस समय इन कविताओं की विशेष प्रसिद्धि नहीं हुई परन्तु साहित्य-समालोचकों और हिन्दी-कविता की गतिविधि समझने वालों का ध्यान उनकी ओर अवश्य गया।[24] महादेव प्रसाद सेठ ने लिखा—"इतना मैं अवश्य कहूँगा और दावे के साथ कहूँगा कि त्रिपाठी जी ने 'पंचवटी-प्रसंग', 'अधिवास' तथा 'जूही की कली' नामक कविताओं को लिखकर हिन्दी के पद्य-साहित्य में एक अभूतपूर्व नयी शैली का समावेश किया है और यदि हिन्दी का कवि-समाज इस शैली का आदर और अनुगमन करेगा तो मातृ-भाषा का बड़ा उपकार होगा और उसके लालित्य में एक नयी बात पैदा हो जायेगी।"[25] इस पहली 'अनामिका' की केवल कुछ ही कविताएँ 'परिमल' में पुनः आयी हैं। वे हैं, 'पंचवटी-प्रसंग', 'अधिवास', 'जूही की कली' और 'तुम और मैं'। शेष कविताएँ कवि ने स्वयं अप्रौढ़ समझकर छोड़ दी हैं।

इसी बीच 'निराला जी' समन्वय छोड़कर 'मतवाला' के सम्पादक बन गये थे। फिर 'मतवाला' भी छोड़ना पड़ा और सन् 1928 में कलकत्ता छोड़कर वे लखनऊ आ गये। सन् 1920 की तरह हिन्दी-प्रान्त इस बार भी उनसे विमुख नहीं रह सका और 'सुधा' ने उनकी कृतियों का स्वागत किया। सन् 1930 में निराला का दूसरा काव्यसंग्रह 'परिमल' प्रकाशित हुआ। डॉ. रामरतन भटनागर का कहना है कि 'प्रसाद के आँसू' ने जिस क्रान्ति का सूत्रपात किया था, पन्त के 'पल्लव' ने जिस क्रान्ति को गहराई दी, उसी क्रान्ति का विस्तार 'निराला' के इस महत्त्वपूर्ण काव्यग्रन्थ 'परिमल' ने प्रदान किया।[26]

निराला जी भाषा, भाव, छन्द, वेशभूषा की सम्पूर्ण परम्परा से विद्रोह करते हुए आये थे और उनके लिए यह स्वाभाविक ही था कि उनकी बातचीत, चाल-ढाल सभी में एक नवीनता का आभास मिले। निराला ने अपनी शक्ति-साहस से समाज में कवि का एक अलग स्थान बनाया और जीवन में साहित्यकार की प्रतिष्ठा और महत्ता को उद्घाटित किया। चारों ओर निराला के छन्दों की पैरोडी बनने लगी पर निराला इनसे घबराने वाले नहीं थे। उन्हें अनेक प्रकार से चिढ़ाने की भी चेष्टा की जाती थी, किन्तु निराला यह कह दिया करते थे–''कुत्ते भौंकते ही रहते हैं, हाथी अपनी चाल में चला जाता है, मेढकों की टर्र-टर्र से बादलों का गरजना नहीं रुकता।'' हुआ भी यही क्योंकि धीरे-धीरे इस नवीन भावधारा के पाँव जमने लगे और वह सर्वसम्मति से इस युग की मूल प्रेरणा-शक्ति के रूप में स्वीकार भी कर ली गयी।[27]

निराला ने 'परिमल' की भूमिका में लिखा है–

''इस युग में कुछ प्रतिभाशाली अल्प-वयस्क साहित्यिक प्राचीन गुरुडम के एकछत्र साम्राज्य में बग़ावत के लिए शासन-दण्ड ही पा रहे हैं, अभी उन्हें साहित्य के राजपथों पर साधिकार स्वतन्त्र रूप से चलने का सौभाग्य नहीं मिला। परन्तु ऐसा जान पड़ता है कि इस नवीन जीवन के भीतर से शीघ्र ही एक ऐसा आवर्त बँधकर उठने वाला है जिसके साथ साहित्य के अगणित जल-कण उस एक ही चक्र की प्रदक्षिणा करते हुए उसके साथ एक ही प्रवाह में बह जायेंगे और लक्ष्यभ्रष्ट या विदग्ध से शुष्क न हो एक ही जीवन के उदार महासागर में विलीन होंगे। अभी प्रतिभाशाली साहित्यिकों को निष्प्रभ तथा हेय सिद्ध करके ससम्मान आसन ग्रहण करने वाले महालेखक और महाकविगण साहित्य में अपनी प्राचीन गुलामी प्रथा की ही पुष्टि करते जा रहे हैं।

ऐसी स्थिति में 'परिमल' निकल रहा है। इसके मैंने तीन खण्ड किये हैं। प्रथम खण्ड में सममात्रिक सान्त्यानुप्रास कविताएँ हैं जिनके लिए हिन्दी के लक्षण-ग्रन्थों के द्वारपालों को 'प्रवेश-निषेध' या भीतर जाने की सख़्त मुमानियत है। दूसरे खण्ड में विषयमात्रिक सान्त्यानुप्रास कविताएँ हैं। तीसरे खण्ड में स्वच्छन्द छन्द हैं, जिसके

विषय में मुझे विशेष कहने की जरूरत है, कारण इसे ही हिन्दी में सर्वाधिक कलंक का भाग मिला है।"[28]

इस सम्बन्ध में बच्चनसिंह का कहना है–निराला ने जिस मुक्त-छन्द, उद्दाम भावधारा और दार्शनिक ओजस्विता के साथ हिन्दी में प्रवेश किया वह हिन्दी वालों के लिए सर्वथा नवीन वस्तु थी। निराला का छन्दहीन नवीन प्रयास उनके लिए अद्‌भुत वस्तु थी, इससे उनकी रूढ़िबद्ध रुचियों का मेल तो दूर रहा इसका सम्पर्क भी उन्हें प्रिय न था। यही कारण है कि न तो इनकी कृतियों का सहानुभूतिपूर्ण अध्ययन हुआ और न लोगों ने इन्हें समझने का ही प्रयत्न किया। इस भाँति एक श्रेष्ठ प्रतिभासम्पन्न कवि की अवहेलना होने लगी। यों तो नवीन छायावाद के सभी प्रवर्तकों का प्रबल विरोध हुआ, किन्तु निराला को औरों की अपेक्षा अधिक समय तक विरोधों का सामना करना पड़ा। यह निराला का ही व्यक्तित्व है कि अनेक विरोधों और संघर्षों के बीच से होते हुए आज ये इतने ऊँचे पहुँच पाये हैं।[29]

निराला के 'परिमल' की कविताओं के अनेक विषय हैं। साधारण दृष्टि से उसमें प्रार्थनापरक कविताएँ, प्रकृति-सम्बन्धी कविताएँ, प्रेमविषयक कविताएँ, देश-प्रेम से प्रेरित कविताएँ तथा सामान्य मानव-भूमि पर आधृत कविताएँ संकलित हैं। 'समन्वय' के सम्पादन-काल में इनकी दार्शनिक प्रवृत्ति को जो विकास प्राप्त हुआ था उसी का आकलन परिमल की कविताओं में प्राप्त होता है। इनकी कविताओं में अद्वैत दर्शन की छाप स्पष्ट देखी जा सकती है। इस सम्बन्ध में डॉ. रामविलास शर्मा का कहना है कि परिमल की रहस्यवादी कविताओं को एक साथ पढ़ने पर पता लगता है कि रवीन्द्रनाथ से अधिक कवि पर विवेकानन्द का प्रभाव है।[30]

इसके उपरान्त निराला की नयी कृति 'गीतिका' 1936 में प्रकाशित हुई। इस बीच उनके ऊपर से दारुण झंझा प्रवाह बह गया। सन् 35 में सरोज (लड़की) की असामयिक मृत्यु ने निराला को बहुत भारी आघात पहुँचाया। चारों ओर के विरोध और साहित्यिक व्यवसायियों के छलों से पीड़ित कवि के लिए यह दुर्घटना महान क्षोभ का कारण बन गयी। जीवन-झंझा के बीच निराला एकाकी तरु की भाँति झकझोरे गये, पर हिन्दी के सौभाग्य से उखड़े नहीं और सन् 36 में छपी उनकी गीतिका की प्रभूत प्रशंसा हुई। 'गीतिका' के परिचय में श्री जयशंकर प्रसाद लिखते हैं–

गीतिका हिन्दी के लिए सुन्दर उपहार है। उसके चित्रों की रेखाएँ पुष्टवर्णों का विकास भास्वर हैं। उसका दार्शनिक पक्ष गम्भीर और व्यंजना मूर्तिमती है। आलम्बन के प्रतीक उन्हीं के लिए अस्पष्ट होंगे जिन्होंने यह नहीं समझा है कि रहस्यमयी अनुभूति, युग के अनुसार, अपने लिए विभिन्न आधार चुनती है। केवल कोमलता ही कवित्व का मापदण्ड नहीं है। निराला जी ने ओज और सौन्दर्य-भावना और कोमल कल्पना का जो माधुर्यमय संकलन किया है, वह उनकी कविता में शक्ति-साधना

का उज्ज्वल परिचायक है। स्वयं निराला ने इन गीतों के सम्बन्ध में कहा है–खड़ी बोली की संस्कृति जब तक संसार की अच्छी-अच्छी सौन्दर्य-भावनाओं से युक्त न होगी, वह समर्थ न होगी। उसकी सम्पूर्ण प्राचीनता जीर्ण है।[31]

परिमल में निराला के कुछ गीत प्रकाशित हुए थे और विद्वानों में उनका बड़ा आदर हुआ था। संगीत-विशारदों ने उनकी संगीतमयता की प्रशंसा की थी। इन गीतों में किसी एक सुन्दर भाव को लेकर दो, तीन या चार 'बन्द' उपस्थित किये जाते थे। बंगला में रवीन्द्रनाथ इस प्रकार के सहस्रों गीतों की रचना कर चुके थे। अतः रवीन्द्रनाथ के गीतों की छाया में पलने वाले 'निराला' का ध्यान इस ओर जाना स्वाभाविक था। गीतिका के गीतों का मुख्य विषय रहस्यवाद है। इस सम्बन्ध में भी नन्द दुलारे वाजपेयी का यह कथन महत्त्वपूर्ण है–'रहस्यवाद तो इस युग की प्रमुख चिन्ताधारा है। परोक्ष की रहस्यपूर्ण अनुभूति से उनके गीत रंजित हैं। रहस्य की कलात्मक अभिव्यक्ति की जो बहुविध चेष्टाएँ आधुनिक हिन्दी में की गयी हैं उनमें निराला की कृतियाँ विशेष उल्लेखनीय हैं। कुछ कवियों ने तो रहस्यपूर्ण कल्पनाएँ ही की हैं, किन्तु निराला के काव्य का मेरुदण्ड ही रहस्यवाद है। उनके अधिकांश पदों में मानवीय जीवन के चित्र हैं अवश्य, किन्तु वे सबके सब रहस्यानुभूति से अनुरंजित हैं।[32] यद्यपि गीतिका में रहस्यवाद के अतिरिक्त देशभक्ति तथा प्रेमविषयक कविताएँ भी संगृहीत हैं।

सन् 1938 में उनका नया काव्यसंग्रह 'अनामिका' निकला। अनामिका के सम्बन्ध में डॉ. रामरतन भटनागर का कहना है कि अनामिका नाम के प्रति निराला को मोह होना स्वाभाविक था। वह उनका प्रथम काव्य-संग्रह था जो 1923 में प्रकाशित हुआ। 15 वर्ष बाद अपने एक अन्य प्रौढ़ संग्रह का नाम ढूँढ़ते हुए कवि को इस पहले संग्रह का ध्यान आया और उसने इस संग्रह का नाम भी 'अनामिका' रखा।[33] यद्यपि इस संग्रह में पिछले संग्रह की कोई भी कविता नहीं है तथापि अनामिका (1923) और परिमल (1930) के बीच की कुछ रचनाएँ निराला ने इस संग्रह में प्रकाशित की हैं। इन रचनाओं में उनके प्रारम्भिक काल की प्रवृत्तियों पर विशेष प्रकाश पड़ता है। इनमें पहली कविताएँ वे हैं जो रवीन्द्रनाथ या विवेकानन्द के काव्य का हिन्दी अनुवाद हैं। इस प्रकार की कविताएँ 'ज्येष्ठ', 'कहाँ देश है', 'क्षमा-प्रार्थना' रवीन्द्रनाथ की कविताओं का अनुवाद है और 'सखा के प्रति', 'नाचे उस पर श्यामा', 'गाता हूँ गीत मैं तुम्हीं को सुनाने को' विवेकानन्द की कविताओं का अनुवाद है।

इन अनुवादों के सम्बन्ध में निराला ने लिखा है–"अनुवाद का सत्य वही समझता है, मौलिक ग्रन्थ का चमत्कार उसी दृष्टि में अपनी शोभनीय सृष्टि रखता है अनुवाद और मूल दोनों की भाषाओं पर जिसका पूर्ण अधिकार हो।"[34] इसी को समझाते हुए निराला ने एक और लेख में लिखा है–"अनुवादक के लिए यह

नियम नहीं कि मूल का अर्थ पुस्तक का अक्षरशः अनुवाद किया जाय, परन्तु यह भी ठीक नहीं कि इन मूल का अर्थ आदि कुछ और हो और अनुवाद का कुछ और। अनुवादक को मूल के अर्थ पर ध्यान रखना चाहिए। उसी अर्थ को दूसरी भाषा में प्रस्फुटित कर देना उसका कर्तव्य है। यदि मूल में कोई चमत्कार हो तो अनुवाद में भी चमत्कार दिखाना चाहिए। मूल की भाषा में यदि किसी ऐसे मुहावरे का प्रयोग हुआ है जिसकी ओर स्वभावतः पाठक खिंच जाय तो अनुवादक को भी उसी ढंग का करना चाहिए। सारांश यह है कि मूल की भाषा और भावों से अनुवाद की भाषा और भावों को शिथिल न होने देना चाहिए।''[35]

भारत के प्राचीन सांस्कृतिक पक्ष का उद्घाटन 'अनामिका' की कुछ कविताओं में बड़े सुन्दर ढंग से हुआ है। डॉ. बच्चनसिंह तो यह कहते हैं कि निराला भारतीय संस्कृति के अकेले चित्रकार हैं।[36] बच्चनसिंह यह भी कहते हैं कि जहाँ निराला भारतीय संस्कृति के प्रेमी हैं, जहाँ ये प्राचीनता को प्रश्रय देने वाले हैं, वहीं नवीन को मुक्त हृदय से ग्रहण करने को प्रस्तुत रहते हैं।[37] नवीनता का स्वागत करते हुए 'उद्बोधन' में कहते हैं—

'आँखों में नव जीवन का तू अंजन लगा पुनीत,
बिखर झर जाने दे प्राचीन।'

अनामिका तक पहुँचते-पहुँचते भाषा, छन्द, शैली और विचार सब में कवि ने प्रौढ़ता प्राप्त कर ली थी। 'राम की शक्ति पूजा', 'सरोज-स्मृति', इनकी प्रौढ़तम रचनाओं के प्रतीक हैं। इसके अतिरिक्त 'अनामिका' की कुछ कविताओं में हमें निराला की नयी प्रगतिशील कविताओं का आभास मिलता है जिसका सूत्रपात हिन्दी-क्षेत्र में सन् 38 से हो गया था। 'किसान की नयी बहू की आँखें', 'खुला आसमान', 'ठूँठ,' 'तोड़ती पत्थर' और 'सहज' इसी प्रकार की कविताएँ हैं। यद्यपि इनको सम्पूर्ण प्रगतिवादी कविताओं की श्रेणी में नहीं रखा जा सकता है। कारण इन कविताओं में अस्पष्टता और रोमांस का पुट जरूर है। 'पत्थर तोड़ने वाले का' श्याम तन, भर बँधा यौवन, देखने वाले कवि को 'शतशः' प्रगतिवादी कहना असम्भव है।''[38]

उसी वर्ष निराला का अभिनव काव्य 'तुलसीदास' भी प्रकाशित हुआ। सन् 35 से 38 तक के कवि के काव्य-जीवन के सम्बन्ध में लिखते हुए बच्चनसिंह कहते हैं—''इस काल में भी प्रयोग की विविधता का दर्शन मिलता है। छन्दों का विस्तृत प्रयोग, भाषा की क्लिष्टता, कथानक का आधार आदि बहुत-सी बातें मिलेंगी। कथानक तथा अन्य प्रकार की कविताओं में व्यक्तिगत घटनाओं (पर्सनल एनेक्डोट) का निरूपण मिलता है। संस्कृतगर्भित समस्त पदावली, दार्शनिक तथ्यों का सन्निवेश, रूपक के निर्वाह की चेष्टा से स्पष्ट हो जाता है कि कवि पांडित्य-प्रदर्शन के समस्त उपादानों को ग्रहण कर आगे बढ़ रहा है। ये सभी परिवर्तन कलात्मक प्रौढ़ता के

परिचायक हैं, इस काल की सभी कविताएँ सन् 35 से सन् 38 के बीच लिखी गयी हैं। इन पांडित्यपूर्ण रचनाओं के अतिरिक्त इसी काल में ये व्यंग्यात्मक कविताएँ भी लिख रहे थे। एक ही समय में दो प्रकार की रचनाएँ कवि की एक ही मनोवृत्ति की दो धाराओं की सूचक हैं। एक ओर ये कलापूर्ण कृतियों से अपनी श्रेष्ठता का परिचय दे रहे थे और दूसरी ओर व्यंग्यात्मक रचनाओं से नासमझों, अपने मार्ग के रोड़ों तथा रूढ़ियों पर प्रहार करके अपनी मान्यताओं की श्रेष्ठता सिद्ध कर रहे थे।''[39] तुलसीदास उनकी प्रौढ़तम कृतियों का प्रतीक है। तुलसीदास के सम्बन्ध में रायकृष्णदास का कहना है–''तुलसी का प्रथम अध्ययन, पश्चात् पूर्व संस्कारों का उदय, प्रकृति-दर्शन और जिज्ञासा, नारी से मोह, मानसिक संघर्ष और अन्त में नारी द्वारा ही विजय आदि वे मनोवैज्ञानिक समस्याएँ हैं जिन्हें लेकर कवि ने कथा का विस्तार किया है। कवि का क्षेत्र नवीन है। रहस्यवाद का कथा-रूप में उसने एक चित्र खींचा है। मनोवैज्ञानिक तथ्यों का निरूपण उसका ध्येय है; अतः उसे अपनी भाषा बहुत कुछ स्वयं गढ़नी पड़ी है। (कवि ने) छोटी-छोटी बातों को लेकर बड़े-बड़े मानसिक घात-प्रतिघातों को अपनी वाणी द्वारा सजीव कर दिया है।''[40]

सन् 38 तक निरन्तर संघर्ष करते-करते निराला कुछ शान्त से हो गये। उनका आत्म-विश्वास तो ज्यों का त्यों अटल रहा, पर विद्रोह का स्वर कुछ मन्दा पड़ गया। उन्होंने अपनी इस मनोदशा का चित्रण अपनी एक 'उक्ति' में किया है, जिससे अपनी कविता को लेकर उन्होंने अपनी अन्य सारी असफलताओं की उपेक्षा सी की है। आत्म-विश्वास का स्वर विरोध और बौखलाहट की सनसनाहट में भी स्पष्ट है–

कुछ न हुआ न हो
मुझे विश्व का सुख, श्री यदि केवल
पास तुम रहो।

यह विद्रोह-भरा क्रान्तिकारी अतिमानव अतीव मानसिक और आर्थिक संघर्ष के बीच भी बराबर लेखनी चलाता रहा और फलस्वरूप जीवन की यातनाओं से आहत मानवता ने सामाजिक व्यंग्य का रूप धारण कर लिया। जब व्यक्तिगत अहंकार सामाजिक विषमता के साथ मिलकर कठोर बाधा उपस्थित करता है तब वह व्यंग्य का रूप धारण करता है। निराला की नयी कविता 'कुकुरमुत्ता' (1942) में यही व्यंग्य परिलक्षित है। निराला की कविता उनके व्यक्तित्व से इतनी गुँथी चलती है कि अलग-अलग रहकर भी स्वतन्त्र रूप से कदाचित् उसका अध्ययन ही नहीं हो सकता। समाज तथा रूढ़ि के प्रति उनका व्यक्तिगत विद्रोह ही उनकी नयी कविताओं में दिखाई पड़ता है। यह विद्रोह व्यंग्य के रूप में द्रष्टव्य है। कुकुरमुत्ता वास्तव में प्रगतिवाद के विरुद्ध उनकी अपनी आवाज़ है। गंगाप्रसाद पाण्डेय कहते हैं कि इस कविता में व्यंग्य-विनोद और हास्य की सरस त्रिवेणी का स्निग्ध प्रवाह

मन को मुग्ध कर लेने वाला है। भाषा के प्रयोग में भी कवि ने व्यंग्य का आधार लिया है। 'कुकुरमुत्ता' आधुनिक युग का सबसे बड़ा व्यंग्य है और निराला सबसे बड़े व्यंग्यकार (सैटिरिस्ट)।[41]

युद्धकाल से निराला ने व्यंग्य को अधिक अपनाया है, क्योंकि अपने को सभ्य और शिक्षित कहने वाले मानव की ओर हिंसात्मक वृत्तियों और युद्ध-प्रवृत्तियों पर कुठाराघात करने के लिए एक साहित्यकार के पास व्यंग्य की सेना के अतिरिक्त और साधन भी क्या शेष रह जाता है। निराला ने अपने व्यंग्यों में देश की सुषुप्त मानवता को उद्बुद्ध करने की चेष्टा की है। व्यंग्य-सृष्टि साहित्य में प्रायः दो कारणों से होती है—एक का कारण व्यक्तिगत होता है तो दूसरे का आधार सामाजिक स्थिति रहती है। पहले में व्यक्ति पर आक्षेप रहता है तो दूसरे में समाज पर। कहना न होगा कि निराला का व्यंग्य व्यक्ति पर न होकर समाज पर ही रहता है। 'गर्म-पकौड़ी' और 'प्रेम-संगीत' रोमांस-विरोधी रचनाएँ हैं। 'रानी और कानी' यथार्थवादी मनोवैज्ञानिक रचना है। 'खजोहरा' एक यथार्थवादी चित्रण है। इसे हम टैगोर की 'विजयिनी' की पैरोडी कह सकते हैं। सामाजिक दृष्टि से यह कविता भारतीय समाज-व्यवस्था के एक अपरूप पक्ष का निदर्शन भी कराती है। 'मास्को डायलाग्ज़' शुद्ध विनोदात्मक रचना है। इसमें मास्कोजीवी साम्यवादियों के अधकचरे ज्ञान की खिल्ली उड़ायी है।

बच्चनसिंह का कहना है कि उपालम्भ और व्यंग्य समाप्त होने के बाद कवि में विषादात्मक शान्ति आ जाती है। इनकी यह अवस्था बिल्कुल मनोवैज्ञानिक प्रक्रिया के अनुकूल हुई है। अब इनके कथन में दुनिया के लिए सन्देश है, भगवान के प्रति आत्मनिवेदन है और है सामाजिक, राजनीतिक तथा साहित्यिक महापुरुषों के प्रशस्ति-अंकन का प्रयास। ऐसा करने से रवि बाबू की भाँति इनका स्वरूप भी सन्देश देने वाले नेता का हो गया है। ऐसी परिस्थितियों में कवि राजनीतिक नेतृत्व के स्तर पर आ जाता है। कवि के जीवन का यह एक नूतन पक्ष है। 'अणिमा' इसी की द्योतक है।[42] इस काव्य-संग्रह में भक्तिप्रधान, विषाद-मूलक तथा प्रशस्ति या वृत्त-लेखन का प्रयास है। 'अणिमा' की अधिकांश कविताएँ पुराने ढंग की हैं, परन्तु नये ढंग की अवहेलना नहीं हुई। वास्तव में 'अणिमा' सन्धिकाव्य है। छायावाद और प्रगतिवाद के दुराहे पर खड़ा कवि अपने सारे साहित्यिक जीवन का लेखा-जोखा ले रहा है और नये मैदान में उतर रहा है। कवि अपने हृदय को भी नये पथ पर चलने का उद्बोधन देता है—

गया अँधेरा
देख, हृदय, हुआ है सबेरा
चलना है बहुत दूर है,
नहीं वहाँ परी, नहीं हूर,

मूसा का जैसा, कुछ देने के लिए है,
निर्जीवन जीव दहन तूर,
और कहीं डाल अपना डेरा–
गया अँधेरा।

इस पर विवेचन करते हुए रामरतन भटनागर लिखते हैं कि हूरों और परियों के कल्पना-लोक से उतरकर कवि जीवन के उस ढूह की ओर आता है जो जल गया है, जिसके पास बदले में कुछ भी देने के लिए नहीं है, कल्पना का आनन्द भी नहीं है। इसी श्मशान में वह अपना डेरा डालेगा और यहीं नये मानव की नयी संस्कृति की बीन बजायेगा।[43]

'बेला' और 'नये पत्ते' (1943) भी इसी वर्ष के प्रकाशन हैं। इनमें कवि ने अपने को छायावादी परम्परा से शत-प्रतिशत तोड़ लिया है। वह नये काव्य की रूपरेखा गढ़ने में तन्मय है–नव लोक, नूतन दीक्षा, नवीन अभिव्यक्ति। 'कुकुरमुत्ता' से ही कवि शैली के प्रति कुछ अधिक झुक गया है और टी. एस. इलियट आदि अंग्रेज़ी कवियों की तरह शैलीगत प्रयोग करने लगा है। 'बेला' और 'नये पत्ते' में भी दो पृथक्-पृथक् शैलियों–उर्दू और अंग्रेज़ी को हिन्दी में अपने-अपने ढंग से उपस्थित करने का प्रयास किया गया है। इसी समय से ही निराला की मानसिक अवस्था में अस्वस्थता के लक्षण दिखाई पड़ने लगे थे। ऐसी स्थिति में 'बेला' और 'नये पत्ते' ऐसी कृतियों की सृष्टि एक अद्‌भुत घटना है। बेला के सम्बन्ध में कवि लिखते हैं– बेला मेरे नये गीतों का संग्रह है। प्रायः सभी तरह के गेय गीत इसमें हैं, भाषा सरल और मुहावरेदार है। गद्य करने की आवश्यकता नहीं, देशभक्ति के गीत भी हैं। बढ़कर नयी बात यह है कि अलग-अलग बन्दों की ग़ज़लें भी हैं जिनमें फ़ारसी के छन्दशास्त्र का निर्वाह किया गया है।[44] कवि की दृष्टि चार बातों पर विशेष रूप से जमी है–गीतों की विविधता, भाषा की सरलता तथा मुहावरेदानी फ़ारसी के बन्दों का प्रयोग और इसे गद्य करने की आवश्यकता। निराला के इस संग्रह में ग़ज़लों का भी समावेश हुआ है।

नये पत्ते (सन् 1946) निराला का अन्तिम संग्रह है। वास्तव में, जैसा कि रामरतन भटनागर कहते हैं, निराला के काव्य-जीवन के उत्तरार्ध के सब संग्रहों में से यह संग्रह सबसे महत्त्वपूर्ण है।[45] गंगाप्रसाद पाण्डेय का भी यही कहना है कि 'नये पत्ते' में उनकी कला, जिसमें काव्य-प्रतिभा के साथ-साथ आलोचक की तथ्यपूर्ण मनीषा का भी सम्बन्ध है, अपने चरम विकास को छूती है, क्योंकि इसमें निराला के व्यंग्य का विशेष विकास और प्रकाश सामने आता है।[46] बच्चनसिंह का कहना है कि इस संग्रह में निराला ने जहाँ मीठी चुटकियाँ ली हैं वे स्थल बहुत सुन्दर बन पड़े हैं।[47] 'नये पत्ते' की कविताओं को हम कई वर्गों में बाँट सकते हैं। कुछ कविताएँ ऐसी हैं जो नयी से पुरानी अधिक हैं। उनमें हमें 'अनामिका' और 'परिमल' के कवि के

दर्शन होते हैं। 'देवी सरस्वती', 'तिलांजलि' और 'युगावतार' परमहंस श्री रामकृष्ण देव के प्रति इस श्रेणी की रचनाएँ हैं। इनमें हमें निराला की अभिजात कल्पना का प्रौढ़तम रूप मिलेगा। विवेकानन्द की कविताओं के दो अनुवाद 'चौथी जुलाई के प्रति' और 'काली माता' भी इसी श्रेणी में आते हैं।

एक दूसरी श्रेणी 'कैलाश में शरत' और 'स्फटिक शिला' कविताओं की है जिसमें कवि ने अर्ध-चेतना (सबकोन्शियस इगो) को मुक्त चलने दिया है—वह बहता गया, बहता गया, भाव जैसे आये लिख दिये। रूसी काव्य में मायाकोवस्की की कविताएँ इसी श्रेणी में आती हैं। यूरोप में बिम्बवादी (इमैजिस्ट स्कूल) तथा अतियथार्थ (स्योरिलिस्ट) कविगण इस प्रकार के प्रयोग करते रहे हैं परन्तु हिन्दी में ये पहले प्रयोग हैं।

परन्तु 'नये पत्ते' में जो सबसे महत्त्वपूर्ण है वह है शेषांश। इस शेषांश में कवि नयी भाषा और नयी शैली में सप्राण व्यंग्य लिख रहा है। सारी ऐतिहासिक चेतना (हिस्टोरिकल प्रौसेस), सारी राजनीतिक प्रगति को कलम की नोक पर रखकर वह समाज, धर्म, राष्ट्र, वर्ग-विशेष और इनके कर्णधारों पर छींटें उड़ाने चला है। 'चर्खा चला' में ऐतिहासिक चेतना का प्रदर्शन हुआ है, 'राजे ने अपनी रखवाली की' में सामन्ती समाज की सारी व्यवस्था, सारे धर्म के खोखलेपन को प्रदर्शित किया है। 'खुशखबरी' में सिनेमा और नृत्यप्रेमियों पर व्यंग्य किया है। 'नये पत्ते' आधुनिक हिन्दी-कविता में एक नितान्त अभिनव वस्तु है। पहली बार इतिहास, चेतना, सामाजिक और राजनीतिक व्यंग्य और जनता के लोकनायकत्व के सुन्दर-सुन्दर चित्र हमें मिलते हैं। 'अर्चना' और 'आराधना' कवि का आधुनिकतम गीत-संग्रह है। इनकी विशेषता गीतिका और अणिमा के समान है।

इस प्रकार हम देखते हैं कि आधुनिक काव्य का शैशव, यौवन और प्रौढ़ रूप निराला की लेखनी के समर्थ सहयोग से परिपूर्ण हुआ है, उनकी प्रचण्ड प्रतिभा ने इसके स्वरूप को सँजोया और उसका शृंगार किया है। छायावादी और प्रगतिवादी दोनों युगों के वे बहुत ही बलिष्ठ कलाकार हैं, क्योंकि दोनों युगों की मूल विशेषताएँ उनके काव्य में निहित हैं। छायावाद की प्रगतिशील शक्तियों का उभार उनकी कविता में सबसे अधिक पाया जाता है। अनुभव के साथ चिन्तन का महत्त्व काव्य में सबसे पहले निराला ने स्वीकार किया। आशय यह है जैसा कि गंगाप्रसाद पाण्डेय कहते हैं कि दार्शनिक चेतना के साथ यथार्थ अनुभूति का बोध निराला के काव्य की सबसे बड़ी विशेषता है। भावात्मक स्थितियों के साथ स्वर-सामंजस्य के द्वारा चित्रात्मकता का उद्‌घाटन उनकी अपनी निजी कला है।[48] छायावाद से लेकर आधुनिक युग-प्रवृत्तियों के पक्ष या विपक्ष में कवि ने अपना विचार काव्य के माध्यम से प्रकट किया है। वैसे भी कवि युग से अलग नहीं है। शेक्सपीयर ने कवि को 'इट वर, दी मिरर अपटू नेचर'[49] कहा है। काडवेल ने भी अपनी पुस्तक में कवि की सामाजिक तथा

व्यक्तिगत परिस्थितियों के अध्ययन के लिए कहा है जिससे कि कवि के समय का उचित विश्लेषण हो सके।[50] रेल्फ फ़ाक्स के ग्रन्थ 'दी नावेल एण्ड दी प्युपिल' और एलिज़बेथ मनरो की रचना 'दी नावेल एण्ड सोसाइटी' में इस प्रसंग पर नवीन प्रकाश डाला गया है। हडसन ने अपनी पुस्तक 'इण्ट्रोडक्शन टू दी स्टडी ऑफ़ लिटरेचर' में टेन का उल्लेख करते हुए साहित्य की आलोचना में पारिपार्श्विक परिस्थितियों की उपयोगिता के सम्बन्ध में लिखा है–

I am to a certain extent following the lead of Taine who attempted to interpret literature in a vigorously scientific way by the application of his famous formula of the race, the milieu, and the moment; meaning by race, the heriditary temperament and disposition of a people, by milieu, the totality of their surroundings, their climate, physical environment, political in stitutions, social conditions and the like, and by moment the spirit of the period, or of that particular stage of national development which has been reached at any given time.[51]

इस प्रकार हम देखते हैं कि कोई भी कवि या लेखक अपने वातावरण से अलग होकर नहीं जीता। वातावरण कवि के जीवन को, उसके व्यक्तित्व को परोक्ष और अपरोक्ष दोनों ही रूपों में कई प्रकार से प्रभावित करता रहता है। यह सच है जैसे कि शिवप्रसाद सिंह कहते हैं कि कवि केवल वातावरण की उत्पत्ति नहीं है, वह वातावरण सांस्कृतिक और सामाजिक दोनों प्रकार के वातावरणों का निर्माता है। किन्तु निर्माण की यह शक्ति, या उसे बदलने की यह क्षमता भी कवि को उसी से प्राप्त होती है।[52] इस प्रकार यहाँ निराला की पारिपार्श्विक परिस्थितियाँ तथा युगीन विचारधाराओं पर विवेचन कर लेना होगा क्योंकि वातावरण का कवि के जीवन पर सबसे बड़ा प्रभाव होता है और उस प्रभाव के बल पर हम अपने आलोच्य विषय पर विचार-विमर्श कर पायेंगे।

पारिपार्श्विक परिस्थितियाँ तथा युगीन विचारधाराएँ

सन् 1915 से निराला का काव्यकाल आरम्भ होता है। डॉ. रामविलास शर्मा का कहना है कि निराला के काव्य तथा वातावरण का अन्योन्याश्रय सम्बन्ध है। क्योंकि अपने वातावरण के प्रति उनकी संज्ञा सदैव जाग्रत रहती है।[53] इसी कारण प्रारम्भिक काल में बंगाल में रहते हुए बंगाल तथा बंगला-काव्य के प्रति उनकी अपार श्रद्धा रही। उस समय बंगाल में तीन शक्तियाँ स्वतन्त्र रूप से अपने उन्मेष में व्यस्त थीं। प्रथम, स्वदेशी आन्दोलन; द्वितीय, रामकृष्ण मिशन की धार्मिक क्रान्ति तथा तृतीय, रवीन्द्रनाथ का साहित्यिक नव-निर्माण। इन तीनों शक्तियों के पीछे जो मूलमन्त्र था वह प्राचीन प्रथा, कुरीति को त्यागकर भारत के चिरन्तन वैभव, सभ्यता तथा

संस्कृति का जागरण करना था। इस सम्बन्ध में रवीन्द्रनाथ ने अपने एक प्रबन्ध में लिखा था—इस बार के नव वर्ष में हम भारतवर्ष के चिर-पुरातन में से ही नवीनता को ग्रहण करेंगे—सायान्ह में जब विश्राम की घण्टी बजेगी तब हम चूरे होकर नहीं गिरेंगे—नव आशीर्वाद के साथ उस अम्लान-गौरवान्वित माला को लेकर हम अपने पुत्रों के ललाट में उसको बाँधकर उसे निर्भय चित्त तथा सरल हृदय से विजय-पथ की ओर प्रेरित करेंगे। जय होगी, भारतवर्ष की विजय होगी! जो भारत प्राचीन हैं, जो प्रच्छन्न है, जो बृहत्, उदार, जो निर्वाक है उसकी विजय होगी—हम लोग जो अविश्वासी है, मिथ्या बकते हैं, आस्फलन करते हैं, हम हर साल कहते हैं—

'मिलि मिलि जाओव सागर लहरी समाना'।

उससे निस्तब्ध सनातन भारत की कोई क्षति नहीं होगी। भस्माच्छन्न मौनी भारत चारों ओर मृगचर्म बिछाकर बैठा है—हम लोग जब समस्त चटुलता को लेकर विदा होंगे तब वह शान्तचित्त हमारे पौत्रों के लिए प्रतीक्षा करता रहेगा। वह प्रतीक्षा व्यर्थ नहीं होगी, वे उन संन्यासी के सन्मुख करबद्ध होकर आएँगे और कहेंगे—'पितामह, हमें मन्त्र दीजिए।'

पितामह तब कहेंगे—'ओम् इति ब्रह्म।'
वे कहेंगे—'भूमैव सुखं नाल्पे सुखमस्ति।'
वे कहेंगे—'आनन्दं ब्रह्मणो विद्वान् न बिभेति कदाचन।'[54]

इसी में स्वदेश-प्रेम का मूल मन्त्र छिपा है, जहाँ भूमा के लिए, समस्त भारत के लिए अपने सुख को त्यागना पड़ेगा। यहीं रामकृष्ण मिशन का सेवाधर्म समन्वित वेदान्त के ब्रह्म का रहस्य भी छिपा है और यहीं छिपा है रवीन्द्र के साहित्य का मूलमन्त्र, विश्व के प्रमुख साहित्य का मूलमन्त्र—'आनन्दम्' जो ब्रह्म अर्थात् सर्ववाद समन्वित है।

सूर्यकान्त त्रिपाठी 'निराला' इसी वेदान्त तथा रवीन्द्र के सर्ववाद अर्थात् रहस्यात्मक अनुभूति से प्रभावित हुए थे। डॉ. विश्वम्भरनाथ उपाध्याय ने अपनी पुस्तक में यही कहा है, "रवीन्द्र और वेदान्त निराला की प्रारम्भिक कला के आदि स्रोत माने जा सकते हैं।"[55] डॉ. रामविलास शर्मा ने भी अपनी पुस्तक में लिखा है, "बैसवाड़े की आल्हा-नौटंकी संस्कृति के अलावा युवावस्था में उनका सम्पर्क बंगला की दो महान सांस्कृतिक धाराओं से हुआ। एक तो श्री रवीन्द्रनाथ ठाकुर के नेतृत्व में बंगाल की नवीन सांस्कृतिक जागरण और दूसरा स्वामी विवेकानन्द द्वारा स्थापित श्री रामकृष्ण मिशन। इन दोनों का उन पर स्थायी प्रभाव पड़ा है। और इसमें सन्देह नहीं कि अपने साहित्यिक जीवन के आरम्भ काल में उन्हें पहले इन्हीं से प्रेरणा मिली।"[56] डॉ. बच्चनसिंह का भी यही कहना है, "प्रारम्भिक काल में, बंगला के श्रेष्ठ कलाकारों—रविबाबू, चण्डीदास, विवेकानन्द और वैष्णव कवियों का प्रभाव भी इन पर था।"[57] डॉ. रामरतन भटनागर भी यही कहते हैं कि प्रारम्भिक कविताओं

में हम कवि को साधना के पहले चरण में पाते हैं। अभी उसका रूप सुस्पष्ट नहीं हो पाया है। वह रवीन्द्रनाथ और विवेकानन्द के काव्य की छाँह में आगे बढ़ रहा है।[58] निराला जी ने स्वयं वेदान्त का साहित्यिक ढाँचा 'विश्ववाद' के बारे में अपना समर्थन प्रकट करते हुए लिखा है, "भारत की देन है 'विश्ववाद' सब में एक सूक्ष्म चेतना, हर एक केन्द्र में वह चेतना स्वरूप, वह आत्मा, वह विभु मौजूद है, रवीन्द्र का विश्ववाद योरोप के सिद्धान्त के अनुकूल है, और उनके ब्रह्म-समाजी होने के कारण उनका विश्ववाद उपनिषदों से भी सम्बन्ध रखता है।"[59]

इस प्रकार यह स्पष्ट हो जाता है कि निराला जी इस भारतीय विश्ववाद में प्रगाढ़ श्रद्धा रखते हैं जो सर्वप्रथम ऋग्वेद द्वारा प्रवर्तित, फिर क्रमशः उपनिषदों द्वारा विकसित और शंकर द्वारा प्रभावित होता हुआ आधुनिक काल में आकर रवीन्द्र के काव्य में चमका और निराला ने इसको रवीन्द्र से ही ग्रहण किया। बंगाल के स्वदेशी-आन्दोलन से भी वे प्रभावित हुए थे जिसका उदाहरण कवि के स्वदेश-प्रेम की कविताओं में उपलब्ध है।

कविता लिखते हुए जिस दूसरी युगीन विचारधारा से वे प्रभावित हुए वह था 'छायावाद'। यद्यपि छायावाद के सम्बन्ध में यह कहा जा सकता है कि वे जहाँ इससे प्रभावित हुए वहीं वे इसके निर्माता भी हैं क्योंकि कवि केवल वातावरण की उत्पत्ति नहीं है, वह वातावरण—सांस्कृतिक और सामाजिक दोनों प्रकार के वातावरणों का—निर्माता भी है। छायावाद द्विवेदी-युग के स्थूल दृष्टिकोण के विरुद्ध सूक्ष्म का विद्रोह प्रतीत होता है। डॉ. नगेन्द्र इसको उपयोगिता के विरुद्ध भावुकता, नैतिक रूढ़ियों के प्रति मानसिक स्वातन्त्र्य और काव्य के बन्धनों के प्रति स्वच्छन्द कल्पना का विद्रोह कहते हैं।[60] परन्तु इस काव्य-संघात के पीछे एक मौलिक द्वन्द्व भी छिपा हुआ दिखाई पड़ता है। वह द्वन्द्व है हृदयतत्त्व से आप्लुत भाव-संस्कार (concept) तथा मस्तिष्क से प्रेरित विचार (idea) का द्वन्द्व। इस द्वन्द्व को सन् 18 के भारत के नवजागरण (renascence) ने मानव अनुभूतियों की व्यापकता द्वारा, और कवियों के निजी जीवन की कुण्ठाओं ने उद्‌बुद्ध किया अर्थात् स्वप्नमय आदर्श और यथार्थमय विभीषिका से उद्‌बुद्ध इस द्वन्द्व में भावुकता ने विजय पायी। इन भावुकता के रूप को समझने के लिए एक उदाहरण ले सकते हैं—यथा, नारी के स्थूल चित्रण द्वारा उसके सौन्दर्य की अभिव्यक्ति न कर एक गुलाब के संकेत से नारी के सौन्दर्य की अभिव्यक्ति करना उस युग की भावुकता का आधेय बना। इस भाव-पद्धति को हम 'एडीशन ऑफ़ स्ट्रेन्जनैस टू ब्यूटी' कह सकते हैं। इस प्रकार हम देखते हैं कि छायावाद एक विशेष प्रकार का भावात्मक दृष्टिकोण है। इस काव्य के दो अन्तर्निहित तत्त्व हैं—

(1) प्रत्येक छायावादी कवि के मन में अप्राप्य को प्राप्त न करने पर जो वेदना का स्वरूप जग पड़ा है उसकी अभिव्यक्ति इसकी एक प्रमुख विशेषता है।

(2) व्यक्तित्ववाद (अहं के कारण अथवा काव्यगत अनुभूति के कारण) से प्रेरित काव्य के अन्तरंग (intrinsic) सौन्दर्य का प्रकाशन इसकी दूसरी विशेषता है।

वस्तुतः यह सब कुछ होने पर भी छायावादी कवियों के द्वन्द्वात्मक चरित्र (split personality) के कारण स्वच्छन्दवाद, रहस्यवाद, मानवतावाद, राष्ट्रीयता, अध्यात्मवाद, सर्वात्मवाद, आदर्शवाद सभी विषयों का समाहार वे अपने काव्य में कर लेते हैं। इसी कारण प्रत्येक आलोचक की दृष्टि में छायावाद विभिन्न तत्त्वों का आकलन है। रामचन्द्र शुक्ल के मतानुसार, "पुराने ईसाई सन्तों के छायाभास (phantasm) तथा यूरोपीय काव्यक्षेत्र में प्रवर्तित आध्यात्मिक प्रतीकवाद (symbolism) के अनुकरण पर रची जाने के कारण बंगाल में ऐसी कविताएँ 'छायावाद' कही जाने लगी थीं।" अतः हिन्दी में भी इस तरह की कविताओं का नाम 'छायावाद' चल पड़ा।[61] महावीरप्रसाद द्विवेदी छायावाद को बंगला की रहस्यवादी कविताओं का अनुकरण या छायानुवाद मानते थे।[62] प्रसाद के अनुसार जब वेदना के आधार पर स्वानुभूतिमयी अभिव्यक्ति होने लगी तब हिन्दी में उसे छायावाद नाम से अभिहित किया जाने लगा।[63] श्री वाजपेयी के अनुसार छायावाद बीसवीं शताब्दी की मानवीय प्रगति की प्रतिक्रिया का द्योतक है...नवीनकाव्य (छायावाद) में समस्त मानव अनुभूतियों की व्यापकता पूरा स्थान पा सकी।[64] डॉ. वर्मा इसे स्वच्छन्दवाद (romanticism) का पर्याय मानते हैं।[65]

अतः हम यह निष्कर्ष निकाल सकते हैं कि छायावाद एक विशेष प्रकार का भावात्मक दृष्टिकोण है, वेदना तथा अन्तरंग सौन्दर्य का प्रकाशन जिसके दो प्रमुख तत्त्व हैं परन्तु कवियों के द्वन्द्वात्मक चरित्र के कारण हर प्रकार के विचारों तथा वादों का समावेश हो गया है। शैली की दृष्टि से ये स्वच्छन्दतावादी बंगाली कवियों से प्रभावित हुए और विशेषतया भाव की दृष्टि से बंगाली कवियों की भावुकता को इन्होंने ग्रहण किया।

निराला इस छायावादी विचारधारा से प्रभावित हुए और साथ ही छायावाद में नवीन तत्त्वों का समावेश किया। निराला जब सक्रिय होकर काव्य की रचना कर रहे थे तब उन पर नाना प्रकार की विपत्तियाँ मँडरा रही थीं। परन्तु उनके अहं ने उन्हें नीचा देखना नहीं सिखलाया था। संग्राम, पराजय, निराशा और बाह्य प्रहारों की कड़ी चोट से वे पराजित नहीं हुए। गेटे के अनुसार—A great crisis, uplifts a man, little ones depress him—सभी बाधाएँ उनके लिए भविष्य का पुष्ट पाथेय बन गयीं। इसी कारण और छायावादी कवियों की तरह 'वेदना' से व्याकुल वे वैयक्तिक नहीं बन गये वरन् विद्रोहात्मक बनकर 'विराट' की उपासना करने लगे। इस प्रकार छायावाद में एक नये तत्त्व का आकलन किया। डॉ. हजारीप्रसाद द्विवेदी कहते हैं कि वे आरम्भ से ही विद्रोही कवि के रूप में हिन्दी में दिखाई पड़े। गतानुगतिकता

के प्रति तीव्र विद्रोह उनकी कविताओं में आदि से अन्त तक बना रहा। व्यक्तित्व की जैसी निर्बाध अभिव्यक्ति इनकी रचनाओं में हुई है वैसी अन्य छायावादी कवियों में नहीं हुई। न तो उन्होंने भावों को कोमल करने का प्रयत्न किया है, न उनकी समंजस योजना के प्रति किसी प्रकार की आसक्ति दिखाई है। सर्वत्र व्यक्तित्व की अत्यन्त परुष अभिव्यक्ति ही निराला की कविताओं का प्रधान आकर्षण है। फिर भी विरोधाभास यह है कि निराला में अपने व्यक्तित्व को सबसे अलग करके अभिव्यक्त करने की चेतना सबसे कम है।[66] निराला जी का कहना है—साहित्य मेरे जीवन का उद्देश्य है जीने का नहीं, यह सच है कि मैं जीता भी अपने साहित्य से हूँ, किन्तु वह मेरे जीने का साधन मात्र नहीं।[67] इसी कारण छायायुग की प्रगतिशील शक्तियों का उभार उनकी कविता में सबसे अधिक पाया जाता है। अनुभव के साथ चिन्तन का महत्त्व काव्य में सबसे पहले निराला ने स्वीकार किया। आचार्य हजारीप्रसाद द्विवेदी के मतानुसार यह युग मुख्यतः तीन बातों पर आधारित था—प्रथम कल्पना, द्वितीय चिन्तन और तृतीय अनुभूति। इन तीन श्रेणी के विचारों के प्रस्तार-विस्तार से आधुनिक काल की विषयी-प्रधान कविता अनेकरूपा दीखती है।[68] वास्तव में काव्य की मुख्य प्रवृत्तियाँ इन्हीं तीनों मनोवेगों पर आधारित हैं और इन तीनों के समन्वयात्मक महत्त्व को निराला ने प्रतिपादित किया जो कि दूसरे छायावादी कवि नहीं कर सके। विशेष प्रकार की काव्य-प्रक्रिया और नयी शैली की नयी टेकनीक निराला की मौलिक देन है क्योंकि उनका मनन, चिन्तन अथवा दर्शन किसी अध्ययन का परिणाम नहीं बल्कि एक अनुभूतिजन्य विवेक है। गंगाप्रसाद पाण्डेय के अनुसार छायावादी मुक्त रचनाओं और गीतों में सौन्दर्य-शक्ति का समावेश सर्वप्रथम निराला ने ही किया[69] यद्यपि यह बंगला के प्रभाव के कारण ही सम्भव हो सका है। प्राचीन छन्द कवित्त को समयानुकूल बनाकर जीवन के साथ साहित्य के विकास का शिलान्यास करने में वे सबसे आगे रहे हैं। गीतों में संगीत का समन्वय जिस जागरूकता और अभिनव चेतनता के साथ निराला ने किया है उस तक किसी दूसरे की पहुँच ही नहीं। उन्मुक्त छन्द और मुक्त छन्द, संगीतात्मकता के लिए छायावाद उनका चिर ऋणी रहेगा। पूरे छायावादी युग की स्निग्ध चाँदनी में निराला की प्रकाशकिरण की उष्णता और मौलिकता पूर्ण रूप से परिव्याप्त है।

जितनी शक्ति और सजगता के साथ उन्होंने छायावादी भावधारा का उपयोग किया और छायावाद को अपने रंग से रँगा, उतनी ही सामर्थ्य के साथ प्रगतिवादी विचारधारा के प्रभाव को भी ग्रहण किया। परिवर्तित जीवन के फलस्वरूप उत्पन्न हुए नये-नये जीवन के मूल्यों और मानों को अपनाते चलना ही तो मानवता के उत्तरोत्तर विकास का रहस्य है। परन्तु प्रगतिवादी विचारधारा से प्रभावित वे साम्यवादी न बनकर समाजसेवी बने। यहाँ तक कि 'कुकुरमुत्ता' में साम्यवादी पर कठोर व्यंग्य कसा है।

युद्धकाल से निराला ने व्यंग्य को ही अधिक अपनाया है। गंगाप्रसाद पाण्डेय का कहना है कि मानवोचित नैतिकता की रक्षा के लिए निराला ने मीठे-तीखे व्यंग्य-वाणों का प्रहार करके समाज में एक नयी चेतना भरने की चेष्टा की है। स्वार्थी सड़े समाज के पंडों और शासन की लोलुपता में पड़े नेताओं ने निराला के लिए वैसा ही भला-बुरा कहा जैसे लुई सोलहवें ने रूसो और वाल्टायर के लिए कहा था तो इसमें कुछ विचित्रता नहीं।[70] पर इसमें भी सन्देह नहीं कि निराला ने अपने व्यंग्यों से जीर्ण-शीर्ण पुरातन संस्कारों और अन्धविश्वासों को भस्मीभूत करके देश के जीवन में नवीन उन्मेष का जो मन्त्र फूँका वह किसी और तरह सम्भव नहीं था।

दूसरे महायुद्ध के बाद से उनकी सामाजिक चेतना में और भी तेज़ी आ गयी है, यों वे प्रारम्भ से ही बहुत सजग कलाकार रहे हैं। इस युग की विषय और स्वार्थ-पूर्ण अनुभूतियों ने उनकी कला को भी परिवर्तित किया है। आज की विषमता और नारकीयता से उत्तेजित भावों को निराला ने अपनी नयी कविताओं में सँजोकर युग के सामने उसके वास्तविक स्वरूप को खड़ा करने में पूरी सफलता पायी है। 'बेला' और 'नये पत्ते' की कविताओं में नैतिकता, नीति और सामाजिकता के ढोंग का जो भंडाफोड़ निराला ने किया है, वह उनकी निर्भीकता और काव्य-शक्ति दोनों का परिपुष्ट प्रमाण है। यह ठीक है कि नेता, ब्राह्मण, पुरोहित, पूँजीपति, शासक और पदवीधर तथा शोषक सभी उनके व्यंग्यों के शिकार बने हैं, किन्तु समाज तथा युग से प्रभावित होने के कारण उनका लक्ष्य व्यक्ति न होकर सब जगह समाज ही रहा है जैसा कि पाण्डेय तथा निराला के एक वार्तालाप से बिल्कुल स्पष्ट हो जाता है–

'नये पत्ते' पढ़कर मैंने (पाण्डेयजी) कहा–"निराला जी! इसमें तो आपने किसी को नहीं छोड़ा, प्रायः सभी प्रकार के व्यक्तियों पर आक्षेप किया है। 'बापू यदि तुम मुर्गी खाते', वाली कविता का रहस्य अब मुझे समझ में आ गया।" निराला जी ने तुरन्त उत्तर दिया–"क्या कहूँ तुम भी ऐसी बात कहते हो, वहाँ व्यक्ति का प्रश्न नहीं, क्योंकि मेरे सामने कविता लिखते समय व्यक्ति कभी नहीं आता, मैं तो पूरे समाज को देखता हूँ। व्यक्ति से मुझे लेना एक न देना दो। इसलिए मुर्गी वाली कविता मैंने अपने किसी संग्रह में नहीं दी। याद रखो व्यक्तिगत व्यंग्य और आक्षेप करना भांड का काम है, मैं भांड नहीं कवि हूँ। यह ठीक है कि लालच में आकर भांड स्तुति भी करता है, गाँधी पर बहुत-सी कविताएँ इसी तरह की लिखी भी गयी हैं, पर मैंने न स्तुति की न व्यंग्य लिखा। हाँ, देश की राजनीतिक प्रगति से मुझे सन्तोष नहीं रहा और उसकी पोल का ढोल मैंने अवश्य बजाया है।"[71]

इस प्रकार हम देखते हैं कि निराला अपनी पारिपार्श्विक परिस्थितियों तथा युगीन विचारधाराओं से प्रभावित होकर उसके पक्ष या विपक्ष में काव्य की रचना करते हैं। निराला ने युग की उपेक्षा नहीं की वरन् उनका काव्य युग के साथ स्वर मिलाकर

सारे युग की सामाजिक अवस्था को आगे बढ़ाता है। कलाकार के सम्मुख सारा युग उपस्थित है वस्तुतः उसकी अभिव्यक्ति में युग-सत्य का निहित न रहना असम्भव है। निराला ने अपने साहित्य में इस ज्वलन्त सत्य की कभी उपेक्षा नहीं की। इसी कारण जीवन के अन्त तक उन्हें अपने युग का प्रतिनिधित्व करने का श्रेय प्राप्त रहा।

सन्दर्भ

1. टेन : हिस्ट्री ऑफ़ इंग्लिश लिटरेचर।
2. प्रमथनाथ बिशी : नेहरू—व्यक्ति तथा व्यक्तित्व।
3. महाप्राण निराला में उद्धृत।
4. रवीन्द्रनाथ : संकलन।
5. रवीन्द्रनाथ : प्रवाहिणी।
6. निराला : प्रबन्ध पद्म।
7. रामविलास शर्मा : निराला।
8. निराला : प्रबन्ध प्रतिभा।
9. गंगाप्रसाद पाण्डेय : महाप्राण निराला।
10. हजारीप्रसाद द्विवेदी : हिन्दी-साहित्य, पृ. 467
11. पाण्डेय : महाप्राण निराला।
12. निराला : सुकुल की बीवी।
13. महाप्राण निराला, पृ. 29
14. कविं निराला और उनका काव्य-साहित्य, पृ. 12
15. सुकुल की बीवी।
16. रामविलास शर्मा : निराला।
17. निराला—काव्य, कला और कृतियाँ।
18. निराला : गीतिका का समर्पण।
19. गंगाप्रसाद पाण्डेय : महाप्राण निराला, पृ. 28
20. वही, पृ. 26
21. रामविलास शर्मा : निराला।
22. निराला : प्रबन्ध प्रतिभा।
23. निराला : सुकुल की बीवी।
24. रामरतन भटनागर : कवि निराला : एक अध्ययन।
25. निराला : अनामिका की भूमिका (1923)।
26. रामरतन भटनागर : कवि निराला : एक अध्ययन।
27. पाण्डेय : महाप्राण निराला, पृ. 42
28. निराला : परिमल की भूमिका।
29. बच्चनसिंह : क्रान्तिकारी कवि निराला, पृ. 8
30. रामविलास शर्मा : निराला।
31. निराला : गीतिका की भूमिका।
32. गीतिका की भूमिका, पृ. 19

33. रामरतन भटनागर : कवि निराला : एक अध्ययन, पृ. 160
34. निराला, 'भावुक'।
35. निराला, 'चरित्रहीन,' चाबुक।
36. बच्चनसिंह : क्रान्तिकारी कवि निराला।
37. वही।
38. भटनागर : निराला : एक अध्ययन।
39. बच्चनसिंह : क्रान्तिकारी कवि निराला, पृ. 94
40. रायकृष्णदास : परिचय।
41. पाण्डेय : महाप्राण निराला, पृ. 109
42. बच्चनसिंह : क्रान्तिकारी कवि निराला, पृ. 134
43. रामरतन भटनागर : कवि निराला : एक अध्ययन, पृ. 229
44. निराला, आवेदन, बेला।
45. रामरतन भटनागर : कवि निराला : एक अध्ययन, पृ. 238
46. पाण्डेय : महाप्राण निराला, पृ. 145
47. बच्चनसिंह : क्रान्तिकारी कवि निराला, पृ. 152
48. महाप्राण निराला, पृ. 142-43
49. हैम्लेट—एक्ट 3, सीन 2
50. Caudwell : Illusion & Reality : A study of the Sources of Poetry.
51. Hudson : Introduction to the study of literature. Page 9
52. शिवप्रसादसिंह : विद्यापति।
53. रामविलास शर्मा : निराला, पृ. 26
54. रवीन्द्रनाथ ठाकुर : संकलन।
55. विश्वम्भरनाथ उपाध्याय : महाकवि निराला : काव्यकला और कृतियाँ।
56. रामविलास शर्मा : निराला, पृ. 47
57. बच्चनसिंह : क्रान्तिकारी कवि निराला, पृ. 9
58. रामरतन भटनागर : निराला : एक अध्ययन, पृ. 81
59. निराला : प्रबन्ध-पद्म।
60. डॉ. नगेन्द्र : आधुनिक हिन्दी-कविता की मुख्य प्रवृत्तियाँ।
61. रामचन्द्र शुक्ल : हिन्दी साहित्य का इतिहास, आठवाँ संस्करण, पृ. 614
62. द्विवेदी : सुकवि किंकर।
63. प्रसाद : काव्यकला तथा अन्य निबन्ध।
64. नन्ददुलारे वाजपेयी : आधुनिक साहित्य, पृ. 319-20
65. वर्मा : हिन्दी-काव्य पर आंग्ल प्रभाव।
66. हजारीप्रसाद द्विवेदी : हिन्दी साहित्य, पृ. 467
67. पाण्डेय : महाप्राण निराला, पृ. 103
68. हजारीप्रसाद द्विवेदी : हिन्दी साहित्य, पृ. 457
69. पाण्डेय : महाप्राण निराला, पृ. 108
70. वही, पृ. 109
71. वही, पृ. 146

द्वितीय अध्याय

निराला के प्रतिपाद्य पर बंगला-प्रभाव

कवि की काव्य-रचना का उपादान भाषा है और भाषा के माध्यम से कवि अपने व्यक्तिगत विचारों को प्रकट करता है। विचार के अर्थ में हम दार्शनिक विचारों को ही लेते हैं जिसका सम्बन्ध मस्तिष्क से होता है। परन्तु प्रमुख कविगण अपने विचारों को भाव-कल्पना के द्वारा इस प्रकार काव्य में समाहित कर लेते हैं कि वह किसी भी दृष्टि से दार्शनिक विवेचन नहीं प्रतीत होता। क्योंकि काव्य का मूलतत्त्व तो रागात्मक या भावतत्व ही है और जो कवि अपने दार्शनिक विचारों को भावमंडित कर प्रस्तुत करने में समर्थ होता है वही वास्तविक अर्थ में कवि या 'कविर्मनीषी' है। यदि कवि ऐसा न करे तो प्रतिपाद्य केवल एक इतिवृत्त घटनामात्र बनकर रह जाता है। रवीन्द्रनाथ का यही कहना है—

"जो वस्तु जैसी है, उसके उसी स्वरूप का उद्घाटन वैज्ञानिक का कार्य है। इसीलिए विज्ञान आविष्कार करता है। इतिवृत्त घटना का यथाविधि वर्णन करना विज्ञान का कार्य है; इसको घटना का विवरण कहा जा सकता है। किन्तु साहित्य का कार्य आविष्कार भी नहीं; घटना का विवरण भी नहीं; साहित्य तो सृष्टि करता है और वह भी प्रकाशमयी सृष्टि करता है।"

वास्तव में जहाँ दार्शनिक विचारों पर पूर्ण विराम पड़ जाता है वहीं से काव्य का सूत्रपात होता है। दोनों में अन्योन्याश्रय सम्बन्ध है। परन्तु एक प्रच्छन्न है और प्रच्छन्न रूप में रहना ही उसका कार्य है। उस प्रच्छन्नता की अभिव्यक्ति, जड़ से प्रच्छन्न रूप में प्राणरस ग्रहण कर पुष्प का खिलना ही काव्य है।

निराला का प्रतिपाद्य अर्थात् मूल विचार का सार है—दार्शनिक अद्वैतवाद जिसको हम रवीन्द्र के शब्दों में 'सीमा के बीच ही असीम के साथ मिलन की आराधना' कहते हैं। इस अध्याय के अन्तर्गत निराला के इस दार्शनिक विचार पर बंगला-प्रभाव का विवेचन करेंगे और साथ ही यह भी देखेंगे कि किस प्रकार निराला ने भाव-कल्पना के

द्वारा इस दार्शनिक विचार को विराट चित्र, नारी-प्रेम तथा प्रकृति-चित्रण के माध्यम से भावमय बनाकर काव्य में अनुस्यूत किया है।

निराला के विचारों पर अर्थात् उनके कवि-मानस पर प्रत्यक्ष या परोक्ष रूप में बंगला-साहित्य का प्रभाव दिखाई पड़ता है। इस सम्बन्ध में श्री सुधाकर चट्टोपाध्याय कहते हैं–

"निराला जीर कवि-मानस सम्बन्ध आलोचना करले लक्ष्य करा याय ये दीर्घ दिन कलकाता-वास बंगला-साहित्य अध्ययन, रामकृष्ण-विवेकानन्द हते शुरु करे देविकाराणी उदयशंकरेर आकर्षण प्रभृतिर माझखान दिये तार बंगममता-स्निग्ध चित्रटि धरा पड़े।"[1]

इस प्रकार वातावरण तथा साहित्य के युग्म प्रभाव स्वरूप निराला जी का कविमानस बंगला विचारों से अत्यधिक प्रभावित हुआ। पारिपार्श्विक परिस्थितियाँ तथा युगीन विचारधाराओं'[2] पर विवेचन करते हुए हमने निराला के व्यक्तित्व पर बंगीय वातावरण के प्रभाव का विवेचन किया था। अब उनके विचारों पर बंगला-साहित्य के प्रभाव की विवेचना करनी है। साधारणतया विचारों से प्रभावित होने के दो सूत्र होते हैं। प्रथम, व्यक्ति सशक्त विचारों से प्रभावित होता है और इसी कारण निराला रवीन्द्र के विचारों से इतने प्रभावित हुए क्योंकि विद्वानों के मतानुसार रवीन्द्र के विचार उपनिषद् के विचारों की भाँति सशक्त हैं। द्वितीयतः प्रतिभाशाली व्यक्ति तभी दूसरों के विचारों से प्रभावित तथा प्रेरणा ग्रहण करता है जब उसके मन में पहले से ही वे विचार आश्रय ग्रहण किये बैठे हैं। अतः निराला के प्रतिपाद्य पर बंगला-प्रभाव का विवेचन करते हुए सर्वप्रथम निराला के वैयक्तिक अनुभूतिजन्य प्रभाव पर विवेचन अपेक्षित है, कारण उसी के आधार पर ही प्रतिपाद्य पर पड़े प्रभाव विशेष के सूत्रों को हम पहचान सकेंगे तथा उस पर विचार-विमर्श कर सकेंगे।

बंगाल में रहने के कारण निराला का मन भी प्रत्यक्ष या परोक्ष रूप से बंगला-काव्य की अपरिसीम वस्तु तथा कला-सौन्दर्य से प्रभावित होता रहा। वैयक्तिक अनुभूतियाँ बंगला-काव्य से रस ग्रहण कर पौधे से वृक्ष का रूप धारण करती गयीं। वैयक्तिक अनुभूतियों पर रवीन्द्र के विचारों का प्रभाव सबसे अधिक पड़ा। डॉ. नगेन्द्र कहते हैं कि आरम्भ में छायावादी कवियों की चिन्ता-पद्धति पर रामकृष्ण परमहंस, विवेकानन्द और उधर रवीन्द्रनाथ के दार्शनिक विचारों का सीधा प्रभाव पड़ा।[3] इस सम्बन्ध में डॉ. रामेश्वरलाल खण्डेलवाल[4] का भी कहना है कि गीतांजलि के प्रकाशन के साथ ही हिन्दी-कविता-क्षेत्र में भाव-विचार तथा शैली सम्बन्धी एक नवीन क्रान्ति उपस्थित हो गयी। रवीन्द्र ने अपनी उक्त रचना के गीतों में नवीन मानवता-धर्म और भक्ति-साधना का नवीनतम तथा प्रांजल रूप प्रस्तुत किया। इसमें उन्होंने अपने अनुभूति-पथ में पड़ने वाली मननशील और आनन्दमय आत्मा की गम्भीर तथा रहस्यपूर्ण झाँकियाँ और झलकियाँ सामने रखीं, जिसके द्वारा उन्होंने प्रकृति के प्रति नितान्त मौलिक

अनुराग, नवीन प्रतीक विधान, मानवीकरण की कला का सौन्दर्य, नूतन छन्द-विधान तथा नवीन कल्पनाओं व उपमाओं से सम्पन्न एक अभिनव काव्य-शैली का मुग्धकारी सौन्दर्य कला-प्रेमियों को भेंट की। अंग्रेज़ी स्वच्छन्दतावाद की रमणीय काव्य-शैली तो मोहक वस्तु थी ही किन्तु विषय (नवीन विचारधारा तथा कर्म, ज्ञान व भक्ति समन्वित साधना सम्बन्धी भावनाएँ) और शैली (पद-लालित्य, नूतन छन्द-विधान, रमणीय कल्पना तथा स्निग्ध, चपल, रंगीन भाषा आदि)—इन दोनों ही दृष्टियों से गीतांजलि की सामूहिक छवि-छटा भारतीय भावना से पूर्ण कवियों के हृदय के लिए अत्यधिक पुष्टिकर तथा रंजनकारी प्रमाणित हुई। नवीन हिन्दी-कवियों के लिए यह रचना काव्य-कृतित्व का आदर्श हो गयी। यह बहुत स्वाभाविक ही था जैसे कि अंग्रेजी लेखक डी क्यून्सी कहते हैं कि प्रत्येक प्रगतिशील साहित्य के लिए यह आवश्यक है कि वह अपने में अन्यान्य साहित्य के प्रभावों को भी अंगीकृत करे। जो साहित्य ऐसा करने में समर्थ नहीं होता वह क्रमशः ह्रासोन्मुखी बन जाता है।

दार्शनिक प्रभाव

रवीन्द्र की गीतांजलि के दार्शनिक पक्ष का प्रभाव निराला के विचारों पर सबसे अधिक पड़ा था। यद्यपि रवीन्द्रनाथ के जीवन-दर्शन का मूलसूत्र 'सीमा के बीच ही असीम के साथ मिलन की आराधना' निराला के मन में प्रारम्भ से ही स्वतः उद्भूत हुए थे। इस सम्बन्ध में निराला ने अपने निबन्ध में लिखा है—

''इसीलिए हम समाज तथा साहित्य में अपनी बहुत दिनों की भूली हुई उस शक्ति को आमंत्रित करना चाहते हैं, जो अव्यक्त रूप से सबमें व्यक्त, अपनी ही आँखों से विश्व को देखती हुई अपने ही भीतर उसे डाले हुए है, पानी की तरह सहस्रों ज्ञान-धाराओं में बहती हुई, स्वतन्त्र, किरणों की तरह सब पर पड़ती हुई मधुर, उज्ज्वल, अम्लान, मृत्यु की तरह नवीन जन्मदात्री, सर्वशाखाओं की तरह अगणित प्रसार से फैली हुई, प्रत्येक मूर्ति में चिरकमनीय।''[5]

और एक स्थान पर निराला ने यही कहा है—

यह ज्योति-प्रवाह उपरूप है। जड़ों में यह चेतन-संयोग ही गति है। प्रत्येक पद पर इसका अज्ञात स्पर्श जीव-जग करता रहता है, अन्यथा दूसरा चरण उठ नहीं सकता, उसे अपनी सत्ता का निश्चय नहीं हो सकता। वह वहाँ निर्जीव प्रस्तर की तरह अचल है। उसमें स्वतः विचरण की शक्ति नहीं, पृथ्वी के साथ ही उसे अलक्ष्य के इंगित से महाकाश की परिक्रमा करनी पड़ती है। जीव को हर साँस में वह स्पर्श मिलता है।[6]

कविगुरु रवीन्द्रनाथ की 'सीमा के बीच ही असीम के साथ मिलन की आराधना' के अनुरूप निराला के उपर्युक्त भाव हैं। रवीन्द्र ने इसको स्पष्ट करते हुए लिखा था—

"क्षुद्र को लेकर ही बृहत्, सीमा को लेकर ही असीम तथा प्रेम को लेकर ही

मुक्ति है। प्रेम का आलोक मिलते ही आँखों को पसारकर देखता हूँ कि सीमा के बीच सीमा और नहीं है। प्रकृति का सौन्दर्य केवल मात्र मेरे मन की मरीचिका नहीं, उसके बीच में असीम का आनन्द ही प्रकाशमान है एवं इसीलिए इस सौन्दर्य के सामने हम अपने को भूल जाते हैं।...मेरी समस्त काव्य-रचना का एक ही अध्याय है और उस अध्याय का नाम दिया जा सकता है 'सीमा के बीच ही असीम के साथ मिलन की आराधना।"[7]

निराला के दार्शनिक विचारों पर रवीन्द्र के 'रूप और अरूप' की मान्यताओं का प्रभाव स्पष्टतया पड़ा था इसका प्रमाण निराला के निबन्ध 'काव्य में रूप और अरूप' को पढ़ने से और भी अधिक स्पष्ट हो जाता है–

"रूप की सार्थक लघु विराट् कल्पनाएँ संसार के सुन्दरतम रंगों से जिस तरह अंकित हों, उसी तरह रूप तथा भावनाओं का अरूप में सार्थक अवसान भी आवश्यक है। कला की यही परिणति है और काव्य का सबसे अच्छा निष्कर्ष। इस तरह काव्य के भीतर से अपने जीवन के सुख-दुःखमय चित्रों को प्रदर्शित करते हुए परिसमाप्ति पूर्णता में होगी। जैसे–

कभी उड़ते पत्तों के साथ,
मुझे मिलते मेरे सुकुमार,
बढ़ाकर लहरों से लघु हाथ
बुलाते हैं मुझको उस पार।"[8]

निराला के 'रूप और अरूप' के इस दार्शनिक विचार को डॉ. रामरतन भटनागर ने अद्वैत-वेदान्तवाद[9] कहा है तथा डॉ. बच्चनसिंह ने भारतीय अद्वैतवाद कहा है। और एक आलोचक ने इसे जीव-ब्रह्मपरक-रहस्यवाद कहा है। परन्तु वास्तव में यह एक नवीन रहस्यवाद है जिसकी पटभूमि का अद्वैतवाद होते हुए भी आधारभूत शिला–रूढ़ि के प्रति विद्रोहस्वरूप मानव मन की चेतना का नवरूपायण है। डॉ. नगेन्द्र ने इसके सम्बन्ध में कहा है कि बहिरंग जीवन से सिमटकर जब कवि की चेतना ने अन्तरंग में प्रवेश किया तो कुछ बौद्धिक जिज्ञासाएँ जीवन और मरण सम्बन्धी, प्रकृति और पुरुष-सम्बन्धी, आत्मा और विश्वात्मा सम्बन्धी काव्य में स्वभावतः ही आ गयीं। कुछ आध्यात्मिक क्षण तो प्रत्येक भावुक के जीवन में आते ही हैं। अतएव छायावाद की रहस्योक्तियाँ एक प्रकार से जिज्ञासाएँ हैं जो छायावाद के उत्तरार्ध में आध्यात्मिक दर्शन के द्वारा और भी पुष्ट हो गयी हैं। परन्तु वे धार्मिक साधना पर आश्रित नहीं हैं। उनका आधार कहीं भावना, कहीं दर्शन-चित्रण और आरम्भ में कहीं-कहीं मन की छलना भी है।"[10] इसको स्पष्ट समझने के लिए साधारणतया तीन तत्त्वों पर विवेचन आवश्यक है। प्रथम, रूढ़ि के विरुद्ध नवीन का जयघोष। दूसरा, नवीन की स्थापना तथा तृतीय, जड़ के विरोध में परिवर्तन की आकांक्षा

और उसकी स्थापना के लिए विराट् चित्रों का अंकन और विराट् चित्र के अंकन के द्वारा स्वतः ही अनन्त की जिज्ञासा का काव्य में समावेश। इस प्रकार धार्मिक साधना पर आश्रित न होते हुए भी आध्यात्मिक विचारों का आकलन मानव मन की चेतना के नवरूपायण के कारण सम्भव हो सका।

रूढ़ि का विरोध

प्रथमतः छायावादी कवियों ने जो आत्माभिव्यक्ति की आकांक्षा प्रकट की वह वस्तुतः आत्म-प्रसार की आकांक्षा थी। आत्मप्रसार की भावना से उद्बुद्ध होकर उन्होंने जीवन के सभी क्षेत्रों में संकीर्णता का विरोध किया है। धन का उद्बोधन करते हुए निराला कहते हैं–

ताल ताल से रे सदियों के जकड़े हृदय-कपाट
खोल दे कर कर कठिन प्रहार
आये अभ्यंतर संयत चरणों से नव्य विराट्
करे दर्शन, पाये आभार।

कवि सदियों से जकड़े हुए हृदय-कपाट को खोलकर नव्य विराट् के आगमन की आकांक्षा कर रहा है। उसका हृदय हर तरह की संकीर्णता का विरोधी है। उसकी इच्छा है कि पृथ्वी की जड़ता समाप्त हो जाये और परिवर्तन के द्वारा नवीनता का संचार हो, सारे संसार में वह रम जाये। उसकी विराटता सम्पूर्ण धरती से भी सन्तुष्ट नहीं है, वह अपनी बाँहों में एक ही साथ सारी धरती और अनन्त आकाश बाँध लेने का हौसला रखता है। बीसवीं सदी की नवीन विचारधारा ने किस प्रकार पुरानी संकीर्णता को दूर कर मानसिक क्षितिज का विस्तार किया है, इसे 'काव्य में रूप और अरूप' नामक निबन्ध में स्पष्टतः स्वीकार करते हुए निराला कहते हैं, "संसार की भौतिक सभ्यता से सब देशों के गुँथ जाने के कारण संसार भर के लोगों को आत्मलाभ पहुँचा। फलस्वरूप कला में देश, भाव की जो संकीर्णता थी, आदान-प्रदान की सहृदयता ने उसे तोड़ दिया। कला की सृष्टि व्यापक विचारों से होने लगी और हर जाति की उत्तमता से प्रेम-सम्बन्ध जोड़कर लोग उससे अपनी जातीय कला को प्रभावित करने लगे।"[11] निराला जी के अनुसार बंगला-साहित्य ने जो आधुनिक युग में इतनी अधिक उन्नति की, वह इसी नये विज्ञान और नयी संस्कृति का ही परिणाम है। इसी व्यापक भावना के कारण रवीन्द्रनाथ के चित्रों में विराटता के दर्शन होते हैं। इस सम्बन्ध में रवीन्द्र-काव्य के महान आलोचक चारुचन्द्र बन्द्योपाध्याय कहते हैं कि रवीन्द्रनाथ का व्यक्तित्व पूर्ण जीवन्त है। जीवन का लक्षण है नित्य निरन्तर परिवर्तन। जो जड़धर्मी हो उसका परिवर्तन नहीं होता है। इसीलिए फ्रांसीसी दार्शनिक ने जीवन की संज्ञा निर्देश की है—परिवर्तन, क्रमागत निरन्तर परिवर्तन ही जीवन है एवं वही सत्य है।

कवि की प्रतिभा-निर्झरिणी का जिस दिन स्वप्नभंग हुआ था उसके बाद से आज तक वह 'अकारण अवरण चलने के आवेग में अपनी समस्त संकीर्णता, समस्त बद्धगुहा तथा सब प्रकार के प्राचीर की सीमा का उल्लंघन कर अनन्त के अभिसार की ओर अग्रसर हुई है।[12] निराला ने भी इसी भावना से प्रेरित होकर हिन्दी में भी 'हृदय को दिगन्त व्याप्त करने' के लिए नवीन विचारधाराओं के आधार पर रूढ़ि का विरोध कर परिवर्तन का जयघोष किया और इस परिवर्तन के प्रवर्तन के द्वारा नवीनता के आगमन की कामना की।

विराट् चित्र

इस परिवर्तन की आकांक्षा तथा अनन्त के प्रति अभिसार ने जहाँ रवीन्द्र को विराटत्व के चित्रों को अंकित करने के लिए उद्‌बुद्ध किया है वहाँ निराला भी जैसा कि उनके निबन्ध 'काव्य में रूप और अरूप' से पता चलता है, इस विराटत्व के विचार से प्रभावित हुए। डॉ. रामविलास शर्मा कहते हैं कि 'प्रपात के प्रति' कविता में श्री रवीन्द्रनाथ ठाकुर के 'निर्झर के स्वप्नभंग' की झलक दिखाई देती है।[13] स्वयं निराला जी भी जब तरंग से पूछते हैं कि–

किस अनन्त का नीला अंचल हिला हिलाकर
आती हो तुम सजी मँडलाकर।

और–**'आज तुम्हारा किस विशाल वक्षःस्थल में अवसान'**

तो वे नदी की तरंग के माध्यम से अपने विशाल हृदय की तरंग को ही प्रकट करते हैं। 'विराट' की आकांक्षा में अपनी रूढ़िगत सीमाओं को तोड़ने का कितना साहस था, यह इसी से मालूम होता है जैसे कि नामवरसिंह कहते हैं कि छायावाद-युग ने निर्झर अथवा प्रपात पर जितनी कविताएँ लिखीं, उतनी शायद ही किसी और युग में लिखी गयी होंगी। निर्झर छायावादी स्वच्छन्दता का प्रतीक बन गया; वह शिलाखण्डों के गतिरोध को तोड़ता हुआ, घन-वन-अन्धकार को पार करके वेग से अनन्त जलनिधि की ओर चल देता है।

अनन्त की जिज्ञासा

यहीं से निराला के दार्शनिक विचारों का तीसरा तत्त्व हमारे सम्मुख उभर आता है। अर्थात् रवीन्द्र की तरह निराला ने भी प्रारम्भिककाल में रूढ़ियों के विरुद्ध नवीन तथा जड़ के विरुद्ध परिवर्तन का जयघोष किया था और फलस्वरूप अपने काव्य में विराट् का अंकन किया। विराट् के अंकन के द्वारा स्वतः ही अनन्त की जिज्ञासा रवीन्द्र की तरह उनके काव्य में प्रतिफलित होने लगी। इस सम्बन्ध में डॉ. रामविलास शर्मा कहते हैं[14] कि विप्लवी बादल की तरह निराला का प्रपात भी अन्धकार से

खेलता है। आकाश के बदले यहाँ वन का अन्धकार है। कवि पूछता है कि यह बालक का विचार है या बुद्ध का साम्यव्यवहार जो वह हर्ष और विषाद में अन्तर नहीं देखता। बुद्धि और चेतना का विकास जड़ प्रकृति से ही हुआ है। गतिशील प्रपात पत्थरों से उत्पन्न हुआ है। उसका पिता पर्वत है जो उसकी राह रोकते हैं। प्रपात उनसे टकराता है लेकिन जब उन्हें पहचान लेता है तो उसके होंठों से मीठी मुस्कान फूट पड़ती है। वह आगे बढ़ चलता है परन्तु जड़ पत्थर के भीतर भी वह अपनी तान भर देता है—

बस अजान की ओर इशारा करके चल देते हो,
भर जाते हो उसके अन्तर में तुम अपनी तान।

निराला के 'तरंगों के प्रति' का भी यही भाव है—

उस असीम में ले जाओ
मुझे न कुछ तुम दे जाओ।

रवीन्द्र की प्रतिभा-निर्झरिणी भी, जैसा कि हम ऊपर कह चुके हैं अकारण अवरण चलने के आवेग में अपनी समस्त संकीर्णता, समस्त बद्धगुहा तथा सब प्रकार के प्राचीर की सीमा का उल्लंघन कर अनन्त के अभिसार की ओर अग्रसर हुई है। ''रवीन्द्रनाथ सबको क्रमागत सीमा का अतिक्रम कर समस्त बाधा को उत्तीर्ण कर सुदूर का प्यासा होकर अग्रसर होने के लिए आह्वान कर रहे हैं।[15] इस प्रकार रवीन्द्र के 'अनन्त' से ही निराला के 'अजान' ने प्रेरणा ग्रहण की है और काव्य में 'सीमा और असीम' के भाव को स्थान दिया है—वस्तुतः यह अनन्त, अजान या असीम ही ब्रह्म है जिसकी प्राप्ति कवि की अन्तिम और चरम अभिलाषा है—

नव जीवन की प्रबल उमंग,
जा रही मैं मिलने के लिए, पारकर सीमा,
प्रियतम असीम के संग।[16] (धारा)

रवीन्द्र की नदी की धारा भी 'असीम' की तरह 'अकूल' से मिलने जा रही है—

औरे देख् सेइ स्रोत हयेछे मखर,
तरणी काँपिछे थरथर।
तीरेर संचय तोर पढ़े थाक तीरे
ताकास्ने फिरे!
सम्मुखेर वाणी
निक् तोरे टानि
महास्रोते
पश्चातेर कोलाहल हते
अतल आंधारे-अकूल आलोते।

रवीन्द्रनाथ की काव्य-साधना के मूल में सीमा-असीम की मिलन-लीला के भाव निहित हैं। किन्तु शंकर के दार्शनिक मत के अनुयायी कवि ईश्वर को 'एब्सोल्यूट बीइंग' अथवा निर्गुण सत्ता के रूप में नहीं देखता है। विश्व के नाना वैचित्र्य के बीच कवि ईश्वर की उपलब्धि करते हैं। जब कवि ने अपने जीवन में विश्व प्रकृति के अपरूप सौन्दर्य की उपलब्धि की, तब उन्होंने इसमें 'जीवन-देवता' की लीला को प्रत्यक्ष देखा। किन्तु यह देवता निर्गुण निरुपाधि ब्रह्म नहीं है, इसे रवीन्द्रनाथ ने बहुत-से स्थानों पर प्रकट किया है।[17] कवि का ईश्वर विश्व के नाना कर्मों में अपने को नाना रूप में प्रकट करता है। इस सम्बन्ध में सुधाकर चट्टोपाध्याय कहते हैं कि–"एइ सीमा-असीमेर मिलन-लीला नरनारीर मिलन-विरह-लीलार रूपकेर माझखाने परिव्यक्त हयेछे। 'जीवन देवता' कखन औ 'प्रियतमा' कखनओ प्रियतम-तांरइ संगे चलेछे जीवने जीवने लुकोचुरिर खेला। एइ अनुभूति रवीन्द्रनाथ थेके संक्रामित हयेछे छायावादी कविताय।"[18]

डॉ. रामरतन भटनागर भी डॉ. सुधाकर चट्टोपाध्याय के अनुरूप कहते हैं–

"निराला का विश्वास है कि दृष्ट सत्ता के पीछे एक अदृष्ट महान सत्ता है। इसी अदृष्ट सत्ता के प्रति कवि ने प्रार्थनात्मक गीत लिखे हैं। सम्भव है जिसे निराला ने 'जीवन-खेवनहार' (खेवा) कहा है वह रवीन्द्रनाथ का 'जीवन-देवता' हो।"[19]

इस तरह शंकर के अद्वैत ब्रह्म की तरह निराला अपने असीम ईश्वर को निर्गुण सत्ता के रूप में नहीं देखते हैं। विश्व के नाना वैचित्र्य के बीच कवि ईश्वर का दर्शन करता है। विश्व-प्रकृति के अपरूप सौन्दर्य को कवि ने अपने जीवन में जब अनुभव किया, तब उन्होंने उसमें असीम रूपी जीवन-देवता की लीला को प्रत्यक्ष देखा। कवि का असीम ईश्वर विश्व के नाना कर्मों में अपने को नाना रूपों में प्रकट करता है। इस प्रकार जीव-ब्रह्म अथवा सीमा-असीम की मिलन-लीला को प्रकट करने के लिए कवि निराला कभी तो प्रकृति का सहारा लेते हैं तो कभी मानुषी प्रेम का क्योंकि उनका ब्रह्म जगत्-व्यापी है। यह रवीन्द्र का ही प्रभाव है।

इस सम्बन्ध में रवीन्द्रनाथ कहते हैं–

"जीवेर मध्ये अनन्तके अनुभव करारइ नाम भालवासा; प्रकृतिर मध्ये अनुभव करार नाम सौन्दर्य सम्भोग।" इस प्रकार निराला ने भी 'अनन्त' को काव्यमय रूप देने के लिए प्रकृति तथा नारी प्रेम को चुना है।

प्रकृति

श्रीमती महादेवी वर्मा ने छायावाद की आलोचना के प्रसंग में कहा है कि छायावादी कविगण बहिर्विश्व के आपात विच्छिन्न खण्डवस्तु-समूह के मध्य में एक अखण्डता, एक निरवच्छिन्नता अनुभव करते हैं। रवीन्द्रनाथ के बीच में यह उपलब्धि बहुत ही

छोटी उमर से पायी जाती है। इस सम्बन्ध में उन्होंने अपनी जीवन-स्मृति में इसका विवरण दिया है।[20] रवीन्द्रनाथ की साधना में प्रकृति की परिदृश्यमान सीमा के बीच से अनजान असीम पुरुष की और चित्त की परिक्रमा ही व्यक्त है। इस प्रकार रवीन्द्र ने प्रकृति के साथ दो सम्बन्ध जोड़ दिए हैं–

1. प्रकृति को सजीव सत्ता के रूप में स्वीकार करना अर्थात् प्रकृति में मानवीयता का सम्बन्ध जोड़ देना।

2. प्रकृत में आध्यात्मिक रूप का सम्प्रेषण अर्थात् जो प्रकृति, जो वसन्त-पुष्पभरणा प्रकृति, अपने चंचल पेलव सौन्दर्य को लेकर रोमाण्टिक रवीन्द्र के पास प्रेम की वाणी वहन कर लाई, उस प्रकृति को ही ब्राह्म रवीन्द्रनाथ, उपनिषद्-अनुरक्त मिस्टिक रवीन्द्रनाथ ने ईश्वर के लीलाकेन्द्र के रूप में ग्रहण किया है, सुन्दरम् की अभिव्यक्ति के रूप में ग्रहण किया है।

निराला ने रवीन्द्र के अनुरूप प्रकृति में सजीव सत्ता का अंकन किया है और साथ ही उसमें एक भावमय आध्यात्मिक तत्त्व को भी संयोजित किया है–

अम्बर-पथ से मन्थर
सन्ध्या श्यामा,
उतर रही पृथ्वी पर
कोमल-पद-भार।
मन्द-मन्द बही पवन,
खुल गयी जुही,–
अंजलि कल विनत नवल
पदतल उपहार।[21]

और रवीन्द्र–

ऐ ये सन्ध्या खुलिया फेलिल तार
सोनार अलंकार।
ऐ ये आकाशे लुटाय आकुल चुल
अंजलि भरि धरिल तारार फुल
पूजाय तांहार भरिल अन्धकार।

डॉ. सुधाकर चट्टोपाध्याय कहते हैं कि रवीन्द्र की तरह निराला का कवि जीवन भी प्रकृति के द्वारा दोलायमान है। केवल शब्द-गन्ध-रूप-रस तथा स्पर्श नहीं; जिसको देखा नहीं जाता, उसको भी उन्होंने प्रकृति के बीच अनुभव किया है।[22] निराला का एक गीत है–

कल्पना के कानन की रानी।
आओ, आओ मृदु-पद, मेरे

मानस की कुसुमित वाणी
सिहर उठें पल्लव के दल, नव अंग,
बहे सुप्त परिमल की मृदुल तरंग,
जागे जीवन की नव ज्योति अमंद;
हिले वसन्त-समीर-स्पर्श से
वसन तुम्हारा धानी।[23]

रवीन्द्र के प्रभाव स्वरूप निराला के उपर्युक्त गीत में, प्रकृति में आध्यात्मिक भाव का आरोप कर, अपनी जीवन-संगिनी का आह्वान किया गया है, जिससे कवि के मन में नव-जीवन की संजीविनी के भाव भर जायें। रवीन्द्र की एक कविता में बिल्कुल यही भाव व्यक्त है–

खुले दाओ द्वार;
नीलाकाश करो अवारित;
कौतूहली पुष्पगन्ध कक्षे मोर करुक प्रवेश;
प्रथम रौद्रेर आलो
सर्वदेहे होक संचारित शिराय शिराय;
आमि बेंचे आछि, तारि अभिनन्दनेर वाणी
मर्मरित पल्लवे पल्लवे आमारे शुनिते दाओ।

और इस जीवन-संगिनी के रहस्यात्मक रूप का निराला ने रवीन्द्र की तरह प्रकृति में अवलोकन किया है–

कौन तुम शुभ्र किरण-वसना?
सीखा केवल हँसना, केवल हँसना–
शुभ्र-किरण वसना।
मंदमय भर अंग-गंध मृदु,
बादल अलकावलि कुंचित ऋतु,
तारक हार, चन्द्रमुख, मधुऋतु
सुकृत पुंज अशना[24]–

अथवा–

गगन घन विटपी, सुमन नक्षत्र ग्रह, नव ज्ञान
अन्तरे तुमि हास्यानना ज्योत्स्ना वसन परिधान

और रवीन्द्र–

अयि सन्ध्ये,
अनन्त आकाशतले बसि एकाकिनी
केश एलाइया

मृदु मृदु ओ की कथा कहिस आपन मने
गान गेये गेये
निखिलेर मुख पाने चेये

अथवा–

कि विचित्र सुरतान
भरपूर करि प्राण
के तुमि गाहिछ गान आकाश-मण्डले!
ज्योतिर प्रवाह-माझे
विश्वविमोहिनी राजे
के तुमि लावण्यलता मूर्ति मधुरिमा!

नारी-प्रेम

इस प्रकार अरूप 'जीवन-संगिनी' को प्रियतमा बनाकर प्रेम का अभिषेक निराला ने रवीन्द्र की प्रेरणा स्वरूप किया है। इस सम्बन्ध में निराला ने स्वयं कहा है–

"साहित्य में इस अरूप की स्वतन्त्र सत्ता को नारियों में स्थिर रूप दिया गया है। कलाविदों ने वहीं पुरुष और प्रकृति का सौहार्द्र्य, दोनों के अपार प्रेम का निरन्तर योग देखा। आकर्षण दोनों के सम्भोग विलास में ही है, वह और अच्छा जब एक ही आधार में हो। यही बीज-मन्त्र है, जिसको जपकर उन्होंने नारियों के अगणित-अपार रूपों में सिद्धि प्राप्त की। ये सिद्ध रूप परवर्ती काल के साहित्य की आत्मा में प्राणों का प्रवाह भरते गये हैं। बाह्य महाशून्य की चेतना-स्पर्श से जगी हुई असंख्य रूपसी अप्सराओं की तरह ये साहित्य की पृथ्वी पर चपल-चरण, नम्र, शिष्ट, भिन्न-भिन्न अनेक प्रकृति की श्री शृंगारमयी, रूप के ऊषालोक में अपलक ताकती हुई, लावण्य की ज्योति से पुष्ट-यौवना युवती, कुमारिकाएँ हृदय शून्य के चेतन स्पर्श से जगकर उठी हुई हैं, जो मूर्त बाह्य रूप-राशि ही की तरह अमर हैं, जिनसे बाह्य स्वतन्त्रता की तरह अपार आन्तरिक स्वतन्त्रता मिलती है, और बाह्य के साथ अन्तर के साम्य का निरुपद्रव सन्देश।[25]

रवीन्द्र ने, जैसे कि हम कह चुके हैं, नर-नारी के प्रेम को आध्यात्मिक साधना माना है। उनका 'जीवन देवता' कभी प्रियतम है तो कभी प्रियतमा और इस प्रकार प्रेम की व्याकुलता, विरह, मिलन के द्वारा सीमा की असीम के साथ मिलन-साधना साधित हुई है। डॉ. सुधाकर चट्टोपाध्याय के अनुसार रवीन्द्र के मानुषी प्रेम का रूपक 'ईश्वर एषणा' की, छायावादी कविता की विषय-वस्तु में, अभिव्यंजना हुई है। परन्तु यह प्रेम सूफियों का सम प्रकृति (होमोसैक्सुअल) का प्रेम नहीं है वरन् यह

प्रेम विषमजातीय (हीटरोसैक्सुअल) नरनारी का प्रेम है। रवीन्द्र ने इस प्रेम रूपक को वाउल, सन्त, वैष्णव कवियों से ग्रहण किया है और निराला ने रवीन्द्र से, जो निराला-काव्य में निम्नलिखित दो रूपों में प्रकट हुआ है—

1. सीमा और असीम—प्रिया और प्रिय अथवा प्रिय एवं प्रिया के प्रेम रूप में प्रकट हुआ है।

2. भक्त भगवान का प्रेम 'तुम' और 'मैं' के रूप में प्रकट हुआ है। रवीन्द्रनाथ के प्रकृति वर्णन में अधिष्ठित नारी उनके जीवन की अधिष्ठात्री देवी में विवर्तित होती है और उसके प्रति प्रेम निवेदन ही उनके नारी प्रेम का मूल वक्तव्य है, जहाँ प्रेम में आध्यात्मिक सीमा-असीम का रंग चढ़ा हुआ है—

नयन दुटि मेलिले कबे
परान हबे खुशि
ये पथ दिया चलिया याब
साबारे याब तुषि
रयेछ तुमि, एकथा कबे
जीवन-माझे सहज हबे—
आपनि कबे तोमारि नाम
ध्वनिव सब काजे।

एवं—

डाक् रे आबार माझिरे डाक
बोझा तोमार याक् भेसे याक्,
जीवन खानि उजाड़ कर
सँपे दे तार चरणमूले।

एवं—

अनेक देखे क्लान्त एखन प्राण,
छेड़ेछि सब अकस्मातेर आशा।
एखन केवल एकटि पेलेइ बाँचि
एसेछि ताइ घाटेर काछाकाछि,
एखन शुधु आकुल मने याचि
तोमार पाने खेयार तरी भाषी

निराला के प्रेम निवेदन में भी यही भाव निहित हैं—

प्रथम पलक खुलते ही देखा
चरण-चिह्न नूतन पथ-रेखा,
... ...

एक निमेष के लिए देख तन,
जीवन धन कर चुकी समर्पण।

यह सुन्दरी ही निराला के काव्य में देवी रूप में परिवर्तित होती है। डॉ. सुधाकर चट्टोपाध्याय कहते हैं–

' 'रवीन्द्रनाथेर जीवन-देवता वा जीवन-देवीर संगे ये लीलाखेलार व्यापार रवीन्द्र-काव्य के विशिष्टतादियेछे सेइ लीला एखानेओ लक्ष्य करि। रवीन्द्रनाथ वलछेन–

कखन थेके पथ चेये आर काल गुणे
बसेइ आछि तोमार लागि, हाय प्रिय।
टुटल यखन सकल अवगुण्ठन-इ,
रइल यखन केवल सुखेर लुण्ठन-इ
काल-अकालेर बाछ-विचारे चुप प्रिय।''[26]

अर्थात्–रवीन्द्रनाथ के जीवन-देवता अथवा जीवन-देवी के साथ लीला खेल के सम्बन्ध में जिस प्रकार रवीन्द्र काव्य ने विशिष्टता का अर्जन किया है उसी प्रकार की लीला निराला काव्य में भी परिलक्षित होती है। निराला जी ने कहा है–

''कब से मैं पथ देख रही, प्रिय!
और न तुम्हारे रेख रही, प्रिय!
तोड़ दिये जब सब अवगुण्ठन
रहा एक केवल सुख लुण्ठन
तब क्यों इतना विस्मय कुण्ठन?
असमय-समय न करो, खड़ी प्रिय।''[27]

अनन्त के साथ मिलन, विरह का वर्णन हमने आगे चलकर निराला के प्रतीक-वर्णन[28] में विस्तार से किया है। आध्यात्मिक प्रतीक 'तुम और मैं' पर रवीन्द्र प्रभाव का विवेचन भी वहाँ विस्तार से किया गया है। यहाँ रवीन्द्र के जीवन-देवता सम्बन्धित उन दो तत्त्वों पर विवेचना अभीष्ट है जिससे जीवन-देवता रूपक की पूर्णता प्राप्त होती है और जिसका प्रभाव हमें निराला की कविताओं में दिखाई पड़ता है।

प्रथम, जीवन-देवता कवि को लेकर जन्म-जन्मान्तर के क्रीड़ाक्षेत्र में सुख-दुःख के खेल में मत्त हुए हैं। वे ही कवि से कविता लिखवा ले रहे हैं, गाना गवा रहे हैं। वे यन्त्री हैं तो कवि यन्त्र।

द्वितीय, और फिर जब कवि इस पृथ्वी पर प्रत्यक्ष रूप में नहीं रहेंगे तब परोक्ष रूप में वे प्रत्येक खेल में ही हमारा साथ देंगे।

प्रथम तत्त्व से सम्बन्धित जीवन-देवता के साथ लीला-खेल के चित्र निराला की कविता में पाये जाते हैं। निराला की जीवन-देवी यन्त्री है तो निराला केवल यन्त्र–

तुम्ही गाती हो अपना गान,
व्यर्थ मैं पाता हूँ सम्मान।[29]

अथवा–

कैसे गाते हो? मेरे प्राणों में
आते हो, जाते हो

... ...

लोग-बाग बैठे ही रह गये,
अपने में अपना सब कह गये,
सही छोर उनके जो गह गये
बार बार उन्हें गहाते हो।[30]

रवीन्द्रनाथ की 'अन्तर्यामी' के साथ निराला की देवी यहाँ एक हो गयी हैं–

आमि कि गो वीणा-यन्त्र तोमार?
व्यथाय पीड़िया हृदयेर तार
मूर्च्छना भरे गीत-झंकार
ध्वनिछ मर्म्ममाझे।

....

मोर प्रेम दिये तोमार रागिणी
कहितेछ कोन् अनादि काहिनी,
कठिन आघाते ओगो मायाविनी,
जागाओ गम्भीर सुर।

इसके अतिरिक्त, रवीन्द्र के जीवन-देवता सम्बन्धी द्वितीय तत्त्व अर्थात् कवि के इस पृथ्वी पर न रहने पर भी उनकी 'अलक्ष्य नित्य स्थिति' के समान, निराला ने भी जीवन देवता के चित्त में उनकी चिरन्तन नित्य स्थिति को ही प्रकट किया है। रवीन्द्रनाथ कहते हैं–

यखन जमबे धुला तानपुराटार तारगुलाय,
काँटा लता उठबे घरेर द्वारगुलाय,
फुलेर बागान घन घासेर परबे सज्जा वनवासेर,
श्याओला एसे घिरबे दिघिर धारगुलाय–
आमाय तखन नाइ वा मने राखले,
तारार पाने चेये चेये नाइ वा आमाय डाकले।

....

तखन के बले गो, सेइ प्रभाते नेइ आमि।
सकल खेलाय करबे खेला एइ–आमि।
नतुन नामे डाकबे मोरे, बांधबे नतुन बाहुर डोरे,
आसब याब चिरदिनेर सेइ–आमि।
आमाय तखन नाइ वा मने राखले,
तारार पाने चेये चेये नाइ वा आमाय डाकले

और निराला–

याद रखना, इतनी ही बात
नहीं चाहते, मत चाहो तुम
मेरे अर्घ्य, सुमन-दल नाथ!
मेरे वन में भ्रमण करोगे जब तुम,
अपना पथ श्रम आप हरोगे जब तुम,
ढक लूँगी मैं अपने दृग-मुख
छिपा रहूँगी गात।
सरिता के उस नीरव निर्जन तट पर
आओगे जब मन्द चरण तुम चलकर
मेरे शून्य घाट के प्रति, करुणा कर
देखोगे नित प्रात।
मेरे पथ की हरित लतायें, वृक्ष दल,
मेरे श्रम-सिंचित देखोगे अचपल,
पलकहीन नयनों से तुमको प्रतिपल
हेरेंगे अज्ञात।
मैं न रहूँगी जब, सूना होगा जग,
समझोगे तब, इह मंगल कलरव सब
था मेरे ही स्वर से सुन्दर जगमग,
चला गया सब साथ।

निराला के जीवन-देवता रवीन्द्र के जीवन-देवता के समान द्वैतभाव सम्पन्न होते हुए भी अद्वैत का दृष्टिभेद है और यह अद्वैत जीवन-देवता कभी-कभी विवेकानन्द के प्रभाव स्वरूप मातृरूप में भी प्रकट हुआ है। इस सम्बन्ध में डॉ. रामविलास शर्मा कहते हैं कि इष्टदेव की मातृ रूप में कल्पना को स्वामी विवेकानन्द ने ही लोकप्रिय बनाया था।[31] 'देवि तुम्हें मैं क्या दूँ', 'एक बार बस और नाच तू श्यामा' आदि रचनाओं में यह प्रभाव स्पष्ट है।

गीतिका का एक गीत–

माँ, तू भारत की पृथ्वी पर
उतर रूपमय माया तन धर,
देवव्रत नटवर पैदा कर,
फैला शक्ति नवीन–
फिर उनके मानस-शतदल पर
अपने चारु चरण युग रख कर,
खिला जगत तू अपनी छवि में
दिव्य ज्योति हो लीन!

उपर्युक्त उदाहरण में रवीन्द्र का–

विकशित विश्ववासनार
अरविन्द माझखाने पादपद्म रेखे तोमार
अति लघुभार।

भाव स्पष्टतया लक्षित होता है। जीवन-देवता की इस सेवा-भावना में विवेकानन्द के अद्वैत रहस्यवाद की मूल भावना निहित है। स्वामी जी जन सेवा के माध्यम से ब्रह्म-प्राप्ति का उपदेश देते हैं और बृहत्तर मानवतावाद को ही ईश्वर की श्रेष्ठ साधना मानते हैं। रवीन्द्र और निराला की ब्रह्म साधना भी वस्तुतः लोक-सेवा ही है; इसीलिए रवीन्द्रनाथ के जीवन-देवता का पर्यवसान मानव की बृहत्तर भूमि में होता है जहाँ मानव से बढ़कर और जीवन से उच्चतर और कोई पदार्थ नहीं है। निराला ने भी, रवीन्द्र के इस भाव की तरह (जैसे 'एबार फिराओ मोरे' वाली कविता में), अपने जीवन-देवता से, जगत् तथा जीवन के सुख-दुःख के भीतर आत्मनियोग के लिये, प्रेरणा की माँग की है–

जीवन की तरी खोल दे रे;
जग की उत्ताल तरंगों पर,
दे चढ़ा पाल कलधौत धवल;
रे सबल उठा तट से लंगर।

इस प्रकार, निराला के दार्शनिक विचार अर्थात् सीमा-असीम से सम्बन्धित तीसरा तथा अन्तिम तत्त्व हमारे सन्मुख उभर आता है। यह तत्त्व है मानवतावाद का।

मानवतावाद

सीमा और असीम के मूल में मानवतावाद का सूक्ष्म किन्तु दृढ़ तन्तु ग्रथित है क्योंकि जो असीम अथवा अनन्त को पाने का इच्छुक है उसके लिए कुछ भी तुच्छ नहीं; वरन् सभी अनन्त के रूप हैं। रवीन्द्र का द्वैतवाद अर्थात् कवि और जीवन-देवता अद्वैत

का ही दृष्टिभेद है इसीलिए रवीन्द्र के लिए सम्पूर्ण जगत् ब्रह्म का ही लीलाक्षेत्र है–

सीमार माझे असीम तुमि बाजाओ आपन सुर।
आमार मध्ये तोमार प्रकाश ताइ एत मधुर।

सम्पूर्ण जगत् ब्रह्म होने के कारण रवीन्द्र के लिए तुच्छातितुच्छ वस्तु का भी महत्त्व है। जगत् में छोटा या तुच्छ नाम की कोई वस्तु नहीं है। सीमा को लेकर ही असीम है। सीमा को छोड़ देने पर असीम शून्यता के अतिरिक्त और कुछ नहीं है। इसीलिए सम्पूर्ण मानवता से कवि को प्रेम है। कवि की प्रतिभा-निर्झरणी जिस दिन समस्त बाधा का उल्लंघन कर 'अनन्त' के अभिसार में अग्रसर हुई थी उस दिन उसने सम्पूर्ण मानव-समाज को भी अपने साथ चलने का आह्वान किया था। पथ के नशे में कवि आगे ही बढ़ जाता है–

पथेर नेशा आमाय लेगे छिल
पथ आमारे दिये छिल डाक।

निराला के 'सीमा-असीम' का दार्शनिक तत्त्व भी इस मानवतावादी गति-धर्म से प्रभावित है। कवि प्रत्येक मानव को पुकार-पुकार कर जड़ता से मुक्त होकर जगने के लिए आह्वान कर रहा है–

कब से मैं रही पुकार–
जागो फिर एक बार
उगे अरुणाचल में रवि
आयी भारती-रति कवि-कण्ठ में
क्षण-क्षण में परिवर्तित
होते रहे प्रकृति पट,
गया दिन, आयी रात,
छायी रात, खुला दिन,
ऐसे ही संसार के बीते दिन, पक्ष, मास,
वर्ष कितने ही हजार–
जागो फिर एक बार।[32]

रवीन्द्र के 'कुंड़िर भितर कांदिछे गन्ध अन्ध हये' के समान निराला को भी समय बीत जाने का डर है इसलिए वह सम्पूर्ण बाधा को तोड़कर फूल के विकास की माँग करता है–

टूटे सकल रन्ध
कलिके, दिशा-ज्ञान-गत हो रहे-गन्ध।[33]

विकास के लिए यह आकांक्षा निराला ने रवीन्द्रनाथ से प्राप्त की है। रवीन्द्रनाथ ने मानव-जीवन के विकास की इस स्थिति को गति में खोजा है। गति में ही मानव-जीवन

का सत्य निहित है—यही रवीन्द्रनाथ की अनुभूति थी। परन्तु इस अनुभूति की कल्पना आधुनिक युग में सर्वप्रथम फ्रांस के प्रकांड दार्शनिक वेर्गसँ ने की थी इसलिए उनके दर्शन को गतिवाद नाम से अभिहित किया जाता है। आधुनिक दार्शनिक-वैज्ञानिक कहते हैं कि निरवच्छिन्न स्थान व काल नाम की कोई वस्तु इस पृथ्वी पर नहीं है, केवल वस्तु की गति के द्वारा ही हमारे मन में स्थान तथा काल का ज्ञान समाहित होता है।[34] अतएव एकमात्र गति ही सत्य है। रवीन्द्रनाथ का सम्पूर्ण बलाका-काव्य इस गतिवाद का ही प्रचार करता है। किन्तु रवीन्द्रनाथ वेर्गसँ की तरह केवल उद्देश्यहीन गति में विश्वास नहीं करते हैं। वेर्गसँ ने जीवन में केवल गति का ही अवलोकन किया था परन्तु उन्होंने असीम के साथ जीवन के योग-सूत्र का अनुभव नहीं किया। रवीन्द्रनाथ की गति अनन्त के साथ मिलनेच्छा की गति है क्योंकि अनन्त के साथ सीमा के मिलने पर ही आनन्द का अनुभव हो सकता है। भारत के प्राचीन युग में भी गति के द्वारा आनन्द की प्राप्ति का भाव ध्वनित हुआ था—

चरण् वै मधु विदन्ति—चरण् स्वादुम् उदुम्बरम्।
सूर्यस्य पश्य श्रेमाणं यो न तन्द्रयते चरण् ॥
—चरैवेति, चरैवेति—

अर्थात्, जो चलता है वह मधु को प्राप्त कर सकता है, जो चलता है वह अमृतमय स्वादु फल का लाभ करता है। यह देखो सूर्य की दीप्ति महिमा—वह जो चलते-चलते कभी तन्द्राविष्ट नहीं होता। अतएव, चलो, चलो। रवीन्द्र की गति में इस आनन्द-प्राप्ति के भाव निहित हैं—

जीवनेर खरस्रोते भासिछे सवाइ
भुवनेर घाटे घाटे।

....

आकाशेर प्रति तारे डाकिछे ताहारे।
तार निमन्त्रण लोके-लोके
नव-नव पूर्वाचले आलोके आलोके।

निराला के भी सीमा-असीम की मिलन-साधना का अन्तिम लक्ष्य आनन्द की प्राप्ति है। असीम से मिलने के लिए कवि (सीमा) अग्रसर होता है। वह गति में विश्वास करता है और उसका लक्ष्य आनन्द-प्राप्ति है—

तुमसे चल तुम में ही पहुँचे
जितने रस आनन्द रहे।[35]

निराला तरंगों से प्रार्थना करता है कि उसे भी तरंगों की गति प्राप्त हो जिससे कि वह असीम से मिलकर चिरानन्द को प्राप्त कर सके—

उस असीम में ले आओ।
मुझे न कुछ तुम दे जाओ॥[36]

परन्तु रवीन्द्र की तरह निराला भी सीमा-असीम की मिलन-साधना से आनन्द-प्राप्ति के उपरान्त मोक्ष की कामना नहीं करते। वैष्णव कवियों की तरह इन दो कवियों की आशा-आकांक्षा बैकुण्ठ के लिए संचित नहीं रहती वरन् हिगेल के आदर्श-विचार (Ideal Realism) की तरह इस संसार में ही वे आनन्द का अनुभव सम्पूर्ण मानवता के साथ करना चाहते हैं। दोनों कवि ही इस जीवन से, इस पृथ्वी के मनुष्यों से प्रेम करते हैं। रवीन्द्र कहते हैं–

कवि दिले आपन वीणार तारे झंकार,
गान उठन आकाशे,–
जय हक मानुषेर, ऐ नव जातकेर, रे चिर जीवितेर।
सकले जानु पेते बसल राजा एवं भिक्षु,
साधु एवं पापी, ज्ञानी एवं मूढ़–
उच्चस्वरे घोषणा करले, जय होक मानुषेर,
ओइ नवजातकेर, ऐ चिरिजीवितेर।

अथवा

मरिते चाहि ना आमि सुन्दर भुवने,
मानवेर माझे आमि बांचिबारे चाइ।

निराला के काव्य में मानव की इस प्रकार की प्रशस्ति बहुत से स्थानों में पायी जाती है–

''तुम हो महान्
तुम सदा हो महान्
है नश्वर यह दीन भाव,
कायरता, कामपरता,
ब्रह्म हो तुम,
पदरज भर भी है नहीं
पूरा यह विश्वभार''–[37]

अथवा

''विश्व का नियम निश्चल,
जो जैसा, उसको वैसा फल,
देती यह प्रकृति स्वयं सदया,
सोचने को न रहा कुछ नया,
सौन्दर्य गीत, बहु वर्ण, गन्ध
भाषा, भावों के छन्द-बन्ध,
और भी उच्चतर जो विलास,
प्राकृतिक दान वे, सप्रयास

या अनायास आते हैं, सब
सब में श्रेष्ठ, धन्य, मानव।"[38]

मानव को रवीन्द्र तथा निराला दोनों ही असामान्य असीम रहस्यमान सोचते हैं। इसी कारण मानव के दुःख से दोनों कवि ही दुःखी होकर कभी-कभी रहस्य-लोक को छोड़कर अभाव-लोक का वर्णन करने को उद्यत हो जाते हैं। इस सम्बन्ध में डॉ. सुधाकर चट्टोपाध्याय कहते हैं कि निराला ने केवल रहस्यवाद के क्षेत्र में बंगला के भाव-पक्ष का अवलम्बन नहीं लिया वरन् अभाव की कविता में भी बंगला के पथ के अवलम्बन का इंगित हमें प्राप्त हो जाता है।[39] रवीन्द्रनाथ जिस प्रकार भाव-लोक से कभी-कभी अभाव-लोक में कूद पड़ते हैं, कहते हैं–

ओरा काज करे
देश देशान्तरे,
अंग बंग कलिंगेर समुद्र-नदीर घाटे घाटे,
पंजाबे बोम्बाइ गुजराटे।

इसी प्रकार निराला ने भी कहा है–

वह तोड़ती पत्थर;
देखा उसे मैंने इलाहाबाद के पथ पर–
वह तोड़ती पत्थर।[40]

अभाव-लोक से दुःखी कवि प्रत्येक मानव के लिए सुख की प्रार्थना करता है और उनके साथ इस जीवन को सुखमय बनाना ही मोक्ष का पर्याय समझता है। रवीन्द्र की 'एकटि स्वप्न मुग्ध-सजल नयने। एकटि पद्म हृदय-वृन्त शयने' की तरह निराला भी जीवन में आनन्द की कामना करते हैं–

एक स्वप्न तन-जग-नयनों में
खिला रही सुख-द्रुम अयनों में।[41]

मानव को असीम का रूप समझने के लिए जहाँ रवीन्द्र ने 'पुरातन भृत्य', 'राजा ओ' रानी' नाटक का नौकर शंकर, 'खोकाबाबू प्रत्यावर्तन' का नौकर राइचरण, पश्चिम की मज़दूर लड़की, 'दुइ बिघा जमि' का उपेन, 'एकवस्त्रा अतिदीना भिखारिनी' जैसे लोगों का वर्णन किया है वैसे ही निराला ने अपने काव्य में मज़दूर लड़की, विधवा रमणी, किसान आदि का वर्णन किया है। रवीन्द्र के अतिरिक्त यहाँ निराला पर स्वामी विवेकानन्द के मानवतावादी दर्शन का प्रभाव भी है। डॉ. रामविलास शर्मा कहते हैं कि इन कविताओं की विशेषता यह है कि भावुकता के आँसुओं के बदले जीवन की दारुण व्यथा को गहरे रंगों में अंकित किया गया है। और माता रूप में इष्ट देवी आनन्द से अधिक शक्ति की देवी है। वह कवि को पलायनवादी संसार में नहीं ले जाती, न सुनहली किरणों से उसके ओस जैसे आँसू पोंछ लेती है। वह

उसे दुःखभार सहन करने के लिए प्रेरणा देती है और मानो कहती है कि यह भार वहन करना ही उसकी श्रेष्ठ उपासना है।[42]

भक्ति

यह सेवा-भक्ति की भावना निराला ने रामकृष्ण परमहंस तथा विवेकानन्द से ग्रहण की थी जिसके उदाहरण निराला की कविता 'सेवा-प्रारम्भ', 'स्वामी प्रेमानन्द जी महाराज', 'कैलाश में शरत्', 'युगावतार परमहंस श्री रामकृष्ण देव के प्रति' में प्राप्त हो जाते हैं। दिनकर के अनुसार विवेकानन्द ने अपनी आध्यात्मिक अनुभूति को व्यावहारिक रूप देकर सेवा-धर्म का प्रतिपादन किया है। दिनकर जी इसे कर्मठ-वेदान्तवाद कहते हैं।[43] पंचवटी-प्रसंग में जो माँ रूप में भक्ति का प्रसंग प्राप्त होता है वह भी राम की सेवा-भक्ति में शक्ति की उपासना का प्रभाव है। इसके बारे में डॉ. रामरतन भटनागर कहते हैं कि इस कविता (पंचवटी-प्रसंग) में जो माता (सीता) के प्रति भक्तिवाद मिलता है, वह स्पष्ट ही बंगाल-प्रदेश से उधार लिया गया है।[44] 'राम की शक्ति-पूजा' में भी बंगाल की शक्ति-पूजा का प्रभाव परिलक्षित होता है।

विवेकानन्द की सेवा-भक्ति तथा रवीन्द्रनाथ की भक्ति में तत्त्वतः कोई भेद नहीं है। विवेकानन्द अद्वैतब्रह्म को प्राप्त करने के लिए मानव की सेवा तथा भक्ति का मार्ग अपनाने को कहते हैं। रवीन्द्र भी असीम से मिलने की इच्छा में इस पृथ्वी पर रहना चाहते हैं और मानव प्रेम को भक्ति रूप में अपनाना चाहते हैं। उन्हें मोक्ष की इच्छा नहीं, मानवीय भक्ति की कामना ही उनके जीवन की सबसे बड़ी कामना है क्योंकि वहीं सीमा का असीम के साथ मिलन होता है—

यैथाय थाके सवार अधम दीनेर हते दीन,
सेइखाने ये चरण तोमार बाजे,
सबार पिछे, सबार निचे
सब-हारादेर माझे।

इसीलिए—

मरिते चाहि ना आमि सुन्दर भुवने,
मानवेर माझे आमि वांचिवारे चाइ।

अतः—

वैराग्यसाधने मुक्ति से आमार नय॥

....

मोह मोर मुक्ति रूपे उठिबे ज्वलिया,
प्रेम मोर भक्ति रूपे रहिबे फलिया॥

निराला की भक्ति-भावना में विवेकानन्द तथा रवीन्द्रनाथ दोनों का ही युग्म प्रभाव है। और इसी कारण निराला मातृरूप जीवनदेवता की भक्ति की ही कामना करते हैं–

मुक्ति नहीं चाहता मैं भक्ति रहे, काफ़ी है
सुधाकर की कला में अंश यदि बनकर रहूँ
तो अधिक आनन्द है
अथवा यदि होकर चकोर, कुमुद नैशगंध
पीता रहूँ सुधा इन्दु-सिन्धु से बरसती हुई
तो सुख मुझे अधिक होगा?
इसमें सन्देह नहीं आनन्द बन जाना हेय है
श्रेयस्कर आनन्द पाना है[45]

और इस आध्यात्मिक भक्ति में प्रेम-मधुर आत्म-निवेदन का एवं प्रिय-मिलन का आनन्द निहित है। यह आनन्द ही निराला का लक्ष्य था। यह आनन्द ही एक नवीन रहस्यवाद है जिसकी पटभूमिका अद्वैतवाद होते हुए भी आधारभूत-शिला रूढ़ि के प्रति विद्रोह-स्वरूप मानव मन की चेतना का नवरूपायण है। यही रवीन्द्र का दार्शनिक विचार, सीमा के बीच असीम के साथ मिलन-साधना का आनन्द है और यही निराला के रूप और अरूप का आनन्दमय संगम है।

व्यंग्य

परवर्ती युग में आकर निराला के प्रतिपाद्य पर आधुनिक समाज के काठिन्य तथा दुःख एवं अभाव का प्रभाव बढ़ा। अनुभूतिजन्य दुःखातिरेक से प्रभावित उनकी कविता में संसार की विकृति का दर्शन होता है और प्रभावस्वरूप उनकी कविता में वैयक्तिक विषाद एवं व्यंग्य का आधिक्य हो जाता है। रवीन्द्रनाथ की शेष समय की कविताओं में भी पृथ्वी के धूलि-धूसरित प्रान्त का चित्रण ही अधिक प्राप्त होता है जिसमें कवि-मन का विषाद अंकित है।

बासा बेंधेछि आलगा माटिते
से चलित माटि नदीर जले नदीर जले
एसेछिल भेसे,
ये माटि पड़बे गले श्रावण धाराय।
याब आमि।
तोमार व्यथाविहीन विदाय-दिने
आमार भांगाभिटेर परे गाइबे दोयेल
लेज दुलिये।

एक साहानाइ बाजे तोमार बांशिते,
ओगो श्यामली,
ये दिन आसि, आबार ये दिन याइ चले।

इस प्रकार की व्यक्तिगत दुःखानुभूति से सम्पूर्ण निराला-काव्य भरा पड़ा है। परवर्ती युग में आकर उन्होंने भी रवीन्द्र की तरह लिखा था–

मैं अकेला,
देखता हूँ, आ रही
मेरे दिवस की सान्ध्य वेला।[46]

अथवा,

स्नेह-निर्झर बह गया है
रेत ज्यों तन रह गया है।
आम की यह डाल जो सूखी दिखी
कह रही है–अब यहाँ पिक या शिखी,
नहीं आते, पंक्ति में वह हूँ लिखी
नहीं जिसका अर्थ–
जीवन दह गया है।[47]

परन्तु रवीन्द्र के विपरीत, निराला के ये दुःखपूर्ण भाव या तो सामाजिक विद्रोह अथवा सामाजिक व्यंग्य के रूप में प्रकट हुए हैं। वास्तव में यह दोनों रूप ही पाश्चात्य कवियों की देन हैं जो बंगाली कवि नज़रुल इस्लाम तथा अमियकुमार चक्रवर्ती के माध्यम से निराला के काव्य में संयोजित हुई है। नज़रुल इस्लाम तथा अमियकुमार चक्रवर्ती ने व्यक्तिगत अनुभूति से अनुप्रेरित होकर अपने काव्य में समाज पर व्यंग्यात्मक चोट की है। पाश्चात्य कवियों में इएट्स, एलियट, अडेन तथा टुअर्नर ने कविता के माध्यम से समाज पर कसकर व्यंग्य कसा है जहाँ से अनुप्रेरित होकर एवं परिस्थितिजन्य प्रभावस्वरूप वह व्यंग्य-तत्त्व बंगला काव्य में पदार्पण करता है और काफ़ी अंश तक वहीं से रस ग्रहण कर निराला ने अपने काव्य में सामाजिक व्यंग्य को स्थान दिया है। इस सम्बन्ध में प्रभाकर माचवे का कहना है कि बंगला के उदाहरणों में निराला के व्यंग्य-काव्य की समानता है, किन्तु मराठी-गुजराती-उर्दू में जो उदाहरण मिलते हैं वे व्यंग्य-युक्त भले हों, उनमें अभिव्यक्ति का वह वैलक्षण्य नहीं जिसके कारण ही निराला की व्यंग्य-कविताएँ विशेष रूप से उल्लेखनीय हैं।[48] उदाहरणस्वरूप अमिय चक्रवर्ती की एक कविता ली जा सकती है–

मोटर गाड़िर चाकाय ओड़ाय धुलो,
यारा सोरे याय तारा शुधु-लोकगुलो;

कठिन, कातर, उद्धत, असहाय,
यारा पाय, यारा सबइ थेकि नाहि पाय,
केन किछु आछे बोझानो, बोझा ना याय मेलाबेन।[49]

और निराला—

दायें गयी गाड़ी, बायें मुड़ी जैसे, एक कोर
कटी चबूतरे की कि कुटिया से निकली
काली एक नारी गाली देती, खाली ढिकली
देखकर चबूतरा।[50]

रवीन्द्रनाथ की विषय-वस्तु को ग्रहण कर रचित कविताएँ

यहाँ हम निराला की कविताओं के उन विषयों पर विवेचन करेंगे जो रवीन्द्र-काव्य से निराला ने ग्रहण किया है। वास्तव में रवीन्द्र-काव्य से प्रेरित होकर निराला जी ने इन विषयों को अपनी कविताओं के लिए चुना है परन्तु इन विषयों को अपनी अनुभूति से रंग कर निराला इस ढंग से प्रस्तुत करते हैं कि कहीं भी यह दूसरे का प्रभाव नहीं लगता है। यहाँ निराला प्रभाव को आत्मसात् कर लेते हैं।

1. पुरातन वैभव का अंकन

इस सम्बन्ध में डॉ. रामविलास शर्मा कहते हैं कि रहस्यवाद छायावाद का एक पहलू था। दोनों को एक मान लेने पर बहुत तरह के भ्रम उत्पन्न हो जाते हैं। अन्य रोमाण्टिक आन्दोलनों की तरह छायावाद में भी विरोधी प्रवृत्तियों और असंगतियों का अभाव नहीं है। पलायन और अध्यात्मवाद के साथ उसमें संघर्ष का स्वागत और क्रान्ति की चाह भी है। पलायन का रूप अध्यात्मवादी संसार की कल्पना ही नहीं है; इतिहास से वे युग ढूँढ़कर निकाले जाते हैं जिनसे कवि को आन्तरिक सहानुभूति होती है। 'दिल्ली' और 'खण्डहर' कविताओं में पुरातन वैभव के प्रति भावुक सहानुभूति प्रकट की गयी है। 'शिवाजी का पत्र' गुरु गोविन्दसिंह पर और 'जागो फिर एक बार' नामक कविता में उस हिन्दू-पुनर्जागरण के चिह्न मिलते हैं जो शुरू में हमारे राष्ट्रीय जागरण के ही एक अंग रहे थे। 'यमुना' में उन्होंने पौराणिक संसार को नवीन जीवन दिया है। ब्रज और यमुना को देखकर अनेक आधुनिक कवियों ने 'नटनागर श्याम' और 'पनघट पर गोपियों की मधुर प्रेमलीला' के जो चित्र अंकित किये हैं उनका आरम्भ इसी कविता से होता है।[51] परन्तु हम डॉ. रामविलास शर्मा के इस पलायन विवेचन से सहमत नहीं हैं। निराला ने रवीन्द्र की तरह प्राचीन वैभव का चित्रांकन रोमाण्टिक कवियों की तरह पलायन (escape) मनोभाव को प्रदर्शित करने के लिए नहीं किया

था, वरन् इसके पीछे अपनी संस्कृति तथा प्राचीन वैभव के प्रति श्रद्धा-प्रदर्शन करना ही मुख्य उद्देश्य था। यद्यपि रवीन्द्र की तरह निराला भी प्राचीन वैभव के अभाव में दुःखी अवश्य हो जाते हैं परन्तु इसका यह अर्थ नहीं कि वे भाव-राज्य (Eutopia) में जाने के इच्छुक हैं। वे तो मानव से प्रेम करते हुए सम्पूर्ण मानव के साथ इस पृथ्वी में रहकर इस पृथ्वी को सुखमय बनाना चाहते हैं।

रवीन्द्र–

सेइ कदम्बेर मूल, यमुनार तीर,
सेइ से शिखीर नृत्य
एखनो हरिछे चित्त,
फेलिछे विरहछाया श्रावण-तिमिर।
आजओ आछे वृन्दावन मानवेर मने।
शरतेर पूर्णिमाय
श्रावणेर वरिषाय
उठे विरहेर गाथा बने उपवने
एखनो से वांशि बाजे यमुनार तीरे।
एखनो प्रेमेर खेला,
सारा दिन, सारावेला
एखनो कांदिछे राधा हृदय-कुटीरे।

और निराला–

यमुने, तेरी इन लहरों में
किन अधरों की आकुल तान
पथिक-प्रिया-सी जमा रही है
उस अतीत के नीरव गान?
बता कहाँ अब वह वंशीवट?
कहाँ गये नटनागर श्याम?
चल-चरणों का व्याकुल पनघट
कहाँ आज वह वृन्दाधाम।[52]

यहाँ पलायनवाद की प्रवृत्ति नहीं वरन् यह दुःख का अर्घ्य है। रवीन्द्र 'सत्यं शिवं सुन्दरम्' के कवि थे और सत्य कठोर मूर्ति होता है, उसकी पूजा के लिए दुःख अर्घ्य ही सफल समझा जाता है। निराला ने रवीन्द्र के इस भाव को ही ग्रहण किया है।

2. संस्कृति

उपर्युक्त विवेचन से स्पष्ट हो जाता है कि निराला ने रवीन्द्र से भारतीय संस्कृति की

दीक्षा ग्रहण की थी। दार्शनिक विचारपक्ष में भारतीय संस्कृति का सबसे महत्त्वपूर्ण विचार अद्वैतवाद का भाव निराला की कविता में पाया जाता है। इसके अतिरिक्त पश्चिम के भौतिकवाद के विरुद्ध अपनी संस्कृति की महत्ता का प्रतिपादन रवीन्द्रनाथ ने अपनी बहुत-सी कविताओं तथा दो गीति-नाट्य 'तासेर देश' और 'रक्तकरवी' में किया है। उदाहरणतया–

शताब्दीर सूर्य आजि रक्तमेघ माझे
अस्त गेलो,–हिंसार उत्सवे आजि बाजे
अस्त्रे अस्त्रे मरणेर उन्माद–रागिनी
भयंकरी! दयाहीन सभ्यता-नागिनी
तुलेछे कुटिल फण चक्षेरे निमिषे।

निराला ने भी पश्चिम के भौतिक विकास के विरुद्ध हमारी आध्यात्मिक संस्कृति की महत्ता का प्रतिपादन किया है–

आज सभ्यता के वैज्ञानिक जड़ विकास पर
गर्वित विश्व नष्ट होने को और अग्रसर
स्पष्ट दिख रहा; सुख के लिए खिलौना जैसे
बने हुए वैज्ञानिक साधन; केवल पैसे
आज लक्ष्य में हैं मानव के; स्थल-जल अम्बर
रेल तार-बिजली जहाज नभयानों से भर
दर्प कर रहे हैं मानव, वर्ग से वर्गगण
भिड़े राष्ट्र से राष्ट्र, स्वार्थ से स्वार्थ विचक्षण।[53]

तथा–

किन्तु क्या?
योग्य जन जीता है,
पश्चिम की उक्ति वहीं
गीता है, गीता है,
स्मरण करो बार-बार–[54]

परन्तु पश्चिम के प्रति घृणा के भाव प्रदर्शन करना भारतीय संस्कृति के अनुरूप नहीं था और इसीलिए रवीन्द्र की तरह निराला ने सम्पूर्ण विश्व की उन्नति की कामना कर विश्वधर्म का प्रतिपादन किया है जो हमारी संस्कृति की सबसे महत्त्वपूर्ण धारा है–

शृन्वन्ति विश्वे अमृतस्य पुत्रा
आये धामानि दिव्यानि तस्युः ॥ श्वेताश्वतर, अध्याय 2/5

स्वामी विवेकानन्द ने इसी विश्वधर्म का प्रचार सम्पूर्ण जगत् में किया। निराला विवेकानन्द तथा रवीन्द्र दोनों से इस विचार को ग्रहण कर अपने काव्य में विश्वधर्म का प्रतिपादन करते हैं–

वर दे, वीणावादिनि वर दे।
प्रिय स्वतन्त्र रव अमृत मन्त्र नव
भारत में भर दे।
कलुष-भेद-तर हर प्रकाश भर
जगमग जग कर दे।
नव गति, नवलय, ताल छन्द नव
नवल कंठ, नव जलद मन्द्र रव
नव नभ के नव विहग-वृन्द को
नव पर, नव स्वर दे।[55]

यहाँ कवि स्वदेश में ही स्वातन्त्र्य रव फैलने की आकांक्षा नहीं करता अपितु सम्पूर्ण विश्व को ज्योतिपूर्ण देखने की अभिलाषा कर रहा है। रवीन्द्र की कविताओं में यह विश्वप्रेम सर्वत्र झलकता है–

हे मोर चित्त, पुन्य तीर्थ
जागोरे धीरे–
एह भारतेर महामानवेर
सागरतीरे।
हेथाय दाँड़ाय दु बाहु बाड़ाये
नमि नरदेवतारे,
उदार छन्दे परमानन्दे
वन्दन करि तारे।

3. स्वदेश-प्रेम

श्रीमती महादेवी वर्मा 'आधुनिक कवि सीरीज़' वाले संग्रह की भूमिका में छायावाद-युग की सामाजिक और राष्ट्रीय कविताओं के बारे में लिखती हैं–"राष्ट्रीय भावनाओं को लेकर लिखे गये जय-पराजय के गान स्थूल धरातल पर स्थित सूक्ष्म अनुभूतियों में जो मार्मिकता ला सके हैं वह किसी और युग के राष्ट्रगीत दे सकेंगे या नहीं, इसमें सन्देह है।" निराला की राष्ट्रीय या स्वदेश-प्रेम की कविताओं पर युगपत् बंगाल के स्वदेशी आन्दोलन, द्विजेन्द्रलालराय, रवीन्द्रनाथ तथा नज़रुल इस्लाम का प्रभाव लक्षित होता है। भारत-प्रशस्ति, विद्रोह-गान तथा स्वदेश में विश्व का मिलन

यह सभी भाव निराला को नज़रुल, द्विजेन्द्रलाल राय तथा रवीन्द्र से प्राप्त हुए हैं। द्विजेन्द्रलाल राय की भारत प्रशस्ति देखिये–

ये दिन सुनिल जलधि हइते
उठिल, जननी भारतवर्ष
उठिल विश्वे से कि कलरव,
से कि माँ भक्ति से कि माँ हर्ष।

इसी के अनुरूप स्तोत्र-शैली में निराला के लिखे हुए भारत प्रशस्ति के गीत प्राप्त हो जाते हैं–

वन्दं पद सुन्दर तव,
छन्दे नवल स्वर–गौरव;
जननि, जनक-जननि-जननि,[56]
जन्मभूमि भाषे!
जागो, नव-अम्बर-भर–
ज्योतिस्तर-वासे
उठे स्वरोर्मियों-मुखर
दिक् कुमारिका-पिक-रव।[57]

इसके अतिरिक्त नज़रुल की तरह भैरव-रव में निराला ने स्वदेश-गान भी गाया है। नज़रुल–

आसछे एवार अनागत प्रलय-नेशार नृत्य-पागल,
सिन्धु-पारेर सिंह-द्वारे धमक हेने मांगल आगल।
मृत्यु-गहन अन्ध कूपे
महाकालेर चण्ड-रूदे–
धूम्र-धूपे
बज्र-शिखार मशाल ज्वेले आसछे भयंकर–
ओरे ऐ हासछे भयंकर।
तोरा सब जयध्वनि कर्
तोरा सब जयध्वनि कर्

और निराला–

जग गर्द जनता, हुए लुण्ठित मुकुट, जीवन सुहाये।
रुण्ड मुण्डों से भरे हैं खेत, गोलों से बिछाये[58]

अथवा–

इस जग के भग के मुक्त प्राण।
गाओ विहंग! सद्ध्वनित गान,
त्यागोज्जीवित, वह उर्ध्व ध्यान, धारा स्रव[59]

जहाँ निराला ने रवीन्द्र के स्वदेश-प्रेम की कविताओं से भाव ग्रहण कर अपने स्वदेश-प्रेम की कविताओं को सँजोया है वहाँ साधारणतया दो तत्त्व स्पष्ट परिलक्षित होते हैं–

प्रथम, रवीन्द्र ने सम-भाव के आदर्श से प्रेरित होकर प्रत्येक मानव को समदृष्टि से देखा है और प्रत्येक को प्रेम के सूत्र में आबद्ध करने की इच्छा प्रकट की है–

कबे देव ए रजनी हबे अवसान?
स्नान करि प्रभातेर शिशिर-सलिले
तरुण रविर करे हासिबे पृथिवी।
अयुत मानवगण एक कण्ठे देव,
एक गान गाइबेक स्वर्ग पूर्ण करि?
नाहिक दरिद्र धनी अधिपति प्रजा;
केह कारो कुटीरते करिले गमन
मर्यादार अपमान करिबे ना मने,
सकलेइ सकलेर करितेछे सेवा,
केह कारो प्रभु नय, नहे कारो दास।
से दिन आसिबे गिरि एखनए येनो
दूर भविष्यत् सेइ पेतेछि देखिते–
येइ दिन एक प्रेमे हइया निबद्ध
मिलिबेक कोटि कोटी मानवहृदय।

निराला ने भी अपनी कविताओं में इस साम्य-भाव को प्रदर्शित किया है परन्तु रवीन्द्र जहाँ 'शृन्वति विश्वे अमृतस्य पुत्रा' से प्रभावित हुए थे वहाँ निराला ने युगीन प्रगतिवादी विचारों से प्रभावित होकर इस प्रकार की कविताओं का प्रणयन किया है: इसलिए पूर्णतः इनमें रवीन्द्र का प्रभाव नहीं दिखाई पड़ता है। उदाहरणतया–

जल्द-जल्द पैर बढ़ाओ, आओ आओ।
आज अमीरों की हवेली
किसानों की होगी पाठशाला

X X X

सारी सम्पत्ति देश की हो,
सारी आपत्ति देश की बने,
जनता जातीय वेश की हो,
वाद से विवाद, यह ठने,
काँटा काँटे से कढ़ाओ।[60]

द्वितीयतः निराला रवीन्द्र के स्वदेश-प्रेम के उस भाव से प्रभावित हुए हैं जहाँ

कवि ने स्वदेश की स्वल्प परिधि को त्याग कर विश्व को अपनाया है। इस सम्बन्ध में चारुचन्द्र बन्धोपाध्याय कहते हैं कि रवीन्द्र विश्वप्रेमी हैं। अति शैशवकाल से ही उनका कवि-चित्त संकीर्ण देशकाल की सीमा में आबद्ध रहने के कारण दुःख तथा दीनता के विरुद्ध युद्ध-घोषणा करता रहा है।[61] इसीलिए रवीन्द्रनाथ का स्वदेश-प्रेम कभी भी उग्र स्वदेश-प्रेम का रूप धारण नहीं कर पाया है। निराला की कविताओं में भी रवीन्द्र के स्वदेश-प्रेम की कविताओं की तरह विश्व-प्रेम की झलक स्पष्ट प्रतिफलित दिखलाई पड़ती है। उदाहरणतया रवीन्द्रनाथ—

चिर-कल्याणमयी तुम धन्य,
देश विदेशे वितरिछ अन्न,
जाह्नवी यमुना विगलित-करुणा,
पुण्य पीयूष-स्तन्य वाहिनी

और निराला—

जागो जीवन धनिके
विश्व पराय-प्रिय वणिके।[62]

तथा—

नर-जीवन के स्वार्थ सकल
बलि हों तेरे चरणों पर, माँ,
मेरे श्रम-संचित सब फल।[63]

अंशतः विश्व-प्रेम की यह भावना निराला ने विवेकानन्द के विश्वधर्म के भावों से भी ग्रहण की है।

4. मृत्यु

दार्शनिक विचार के अन्तर्गत मृत्युविषयक मान्यताओं को हम ले सकते हैं। कारण रवीन्द्र और निराला दोनों ही मृत्यु को असीम का ही पर्याय-भेद मानते हैं तथा सीमा और असीम के मिलन हेतु आनन्द की प्राप्ति में सीमा-असीम के रूपक का अन्त मानते हैं। इस आनन्द-यज्ञ के पुरोहित रवीन्द्र के लिए इस संसार का कोई भी व्यापार आनन्दहीन नहीं है। इसलिए जिस मृत्यु के भय से जगतवासी सन्त्रस्त हैं, उस मृत्यु को रवीन्द्र ने अभय-मूर्ति रूप में देखा है एवं मृत्यु की विभीषिका का मोचन कर मृत्यु को भी सुन्दर रूप में प्रदर्शित किया है। मृत्यु यदि नहीं रहती तो जीवन भी नहीं रह पाता, मृत्यु के द्वारा ही हम जीवन के अस्तित्व की उपलब्धि करते हैं। रवीन्द्र कहते हैं—

आमि तो मृत्युर गुप्त प्रेमे
रव ना घरेर कोणे थेमे।

आमि चिर यौवनेरे पराइब माला,
हाते मोर तारि तो वरणडाला

तथा–

मरण के प्राण वरण करे बाँचे।

एवं प्रत्येक जीव–

बहिल मरणरूपी जीवन-स्रोत
से ये ऐ भांगा-गड़ार ताले ताले
नेचे याध देशे देशे काले काले।

मृत्युसम्बन्धी निराला के विचार सर्वदा रवीन्द्र के अनुकूल हैं। रवीन्द्र की तरह निराला भी मृत्यु का वरण करना चाहते हैं कारण मृत्यु के द्वारा ही हम अपने जीवन के अस्तित्व का अनुभव करते हैं–

दे मैं वरूँ वरण
जननि, दुखहरण पद-राग-रंजित-मरण।[64]

एवं

मुक्ति हूँ मैं, मृत्यु में
आयी हुई, न डरो।[65]

रवीन्द्र की तरह निराला जीवन को मृत्यु के द्वारा ही पाते हैं–

मरण को जिसने बरा है,
उसी ने जीवन भरा है।
परा भी उसकी, उसी के
अंक सत्य यशोधरा है।[66]

5. महापुरुषों की प्रशस्ति

रवीन्द्र के अनुरूप निराला ने भी महापुरुषों की प्रशस्ति में कविता की रचना की है। रवीन्द्र की कविता 'अरविन्द रवीन्द्र लहो प्रणाम' तथा 'सत्येन्द्रनाथ दत्तेर प्रति' के अनुरूप निराला ने 'सम्राट् एडवर्ड अष्टम के प्रति,' 'सन्त कवि रविदास जी के प्रति', 'आदरणीय प्रसाद जी के प्रति,' 'भगवान बुद्ध के प्रति,' 'आचार्य शुक्ल जी के प्रति श्रद्धांजलि','श्रीमति विजयलक्ष्मी पंडित के प्रति,' 'युगप्रवर्तिका श्रीमती महादेवी वर्मा के प्रति' तथा 'युगावतार परमहंस श्री रामकृष्ण देव के प्रति,' कविताओं में इन महापुरुषों की प्रशस्तियाँ गायी हैं।

इस प्रकार रवीन्द्रनाथ की विषय-वस्तु को ग्रहण कर निराला की कविताओं की रचना पर प्रभाव-सूत्र की धारा स्पष्ट हो जाती है। उपर्युक्त विषयों के अतिरिक्त रोमाण्टिक प्रेम, कवि-विरह तथा मिलन-भाव जैसे विषयों को ग्रहण कर निराला ने

कविताओं का प्रणयन किया है जिसका वर्णन हमने कला-पक्ष के अन्तर्गत 'प्रतीक वर्णन'[67] में विस्तार से किया है। यहाँ केवल एक और विषय पर विवेचन शेष रह जाता है जिसको रवीन्द्र से ग्रहण कर निराला ने कविता की रचना की है।

6. कविता सम्बन्धित

रवीन्द्र ने अपनी कविताओं में कहीं-कहीं कविता को सम्बोधित कर कविता की रचना की है। जैसे–

छन्दे उठिछे चन्द्रमा, छन्दे कनक रवि उदिछे,
छन्दे जगमण्डल चलिछे,
ज्वलन्त कविता तारका सबे;
ए कवितार माझे तुम के गो देवि,
आलोक आलो आँधारि।

कवि और कविता सम्बन्धित कविताएँ निराला ने भी लिखी हैं और यह सम्भव है कि रवीन्द्र की इस प्रकार की कविताओं की विषय-वस्तु से प्रभावित होकर निराला ने यह कविता लिखी है–

ऐ, कहो
मौन मत रहो।
सेवक इतने कवि हैं–इतना उपचार–
लिए हुए हैं दैनिक सेवा का भार;
धूप, दीप, चन्दन, जल,
गन्ध-सुमन दूर्वादल;
राग-भोग; पाठ-विमल मन्त्र;
पटु करतल-गत मृदंग;
चपल नृत्य; विविध भंग
वीणा-वादित सुरंग तन्त्र।[68]

रवीन्द्र के सौन्दर्य-दर्शन से प्रभावित निराला का सौन्दर्य-दर्शन

निराला के विचार-पक्ष पर विवेचन करते हुए हमने स्वतः निराला के भाव-पक्ष पर भी विचार कर लिया है, कारण भाव-पक्ष के अन्तर्गत विचार-पक्ष आ जाता है जैसे कि भाव-पक्ष के दो अंग से प्रकट है–

(1) बौद्धिक तथा (2) काल्पनिक

इसमें बौद्धिक भाव ही विचार-पक्ष के अन्तर्गत होते हैं। यहाँ इस विषय पर

गुलाबराय का मत उद्धृत करना उपयुक्त होगा। उनका कहना है कि काव्य का मूल तत्त्व तो रागात्मक या भावतत्त्व ही है किन्तु उसके साथ पाश्चात्य देशों में कल्पनातत्त्व, बुद्धितत्त्व, और शैलीतत्त्व को भी माना है। कल्पनाभाव को पुष्ट करती है। उसके लिए सामग्री उपस्थित करती है और साथ-साथ ही अभिव्यक्ति में भी सहायक होती है। कल्पना का सम्बन्ध मानसिक सृष्टि से है, यह चाहे कवि की भावनाओं के अनुकूल ब्रह्मा की सृष्टि का पुनर्निर्माण हो और चाहे उसमें जोड़-तोड़ और उलट-फेर करके बिल्कुल नयी (किन्तु सुसंगत और सुसम्भव) रचना हो। बुद्धित्व कल्पना को उच्छृंखल होने से बचाये रखता है। कठोपनिषद् में बुद्धि को इन्द्रियरूपी अश्वों की लगाम कहा है। वह इन्द्रियों की ही लगाम नहीं है वरन् कल्पना के घोड़ों की भी लगाम है। हमारे यहाँ औचित्य दोषों और क्रम, प्रमाण, सार, एकावली आदि अलंकारों में कहीं तो पूरे बुद्धितत्त्व का और कहीं उसके भावमय आभास का (जैसे काव्यलिंग आदि में) समावेश हो जाता है। बुद्धितत्त्व से 'सत्य' और 'शिव' की रक्षा होती है और कल्पना तथा भावतत्त्व से 'सुन्दरम्' का निर्माण होता है। कल्पना से 'सुन्दरम्' का शरीर बनता है और भावना में उसकी आत्मा रहती है। 'सुन्दरम्' रस का विषयगत पक्ष है।[69]

निराला की कल्पना ने प्रकृति के विराट् रूप, नारी के महिमान्वित रूप, अतीत के भावमय आकलन आदि भाव-भूमियों के माध्यम से काव्य में सौन्दर्य को ही प्रकट किया है। क्योंकि कवि का सौन्दर्य-दर्शन उसके काव्य की भाव-भूमि से घनिष्ठ रूप में संयोजित रहता है। परन्तु साथ ही जैसा कि प्रबास जीवन चौधुरी कहते हैं कि विश्व-प्रकृति तथा जीवन को जब निःस्वार्थ दृष्टि से देखा जाता है तब उसकी समग्रता तथा उसका सामंजस्य अन्तर को एक महान सौन्दर्य तथा आनन्द से परिपूर्ण कर देता है। यह सौन्दर्यानुभूति ही काव्य-सौन्दर्य की भित्ति है।[70] रवीन्द्रनाथ ने अपने जीवन में इसी सौन्दर्य का सन्धान किया था। यही रस की साधना तथा एक और सत्य तथा आत्मोपलब्धि की साधना है। रवीन्द्र ने तटस्थ दृष्टि से विश्व-प्रकृति तथा जीवन में अपने जीवन-देवता को अनुभव किया और इसीलिए उसमें सौन्दर्य एवं आनन्द की उपलब्धि की। यही उनके लिए रसोपलब्धि रही। कारण, जीवन-देवता (ईश्वर) ने ही तो रस के लिए इस समस्त विश्व चराचर की सृष्टि की है—रसो वै सः। कवि के व्यक्तिगत जीवन की यही साधना थी।

रवीन्द्र-काव्य के अनुरूप निराला ने भी भावभूमियों के माध्यम से अपने जीवन-देवता को खोजा है और निराला के लिए उसकी प्राप्ति आनन्द की प्राप्ति तथा रस की प्राप्ति रही जो सौन्दर्य का ही पर्याय है। रवीन्द्र तथा निराला दोनों ने ही कल्पना के द्वारा जीवन के सुख-दुःख, आशा-निराशा के बीच सृष्टि के उस बृहत् सामंजस्यपूर्ण सौन्दर्यमूर्ति की उपलब्धि की है—जो उपलब्धि उन्हें उनके जीवन-देवता

के समीप ले जाती है। तब यह सुख-दुःख और व्यक्ति भावावेग मात्र न रहकर रस में परिणत हो जाता है। यही रवीन्द्र तथा निराला का सौन्दर्य है जहाँ निराला रवीन्द्र से प्रेरित होकर अपने साहित्य में कल्पना के माध्यम से भाव-भूमियों के आकलन द्वारा सौन्दर्य की संयोजना करते हैं। रवीन्द्र के अनुरूप निराला के जीवन की सम्पूर्ण अभिज्ञता जब रसासिक्त हो जाती है तब सृष्टि के समस्त रूप तथा भाव के भीतर निराला जीवन-देवता का अनुभव करते हैं और उसके प्रति अपना प्रमाण अर्पित करते हैं। जैसे रवीन्द्र–

ये केह मोर बेसेछे भालो
ज्वलेछे घरे ताँहारि आलो;
ताँहारि माँझे सबारि आजि पेयेछि आमि परिचय;
सबारे आमि नमि।

और निराला–

जन जन के जीवन के सुन्दर
हे चरणों पर
भाव वरण कर
दूँ तन मन धन न्योछावर कर।[71]

इस प्रकार बौद्धिक-तत्व के द्वारा 'सत्यं शिवं' तथा भावतत्त्व तथा कल्पना के द्वारा 'सुन्दरम्' का समाहार निराला-काव्य में रवीन्द्र के अनुरूप सुष्ठु तथा सुन्दर ढंग से हुआ है। यही निराला की सबसे बड़ी महानता है।

सन्दर्भ

1. सुधाकर चट्टोपाध्याय : आधुनिक हिन्दी साहित्ये बांगलार स्थान, प्रथम खण्ड, पृ. 96
2. देखिए, अन्वेष निबन्ध, 'व्यक्तित्व तथा कृतित्व'।
3. नगेन्द्र, आधुनिक हिन्दी-कविता की मुख्य प्रवृत्तियाँ, पृ. 12
4. खण्डेलवाल : आधुनिक हिन्दी-कविता में प्रेम और सौन्दर्य, पृ. 321
5. निराला : प्रबन्ध पद्म, पृ. 20
6. वही, पृ. 144
7. रवीन्द्रनाथ : जीवनस्मृति।
8. निराला : प्रबन्ध पद्म, पृ. 154
9. रामरतन भटनागर : कवि निराला : एक अध्ययन, पृ. 126
10. नगेन्द्र : आधुनिक हिन्दी-कविताओं की मुख्य प्रवृत्तियाँ, पृ. 13
11. निराला : प्रबन्ध पद्म, पृ. 154
12. चारुचन्द्र बन्द्योपाध्याय : रवि-रश्मि-भाग-2, पृ. 315
13. रामविलास शर्मा : निराला, पृ. 65
14. वही।

15. आमादेर रवीन्द्रनाथ आमादेर सकलके क्रमागत सीमा के अतिक्रम करिया सकल बाधा उत्तीर्ण हइया सुदूरेर पियासी हइया अग्रसर हइते आह्वान करितेछेन–प्रति निमेषेइ येतेछे समय, दिनक्षण चेये थाका कुछ नय। चारुचन्द्र बन्द्योपाध्याय, रविरश्मि, पृ. 316
16. निराला : अपरा, पृ. 106
17. But as our religion can only have its significance in its phenomenal word comprehended by our human self, this absolute conception of Brahman Is outside the subject of my discussion. —Tagore, the Religion of man
18. सुधाकर चट्टोपाध्याय : आधुनिक हिन्दी साहित्ये बांगलार स्थान, खण्ड 1, पृ. 76
19. रामरतन भटनागर : कवि निराला : एक अध्ययन, पृ. 127
20. All things that seemed like vagrant waves were revealed to my mind in relation to a boundless sea.
21. निराला : गीतिका।
22. चट्टोपाध्याय : आधुनिक हिन्दी साहित्ये बांगलार स्थान, खण्ड 1, पृ. 105
23. निराला : गीतिका।
24. वही।
25. निराला : रूप और नारी, प्रबन्ध पद्म, पृ. 145
26. चट्टोपाध्याय : आधुनिक हिन्दी साहित्ये बांगलार स्थान, खण्ड 1, पृ. 109
27. निराला : गीतिका।
28. देखिए, अन्वेष निबन्ध, अध्याय कला-पक्ष।
29. निराला : गीतिका।
30. बेला।
31. रामविलास शर्मा : निराला, पृ. 65
32. निराला : अपरा।
33. निराला : गीतिका।
34. द्रष्टव्य–The new cosmology journal of philosophical studies, July 1929.
35. निराला : अपरा।
36. निराला : परिमल।
37. वही।
38. निराला : अनामिका।
39. चट्टोपाध्याय : आधुनिक हिन्दी साहित्ये बांगलार स्थान, खण्ड 1, पृ. 102
40. निराला : अनामिका।
41. निराला : गीतिका।
42. रामविलास शर्मा : निराला, पृ. 65-66
43. दिनकर : संस्कृति के चार अध्याय, पृ. 493
44. रामरतन भटनागर : कवि निराला : एक अध्ययन, पृ. 66
45. परिमल।
46. निराला : अणिमा।
47. वही।
48. निराला के काव्य में अतियथार्थवाद, साहित्य का पौष अंक 2007
49. आधुनिक बांगला कविता, पृ. 80

50. निराला : नये पत्ते।
51. रामविलास शर्मा : निराला, पृ. 67-68
52. निराला : परिमल।
53. निराला : अपरा।
54. निराला : परिमल।
55. गीतिका।
56. निराला ने इन शब्दों को रवीन्द्र से ग्रहण किया है—
आमि भुवन-मनोमोहिनी। आमि निर्मल सूर्यकरोज्ज्वल धरणी जनक-जननी-जननी।
57. निराला : गीतिका।
58. निराला : बेला।
59. निराला : तुलसीदास।
60. निराला : बेला।
61. चारुचन्द्र बन्द्योपाध्याय : रवि-रश्मि, भाग-2, पृ. 358
62. निराला : गीतिका।
63. वही।
64. निराला : अपरा।
65. निराला : अनामिका।
66. वही।
67. देखिए, कला-पक्ष।
68. निराला : अनामिका।
69. गुलाबराय : सिद्धान्त और अध्ययन, पृ. 19
70. प्रबास जीवन चौधुरी : रवीन्द्रनाथेर सौन्दर्य-दर्शन, पृ. 140
71. निराला अणिमा।

तृतीय अध्याय

निराला के कला-पक्ष पर बंगला का प्रभाव

15 अगस्त सन् 1937 को लिखे एक पत्र में निराला जी ने श्री जानकीवल्लभ शास्त्री को अपनी कला के सम्बन्ध में निम्नलिखित बातें लिखी थीं–

कला के सम्बन्ध में पत्र में क्या लिखूँ? उसके विकास और सौन्दर्य की बातें लाखों तरह की हैं–एक देखिए–

कोई न छायादार
पेड़, वह, जिसके तले बैठी हुई स्वीकार,
श्याम तन, भर बँधा यौवन
नत नयन, प्रिया-कर्म-रतमन,
गुरु हथौड़ा हाथ, करती बार-बार प्रहार
सामने तरु-मालिका अट्टालिका, प्राकार।

यहाँ सीधा वर्णन होने पर भी, हथौड़े की चोट पत्थर पर पड़ने पर भी, देखिए, किस तरह 'अट्टालिका' पर पड़ती है, लेखक के वर्णन-प्रकार के कारण और निर्देश से।

ऐसी बहुत-सी बातें इसमें हैं। वह जहाँ बैठी है वह पेड़ छायादार नहीं है और अट्टालिका तरुमालिका है।–अट्टालिका भी तरुमालिका है, फिर आदमी कितनी छाँह में है।

बँधा यौवन छलकता नहीं; कैसी पवित्रता है! स्वास्थ्य भी कैसा !!

'मैं तोड़ती पत्थर'–अन्त का स्वभावतः समझ में आ जायगा–'मैं तोड़ती पत्थर–हृदय।'[1]

निराला की सम्पूर्ण कला-अभिव्यक्ति के पीछे यह हथौड़ी की चोट काम कर रही है। प्राचीन को छिन्न-भिन्न करके नवीन की स्थापना ही उनकी कला की पहली कसौटी है। परन्तु यहाँ प्राचीन की अवमानना नहीं हुई है वरन् नवीन को बाँधने के लिए निराला ने नूतन का आह्वान किया है, क्योंकि कला की अभिव्यक्ति यदि युग के नवीन भावों की अग्रगति के साथ कदम न रख सके, नये-नये भावों की व्यंजना

के लिए यदि भाषा प्रस्तुत न हो तो कवि-मानस की सृष्टि अवश्य ही संकुचित हो जायेगी। और वैसे भी निराला का युग कला का परिष्कृत युग माना जाता रहा है जिसके सम्बन्ध में लिखते हुए डॉ. हजारीप्रसाद द्विवेदी कहते हैं कि उस युग की कविता में छन्द, अलंकार, रस, ताल, तुक आदि सभी विषयों में गतानुगतिकता से बचने का प्रयत्न था और जिनमें शास्त्रीय रूढ़ियों के प्रति कोई आस्था नहीं दिखाई गयी थी।[2] छायावादी-युग की इस विशेषता को स्पष्ट करते हुए डॉ. बच्चनसिंह अपने प्रबन्ध 'निराला की कविता'[3] में लिखते हैं कि जिस सांस्कृतिक पुनर्जागरण की भूमिका पर छायावाद अधिष्ठित हुआ है उसके सम्बन्ध में देखने से प्रतीत होता है कि छायावाद की मूल प्रेरणा स्वतन्त्रता या मुक्ति (liberty) की कामना है। इन मुक्ति-कामी कवियों की रचनाओं में सर्वत्र इसकी प्रतिध्वनि सुनी जा सकती है। निराला जी इसके सर्वश्रेष्ठ प्रतिनिधि हैं। ये छन्द के बन्धनों से मुक्ति चाहते थे, सड़ी-गली मान्यताओं से मुक्ति चाहते थे, पुराने नैतिक मूल्यों से मुक्ति चाहते थे, साहित्यिक रूढ़ियों से मुक्ति चाहते थे। इसीलिए निराला को विद्रोही या क्रान्तिकारी कहा गया है। यहाँ मुक्ति का तात्पर्य अभावात्मक से नहीं है वरन् निराला जी की मुक्ति की धारणा सर्वदा भावात्मक ही रही है।

कला के सम्बन्ध में स्वयं कवि निराला ने 'मेरी गीत-कला' शीर्षक निबन्ध में बहुमूल्य विचार प्रस्तुत किये हैं जिनसे उनकी कला पर अच्छा प्रकाश पड़ता है। कवि ने लिखा है–'भयो सिद्ध कर उलटा जापू' यदि किसी पर घट सकता है तो एकमात्र मुझ पर, कबीर उलटबाँसी के कारण विशेषता रखते हैं, पर वहाँ छन्दों का साम्य है, उलटबाँसी नहीं, यहाँ छन्द व भाव दोनों की उल्टी गंगा बहती है। यह उलट-पुलट मैंने जान-बूझकर नहीं किया, और यह उलट-पुलट है भी नहीं, इससे सीधा और प्राणों के पास पहुँचता रास्ता, छन्दों के इतिहास में दूसरा नहीं।[4] कवि प्रारम्भ से ही लोक-विरोधी परम्परा तथा मान्यताओं के विद्रोही रहे हैं[5] चाहे वह किसी क्षेत्र में क्यों न हो। कवि ने इस व्यापक विद्रोह को 'उलटा जाप' कहा है।

कवि के इस विद्रोह के पीछे अर्थात् इस छायावादी विद्रोह के पीछे मुख्यतया अंग्रेज़ी स्वछन्दतावाद तथा बंगला-कविता का पूर्णतया प्रभाव लक्षित होता है। दोनों का आधार नवीन चेतना थी। अंग्रेज़ी स्वच्छन्दतावाद के सम्बन्ध में प्राज ने अपनी पुस्तक[6] में बतलाया है कि रोमैंटिसिज्म ने एक नवीन चेतना का निर्माण किया था। पर उसकी मान्यताओं पर आपत्ति करते हुए क्रोचे ने कहा कि स्वच्छन्दतावाद केवल इतना नहीं है वह अपने चालू तथा ऐतिहासिक अर्थ में काफ़ी गूढ़ है। वह अनेक भावों, विचारों, मान्यताओं से भरा पड़ा है। जो भी हो, यदि स्वच्छन्दतावाद की सर्वाधिक व्यापक प्रवृत्ति का उल्लेख करना हो तो कहना न होगा कि वह प्रवृत्ति स्वच्छन्दता की है। इस प्रकार की स्वच्छन्दता बंगला-नवीन-कविता के प्रकाशस्तम्भ

माइकेल मधुसूदन तथा बिहारीलाल की कविता के माध्यम से बंगला-काव्य में समा गयी और बाद में जिसने आकर रवीन्द्रनाथ की कविता में पूर्णरूप धारण किया। इस सम्बन्ध में लिखते हुए सुकुमार सेन कहते हैं—पहले-पहल वैष्णव-कविता के द्वारा बंगला-साहित्य में शक्तिमान् साहित्य की सृष्टि हुई थी। पंचदश-षोड़श शताब्दी के बंगला-साहित्य की भाषा इस कविता के लिए उपयुक्त थी। परवर्ती साहित्य में यह भाषा ही एकच्छत्र साम्राज्य करती रही। उस ईडियम को हटाने की क्षमता या साहस किसी को न रहने पर ऊनविंश शताब्दी के मध्य भाग पर्यन्त बंगला-कविता सम्पूर्ण वन्ध्य ही रही। माइकेल मधुसूदन ने भाव तथा भाषा की ओर से नवजीवन प्रदान करने की चेष्टा की। वे अवश्य ही काफ़ी अंश तक सार्थक हुए थे परन्तु पूर्णतः नहीं। और फिर उनके अनुवर्तिगण उनके सार्थक-सृष्ट उपादानों को काम में नहीं लगा पाये। अपना पथ ढूँढ़ निकालने की योग्यता उन लोगों में नहीं थी। इनके बाद रवीन्द्रनाथ आते हैं। अति शैशव से ही रवीन्द्रनाथ साहित्य की सत्-दीक्षा से दीक्षित हुए थे इसी कारण सम-सामयिक बंगला-काव्य के प्रति उनकी वितृष्णा जगी थी। भ्रमर के अभ्रान्त बोध के लिए हुए बालक कवि ने वैष्णव-पदावली में मधुर को ढूँढ़ निकाला। उसी के साथ संस्कृत तथा अंग्रेज़ी-साहित्य का रस-भण्डार भी उसके अधिगत हुआ। काव्यशिल्प के उपादान के लिए उसको और कोई चीज़ ढूँढ़ने की आवश्यकता नहीं रही। वैष्णव कविता का ललित माधुर्य, संस्कृत-कविता की कठिन दीप्ति, अंग्रेज़ी कविता का सूक्ष्म शिल्पकार्य रवीन्द्रनाथ के लेखनी-बिन्दु पर त्रिवेणी-संगम के रूप में अधिष्ठित हुआ।[7]

हिन्दी-छायावादी कवियों ने तथा मुख्यतया निराला जी ने बंगला, अंग्रेज़ी तथा संस्कृत की इस त्रिवेणी-धारा को अपने साहित्य में ग्रहण किया। इस सम्बन्ध में निराला जी ने लिखा है—

संसार की हर एक भाषा स्वाधीन चाल से ही चलकर और भिन्न-भिन्न भाषाओं से ही शब्द लेकर अपना भण्डार भरती है। ...हिन्दी के पद-प्रकरणों में अधिक प्रभाव बंगला और अंग्रेज़ी का पड़ा है यद्यपि दो-एक आचार्यों ने संस्कृत का ही पक्ष समर्थन किया है। अंग्रेज़ी का असर पड़ा उसके राज्यभाषा होने के कारण और बंगला ने अपना प्रभाव जमाया अपनी उन्नति की बदौलत।[8]

हिन्दी-कविताओं पर दूसरी भाषाओं का प्रभाव निराला जी का काम्य था। कारण वे सोचते थे कि इस प्रकार ही हिन्दी उन्नति कर पायेगी। और उनका यह मत सन् 1928 से ही स्पष्ट रूप धारण कर चुका था। सन् 1928 के लेख में उन्होंने लिखा था—

अज्ञात अनादि काल से लेकर आज तक समय के परिवर्तन के साथ-ही-साथ हमारे भाषा-साहित्य का भी परिवर्तन होता गया है। जैसे साहित्य भी सृष्टि की नश्वरता

के नियमों में बँधा हो—'नवीन गृह्णाति' के अनुकूल चल रही हो। जो सूक्ष्मातिसूक्ष्म कारण युग-धर्म के रूप से साहित्य में इस प्रकार के परिवर्तन करते आये हैं। हमारी पराधीन हिन्दी पर पराधीनता के ही कारण फ़ारसी का प्रभाव पड़ा, अंग्रेज़ी का पड़ रहा है, और आश्चर्य है, उसकी प्रान्तीय सहेलियाँ बंगला-मराठी आदि भी उस पर रोब गाँठ रही हैं। ब्रजभाषा हिन्दी के समय फ़ारसी को छोड़कर दूसरी किसी भी प्रान्तीय भाषा को उस पर प्रभाव छोड़ने का सौभाग्य नहीं प्राप्त हुआ; बल्कि बंगला जैसी प्रान्तीय भाषाओं पर उसी का प्रभाव पड़ता रहा। दूसरी भाषाओं से रत्नों को अवश्य ग्रहण करना चाहिए परन्तु प्रभावित होकर नहीं प्रीति से प्रेरित होकर।[9]

निराला जी ने अपनी इस प्रीति-भावना से उद्बुद्ध होकर अपनी कविता के कला-पक्ष को, जहाँ तक सम्भव हो सका है, बंगला-कविता के पद-विन्यास से सँजोया है। परन्तु यह रूप-विन्यास दासत्व की भावना से प्रेरित होकर नहीं हुआ है वरन् इसके पीछे छायावाद-युग की वह मूल-प्रेरणा है जिसके सम्बन्ध में डॉ. हजारीप्रसाद द्विवेदी ने अपना मन्तव्य दिया है—

मानवतावादी दृष्टिकोण को अपनाने वाले कवि के चित्त में उन काव्य-रूढ़ियों का प्रभाव नहीं रह जाता जो दीर्घकालीन परम्परा और रीतिबद्ध चिन्तन-पद्धति के मार्ग से सरकती हुई सहृदय के चित्त पर आ गिरी होती है और कल्पना के अविरल प्रवाह में तथा आवेगों की निर्बाध अभिव्यक्ति में अन्तराय उपस्थित करती है। इस दृष्टिकोण को अपनाने से सौन्दर्य की नयी दृष्टि मिलती है क्योंकि मानवीय आचारों और क्रियाओं के मूल्य में अन्तर आ जाता है। इस अवस्था में सौन्दर्य केवल बाह्य रूप में नहीं बल्कि आन्तरिक औदार्य और मानस-गठन में भी व्यक्त होता है। सौन्दर्य के बँधे-सधे आयोजनों, घिसे-घिसाए उपमानों और पिटी-पिटाई उत्प्रेक्षाओं पर आधारित चिन्तन-शून्य काव्यरूढ़ियों से मुक्ति पाया हुआ चित्त मानवता के मापदण्ड से सब-कुछ को देखता है और फिर कल्पना के अविरल प्रवाह से घन-संश्लिष्ट आवेगों की वह उर्वर भूमि प्रस्तुत होती है जो रोमाण्टिक या स्वच्छन्दतावादी साहित्य के लिए बहुत ही उपयोगी सिद्ध होती है। मानवीय दृष्टि के कवि की कल्पना, अनुभूति और चिन्तन के भीतर से निकली हुई, वैयक्तिक अनुभूतियों के आवेग की स्वतःसमुच्छित अभिव्यक्ति बिना किसी आभास और बिना किसी प्रयत्न के स्वयं निकल पड़ा हुआ भावस्रोत ही छायावादी कविता का प्राण है।[10] और इस प्रकार कल्पनागत नवीनता की खोज में छायावादी कवि ने बंगला-साहित्य को अपना प्रेरणा-स्रोत बनाया क्योंकि उस साहित्य में छायावादी कवियों की कल्पना के अनुरूप उपादान उपस्थित थे। निराला जी इनमें अग्रगण्य हैं और कल्पनागत अनुभूति की तीव्रता के कारण उनकी कविता ने बंगला-कविता की नूतनता को आत्मसात् कर लिया और बंगला-कविता के माध्यम से अंग्रेज़ी कलागत प्रेरणाएँ भी उनके काव्य

में समाहित हो गयीं। निराला के काव्य-संस्कार में रवीन्द्रनाथ के काव्य का बहुत अधिक हाथ है, इसे स्वयं निराला ने भी कई बार स्वीकार किया है। वे रवीन्द्रनाथ को सामने रखकर हिन्दी को समृद्ध करने का प्रयत्न करते रहे।[11] कल्पना की दुर्वार शक्ति ने जहाँ निराला की कविता में नव-भावों के समावेश के लिए, बंगला-काव्य से तथा मुख्यतया रवीन्द्रनाथ से प्रेरणा ग्रहण की; वहीं कलागत रूप-विन्यास में नूतनता लाने के लिए बंगला-काव्य के कला-विन्यास से अपने को विन्यस्त किया। ऐसे भी कल्पना के दो उपयोग हैं—पहला, जब वह रचना के रूप-निर्माण में योग देती है और दूसरा जब वह स्वयं विषय अथवा विषय की मूल प्रेरणा बनकर आती है। पिछले अध्याय में कल्पना-पक्ष पर विचार करते हुए हमने निराला की कविता के कल्पनागत विचार-पक्ष पर विवेचन किया है यहाँ निराला की कविता के कल्पनागत रूप-विन्यास का विवेचन करेंगे और इसके अन्तर्गत मूर्तिविधान, प्रतीकचयन तथा रूपक पर बंगला-प्रभाव हमारा विवेच्य विषय होगा क्योंकि मूर्तिविधान, प्रतीकचयन तथा रूपक के द्वारा भावों को परिचित रूप देने में कल्पना सबसे अधिक दौड़ लगाती है और छायावादी युग में तो उसने कमाल ही कर दिखाया है।

कल्पनागत रूप-विन्यास

नामवरसिंह कहते हैं कि भाव-वेग से उत्पन्न अन्तर्दृष्टि-दायिनी और सृष्टि-विधायिनी कल्पना ने कविता के रूप-विन्यास में इतना क्रान्तिकारी परिवर्तन कर दिया कि बड़े-बड़े सुधी समालोचकों को भी छायावाद केवल नयी काव्य-शैली प्रतीत हुआ।[12] और यह रूप-विन्यास आन्तरिक सौन्दर्य-भावना—जिसके सम्बन्ध में आचार्य हजारीप्रसाद द्विवेदी का मत पिछले पृष्ठ में द्रष्टव्य है—का परिणाम है। परन्तु यह सौन्दर्य-भावना रीतिकालीन सौन्दर्य-भावना से प्रभावित न होकर यूरोपीय तथा बंगला-प्रभाव-स्वरूप हिन्दी में आयी यद्यपि इसमें प्राचीन संस्कृत-साहित्य का प्रभाव भी निःसन्देह है। छायावादी कवियों ने रीतिकालीन कविता की रूढ़िवादिता और कृत्रिमता को अच्छी तरह भाँप लिया था इसलिए उन्होंने कविता के रूप-विन्यास में नवीन भावों को समाहित करने के लिए प्राचीन रूप-विधि का विरोध कल्पनागत रूप-विन्यास के आधार पर किया। जैसा कि हम बता चुके हैं कि कल्पनागत रूप-विन्यास के प्रमुख तीन आधार हैं—रूपक, प्रतीक तथा बिम्ब।

रूपक

रूपक की योजना से वस्तु-सत्य प्रभावशील और मनोरम बनता है। कल्पना के प्रमुख उपकरणों में से यह एक है जैसा कि आई. ए. रिचर्ड्स ने कहा है कि अलंकृत भाषा

के प्रयोग में भी कल्पना ही कार्य करती है। रूपक, उपमा, उत्प्रेक्षा आदि अलंकारों का निर्माण इसी के अन्तर्गत आता है जब असाधारण रूप से इनका प्रयोग किया जाता है।[13] और इस असाधारण प्रयोग के कारण यह अलंकारमात्र न रहकर पद्धति-विशेष बन जाता है। अपने मन के आशय को सुस्पष्ट सज्जा देने के लिए कवि रूपक का आश्रय ग्रहण करता है। 'रूपक-पद्धति' भाव-बोध का एक अत्यन्त सशक्त रूप है। और उसमें कल्पना का जो प्रौढ़ और संयत रूप समाविष्ट है, उसकी उपेक्षा करना श्रेष्ठ कवि के लिए असम्भव है। यहाँ रूपक से रूपक-काव्य (allegory) हमारा आशय नहीं वरन् रूपक (metaphor) अलंकार है जो कल्पना के संयोग से एक पद्धति-विशेष बन जाता है। इस पद्धति-विशेष को स्पष्ट करते हुए मोहित लाल मजुमदार लिखते हैं कि भाव यदि अशरीरी अर्थात् लेखक के अन्तर से उत्थापित हुआ हो, तब उसे रूप देने के लिए लेखक के मानस-भण्डार में प्रचुर इन्द्रिय-संयुक्त रूप-स्मृति के संचित कोष का रहना आवश्यक है। लेखक उसी में से लेकर भाव की रूप-रचना करता है; यहाँ भाषा रूपात्मक बन जाती है। यह अलंकार नहीं, भाव-प्रकाशन का यथार्थ उपाय मात्र है।[14] उदाहरणार्थ—

बादल छाये
ये मेरे अपने सपने
आँखों से निकल, मँडलाये[15]

मानविक भाव-वेग के विस्तार के द्वारा निराला जी बहिःप्रकृति को नवीन रूप में रूपायित एवं नव रस में रसायित कर विधाता के प्राचीन सृष्टि-पट पर नवीनतर चित्र प्रस्फुटित करने में समर्थ हुए हैं और यह रूपक के द्वारा सम्भव हो सका है। यद्यपि कल्पनागत रूपक का प्रसार निराला जी में बहुत कम ही प्राप्त होता है तथापि जो कुछ भी है वह काव्य के रूप-विन्यास में सफलता के साथ प्रयोग में लाया गया है। यह रूपक-पद्धति मुख्यतया रवीन्द्र के प्रभाव-स्वरूप उनके काव्य में संयोजित हुई है। मन के किसी भाव को प्रकट करने के लिए प्रकृति की सहायता लेना रवीन्द्र-काव्य की एक विशेष प्रक्रिया है। जैसे रूपक-भाव से विन्यस्त रवीन्द्र की कविता में वर्षा जीवन-सत्ता की चिरन्तन निगूढ़ अतृप्ति का प्रतिफलन करती है और इस प्रकार वर्षा-रूपक रवीन्द्र के काव्य का एक विशेष रूपक बन जाता है। उदाहरणतया—

झर-झर झरे जल, बिजुलि हाने,
पवन मातिछे बने पागल गाने।
आमार पराण-पुरे कोनू खाने व्यथा फुटे,
कार कथा बेजे उठे हृदय—कोणे।

निराला की कविता में भी मन की करुण-व्यथा वर्षा के रूपक के माध्यम से और भी करुणतर बन जाती है—

बादल रे; जी तड़पे।
किये उपाय सैकड़ों तन के,
मन के, चरण मिले सज्जन के,
व्यर्थ प्रार्थना जैसे अब है,
पञ्जर पिञ्जर करके।
अब अँधियाली ही बढ़ती है,
छाया छाया पर चढ़ती है,
प्राणों के घन श्याम-गगन से
बूँदों कभी न बरसे।
छिप जाती हैं छवि बिजली में,
सरसर से दबती है ही में,
बूँदों की छन-छन से उन्मन
प्राण न मेरे हरसे।[16]

रवीन्द्रनाथ को यह रूपक वैष्णव-पदावली से मिला है जैसे कि सुकुमार सेन कहते हैं :

वैष्णव-पदावलीते वर्षामेघ विरहिणीर अन्तर-दिगन्त मेदुर करिया दियाछे। ओदिके मेघश्याम आकाशे ढाका तमालनीपकुंजे रसेर उत्सवेर डाक पाड़ितेछे दादुर-दादुरी डाहुक-डाहुकी। एदिके गृहकोणबद्ध विरहिणीर ह्रदय अश्रुविगलित। एमनि करिया वैष्णव पदावलीते वर्षा-मेघ चलिष्णु खण्ड रूप छाड़िया अपरूप अखण्ड परिवेश रचना करियाछे।[17]

परन्तु जहाँ वैष्णव-कविता में वर्षा केवल राधाकृष्ण की प्रणय-लीला का अन्यतम प्रधान परिवेश है वहाँ इसके विपरीत रवीन्द्रनाथ की कविता में वर्षा जीवसत्ता की चिरन्तन, निगूढ़ अतृप्ति का प्रतिफलन करती है। रवीन्द्र-काव्य में वर्षारूपक कवि तथा बृहत्तर मानव-जीवन की करुण व्यथा है–

ए भरा बादर-दिने
के बांचिबे श्याम बिने
काननेर पथ चिने मन येते चाय।
बिजन यमुना–कूले
विकसित नीममूले
कांदिया परान बुले विरहव्यथाय।

निराला जी में भी यह रूपक प्राप्त है–

घन आये घनश्याम न आये।
जल बरसे, आँसू दृग छाये।

पड़े हिंडोले, धड़का आया,
बढ़ी पेंग, घबरायी काया,
चले गये, गहरायी छाया,
पायल बजे, होश मुरझाये।
भूले छिन, मेरे न कटे दिन,
खुले कमल, मैंने तोड़े तिन,
अमलिन मुख की सभी सुहागिन,
मेरे मुख सीधे न समाये।[18]

रवीन्द्र तथा निराला के काव्य में विश्व-प्रकृति को हम इस प्रकार नूतन रूप में देखते हैं। यहाँ बहिः प्रकृति पर मानव-प्रकृति की छाया पड़ रही है। जैसे, वैदिक कविता के निसर्ग चित्रों में देवलीला की अभिनय-अनुकृति काफ़ी अंश तक मानवलीला के अनुसरण पर होती रही और इसीलिए ऋग्वेद की कविता में बहिःप्रकृति के चित्र में मानव-प्रकृति की छाया पड़ती है। और इस छाया का स्पष्ट रूप जैसा कि सुकुमार सेन कहते हैं, रूपक—उत्प्रेक्षा के माध्यम से ही प्रतिफलित हुआ है।[19]

जैसे अहोरात्रि का द्वैत नृत्य—

नाना चक्राते यम्या वपूंषि।
तयोरन्यद् रोचते कृष्णमन्यत्।
श्यावी च यदरुषी च स्वसारौ।
महद्देवानामसुरत्वमैकम् ॥—ऋग्वेद, 3.55.11

(यमज कन्याद्वय पृथक् सज्जा से सज्जित होती हैं। एक की सज्जा से दीप्ति तथा दूसरे की सज्जा से कालिमा विच्छुरित होती है। श्याम तथा श्वेत दो बहनें वे हैं। देवगणों की महत् महिमा एक ही है)।

कालिदास के काव्य में बहिःप्रकृति देवसभा को त्यागकर मनुष्य के गृह के पास आ खड़ी हुई है। कालिदास की कल्पना ने मानव-प्रकृति के साथ बहिःप्रकृति का सादृश्य तथा साम्य प्रदर्शित कर सहृदय काव्य-रूप धारण किया है। सुकुमार सेन कहते हैं कि कालिदास जीव तथा जड़-लीला के बीच प्रभेद काफ़ी अंश तक हटाने में समर्थ हुए हैं।[20] जैसे स्वयं वर-सभा में रघु-इन्दुमती का दृष्टि-विनिमय—

ततः सुनन्दावचनावसाने
लज्जां तनूकृत्य नरेन्द्रकन्या।
दृष्ट्या प्रसादमलया कुमारं
प्रत्यग्रहीत् संवरणस्रजेव ॥—रघु., 6/80

जड़-प्रकृति को मानव-प्रकृति का रूप देकर मेघदूत काव्य में कालिदास आधुनिकता की ओर अग्रसर हो आये हैं—

गत्वा चोर्द्ध दशमुखभुजोच्छ्वासित प्रस्थ सन्धेः
कैलासस्य त्रिदशवनितादर्पणस्यातिथिः स्याः।
शृङ्ग गोच्छ्रायैः कुमुदविशदैर्खयो वितत्य स्थितः
राशीभूतः प्रतिदिशमिव त्र्यम्बकस्याट्टहासः ॥

—मेघदूत, पूर्वमेघ, 58

रवीन्द्र-काव्य में आकर यह बहिःप्रकृति का मानव-प्रकृति पर विस्तरण नूतन रूप धारण करता है कारण रवीन्द्र कालिदास की तरह विषय-प्रधान (objective) कवि न होकर विषयी-प्रधान (subjective) कवि थे और इसीलिए अपने भावों का सम्प्रसारण (Projection) उन्होंने रूपक के द्वारा बहिःप्रकृति में किया जैसे जनशून्य नदी-सैकत पर सन्ध्यागगन के अस्तराग को देखकर अनजाने ही विरह की प्रभावित स्मृति जग पड़ती है—मालूम होता है—

विधुर हयेछे सन्ध्या मुछे
याओया तोमार सिन्दुरे।

यह व्यक्तिगत भाव-विशेष मन को छोड़कर निर्विशेष (universal) बन जाने के कारण ही इतना प्रेषणीय बन सका है। तदरूप भाव निराला जी में भी पाया जाता है—

डूबा रवि अस्ताचल,
सन्ध्या के दृग छल-छल।[21]

सूर्यास्त के द्वारा रवीन्द्र की तरह निराला जी ने भारतीय संस्कृति के विनाश का भी रूपक प्रस्तुत किया है। जैसे—

रवीन्द्र—

शताब्दीर सूर्य आजि रक्तमेघ माझे
अस्त गेलो,—हिंसार उत्सवे आजि बाजे
अस्त्रे अस्त्रे मरणेर उन्माद-रागिनी भयंकरी।

और निराला—

भारत के नभ का प्रभापूर्य
शीतलच्छाय सांस्कृतिक सूर्य
अस्तमित आज रे—तमस्तूर्य दिङ्मण्डल,[22]

फिर गभीर यामिनी में झिल्लिरव को रवीन्द्र ने ध्यानमग्न विश्व-प्रकृति का रूपक देकर प्रस्तुत किया है जो—

अन्धकारेर जयेर मालाय एकटाना सुर—गूँथता जा रहा है। निराला ने भी अन्धकार को ध्यान-निमग्न व्यक्ति-रूपक में प्रकट किया है—

स्तब्ध अन्धकार सघन,
मन्द गन्ध भार पवन;

ध्यान मग्न नैश गगन,
मूदे पल नीलोत्पल।[23]

अथवा–

है अमा-निशा उगलता गगन घन अन्धकार;
खो रहा दिशा का ज्ञान; स्तब्ध है पवन-चार;
अप्रतिहत गरज रहा पीछे, अम्बुधि विशाल;
भूधर ज्यों ध्यान-मग्न; केवल जलती मशाल।[24]

इसके अतिरिक्त, वसन्त-प्रभात में प्रकृति की उज्ज्वल परिपूर्णता के बीच अचानक कवि रवीन्द्र चौंक जाते हैं–बहती हवा में उन्हें किसी का आभास मिलता है–

आसा-याओआर आभास भासे बातासे चंचल।

कवि निराला को भी यह ज्ञात होता है–

ऊषा के अधरों में अरुण अधीर
भर मुग्धा की चितवन में अनजान,
तरुण-अरुण-यौवन-प्रभात-विज्ञान,
प्रथम सुरभि में भर उन्माद–विकास
अभी-अभी आयी थी मेरे पास।
वातायन में कर कोमल आघात
स्वप्न-जटित जीवन-कैशोर,
उच्छृंखलता की यह डोर,
खींच रही थी अपनी ओर,–अजात।[25]

इस प्रकार निखिल चराचर के ऊपर मानविक अनुभूति की यह स्थिति सत्य ही एक अभूतपूर्व प्रक्रिया है। कहीं-कहीं रवीन्द्रनाथ के रूपक विराट् महिमा में महाकाव्यिक कल्पना को छोड़ आगे बढ़ जाते हैं, जैसे–

कालेर राखाल तुम सन्ध्याय तोमार शिंगा बाजे,
दिन-धेनु फिरे आसे स्तब्ध तव गोष्ठ-गृह माझे,
उत्कण्ठित वेगे।
निर्जन प्रान्तरतले
आलेयार आलोज्वले,
विष्युत्–बहिनर सर्प हाने युगान्तेर मेघे।

सुकुमार सेन इसको 'cosmic metaphor' की आख्या देते हैं। इस प्रकार के cosmic metaphor का प्रयोग निराला की कविता में भी प्राप्य है–

शत-शत शब्दों की सान्ध्य काल
यह आकुंचित–भ्रू कुटिल-भाल
छाया अम्बर पर जलद–जाल ज्यों दुस्तर;[26]

अथवा–

सोई घेर गगन का मन, फन,
कुण्डली–नगनलीन विश्व-जन।[27]

प्रतीक

कल्पनागत रूप-विन्यास का दूसरा सूत्र प्रतीक है। प्रतीक के सम्बन्ध में किसी आलोचक का मत है कि प्रतीकात्मक काव्य में रूपक जैसे विस्तार की आवश्यकता नहीं है। सूक्ष्मता और व्यंजकता 'प्रतीक' के विशिष्ट गुण हैं। प्रणय की उत्कटता दिखाने के लिए दीप-पतंग जैसे प्रतीक आदिम काल से चले आते हैं। नये-नये प्रतीकों की खोज और पुराने प्रतीकों का नये सन्दर्भ में उपयोग कविता की भाव-पक्ष सम्बन्धी वृद्धि के लिए अनिवार्य है।

नामवरसिंह प्रतीक को रूप अथवा फ़ार्म से अलग मानते हैं। उनका कहना है कि अंग्रेज़ी में जिसे फ़ार्म कहते हैं उनका सटीक अर्थ 'संगति' है अर्थात् फ़ार्म वह है जिसमें भाव के साथ रूप की पूर्ण संगति हो।[28] यह कथन प्रसिद्ध आलोचक ए.सी. ब्राडले का है। वे कहते हैं कि विषय और रूप में कोई भेद नहीं है। यह एक प्रकार की ऐसी अभेदमयी स्थिति है जैसे रक्त तथा जीवन की। और यह अभेदमय स्थिति ही कविता है; और कला भी है।[29] नामवरसिंह इसके उपरान्त कहते हैं कि भाव और रूप की पूर्ण संगति के बाद कभी-कभी काव्य की रूप-विधि एक और कार्य करती है। अपनी सार्थकता प्रमाणित कर चुकने के बाद जब 'रूप' अथवा 'फ़ार्म' किसी अतिरिक्त भाव की व्यंजना करता है तब वह 'प्रतीक' हो जाता है। 'झंझा' जब अपनी ध्वनि से आँधी-पानी दोनों को पूर्ण बोध करा देती है तो उसके रूप की सार्थकता पूरी हो जाती है। किन्तु इससे आगे बढ़कर जब वह किसी हृदय की व्यथा और क्षोभ की ओर संकेत करती है तो अपनी सार्थकता के अतिरिक्त कार्य करती है।[30] नामवरसिंह का प्रतीक के सम्बन्ध में यह मत स्वतोव्याघात (self-contradiction) से युक्त है क्योंकि प्रतीक रूप-विन्यास की एक प्रक्रिया है और रूप वास्तव में भाव का विन्यास है और इस प्रकार भाव और रूप की संगति के भीतर ही प्रतीक को स्थान मिलना चाहिए, उससे अलग नहीं। श्रीमान् केदारनाथसिंह का भी यही मत है–

काव्य का कलात्मक रूप (फ़ार्म) न तो केवल बिम्ब में होता है, न प्रतीक में, न उत्प्रेक्षा में और न शब्द-संगीत अथवा छन्द के प्रवाह में। वह इन सबकी 'एकान्विति' या 'सुसंघटन' में होता है। यह 'सुसंघटन' कहीं बाहर से नहीं आता। यह स्वयं वस्तु का गुण है, कल्पना इसी 'सुसंघटन' की खोज करती है।[31] इस प्रकार कल्पनागत रूपविन्यास प्रतीक आदि 'सुसंघटन' अर्थात् 'संगति' के लिए कार्य करती है। 'संगति'

में ही उसका अन्त है। प्रतीक की परिभाषा देते हुए केदारनाथसिंह लिखते हैं कि मनुष्य के भावलोक में बहुत-सी ऐसी बातें होती हैं जिन्हें हम सामान्य व्यवहार की भाषा अथवा स्थूलाश्रयी बिम्बों के माध्यम से नहीं व्यक्त कर सकते। ऐसे सूक्ष्म तथा अर्द्धस्पष्ट भावों के लिए मनुष्य प्रतीकों की सृष्टि करता है। मानव-सभ्यता के विकास में प्रतीकों का उतना ही योग है जितना हमारे जीवन के विकास में सूर्य तथा जल का।[32] उनका और कहना है कि साहित्य और कला में प्रयुक्त होने वाले प्रतीकों का क्षेत्र बहुत व्यापक है। अन्य क्षेत्रों में बौद्धिक प्रतीकों का प्राधान्य होता है, काव्य में संवेदनात्मक अथवा भावात्मक प्रतीक ही ग्राह्य होते हैं। कारण यह है कि वहाँ प्रतीकों का निर्माण, संचयन और संयोजन कल्पना के द्वारा होता है। इस कार्य में कल्पना को विशाल सांस्कृतिक उपलब्धियों और चिराचरित भावना-पद्धतियों से सहायता मिलती है। केवल यही नहीं कल्पना के माध्यम से कभी-कभी नूतन प्रतीकों की योजना भी होती है और आधुनिक काव्य में नये प्रतीकों की महत्ता ही सबसे अधिक है।

छायावादी कवियों की प्रतीक-योजना, साधारणतया नवीनता को लिए हुए है। केदारनाथसिंह का कहना है कि रवीन्द्रनाथ ठाकुर की कविताओं के द्वारा पहले-पहल नवीन प्रतीकों की अर्थगत सम्भावनाओं की ओर लोगों का ध्यान गया। हिन्दी की छायावादी कविता पर भी इसका प्रभाव पड़ा।[33] जैसा कि हम बता चुके हैं कि प्रतीक शब्दशक्ति का मूल उत्स है परन्तु व्यवहार करने से प्रतीक का रंग फीका पड़ जाता है, विशेष बात साधारण उक्ति में परिणत हो जाती है। तब प्रयोजन होता है नूतन प्रतीकों का अथवा पुराने प्रतीकों का नवरूपायन। रवीन्द्र ने यह कार्य सरलता के साथ किया परन्तु कुछ आलोचकों के मतानुसार इन नये प्रतीकों का प्रयोग रवीन्द्र ने फ्रांस के बिम्बवादी सांकेतिक स्कूल (Imagist school of symbolic poetry) के प्रभाव स्वरूप अपनाया है। यह सिद्धान्त भ्रमात्मक है। कारण फ्रांस के सांकेतिक कविगण ने विशेष अर्थव्यंजना के लिए नूतन शब्दों की सृष्टि की है। इस प्रकार के शब्दों को पारिभाषिक या सांकेतिक कहा जाता है। व्यापक रूप से उस प्रकार के शब्दों का व्यवहार काव्य में नहीं किया जा सकता। भाषा और साहित्य के अतीत इतिहास को मान लेना ही पड़ता है और रवीन्द्र ने उसको मानकर अपनी स्वकीयता का परिचय दिया है। साधारण अत्यन्त परिचित प्रतीकों का अपने विचारों के प्रसंग में व्यवहार कर रवीन्द्र ने अपनी मौलिकता प्रदर्शित की है और जहाँ तक उनके आध्यात्मिक रहस्यवादी प्रतीकों का प्रश्न है वहाँ भी वे उपनिषद् के अद्वैत सिद्धान्त से प्रभावित हैं न कि फ्रांस के प्रतीकवादी पॉल भलेरी आदि की तरह ईसाई सन्त-कवियों के द्वारा। इसको स्पष्ट समझने के लिए आधुनिक काव्य के नवीन प्रतीकों के समारम्भ पर विचार कर लेना होगा।

ऊनविंश शताब्दी के जड़वादी वस्तुविज्ञान के प्रभाव से फ्रांस के साहित्य में

मनचले वस्तुवाद की उद्भावना हुई थी। परन्तु धीरे-धीरे जोला, फ्लेवयर की यह कामना पंकिल वस्तुवादी दृष्टिभंगी की प्रचण्डता शिथिल होने लगी एवं इसकी स्वाभाविक प्रक्रियास्वरूप एक विरोधी नवीन आदर्श क्रमशः साहित्य में पनपने लगा। लेखकों ने समझा, पाठक ने भी अनुभव किया कि इस वस्तुपुंज के अन्तराल में जो अमूर्त अध्यात्मजगत् विराजमान है उसी को जानना होगा और जतलाना होगा। तभी से प्रतीकात्मक काव्य (सिम्बोलिक पोयट्री) का सूत्रपात हुआ। इन्द्रिय सुरा के माध्यम से अतीन्द्रिय सुधा का सन्धान प्रारम्भ हुआ। यह अन्तर की मुक्ति है, आत्मा की मुक्ति है, परमात्मा की मुक्ति है। साइमन ने अपनी पुस्तक में भी यही बात कही है।[34] इसको स्पष्ट करने के लिए यह कहा जा सकता है कि मानव अपूर्ण है, उसकी भाषा भी अपूर्ण है; इसीलिए उस भाषा के द्वारा कोई पूर्णभाव या आदर्श प्रकाशित करना सम्भव नहीं है। परन्तु उस पूर्णता का आभास प्रतीक में प्राप्त हो जाता है। नारी-सौन्दर्य को समझाने के लिए यदि एक गुलाब के फूल का उदाहरण दिया जाय तो नारी-सौन्दर्य का पूर्ण आदर्श प्रतिभासित हो उठता है। इएट्स ने यही बात कही है।[35] मानव जिस प्रकार अपूर्ण है, मानव प्रेम भी उसी तरह अपूर्ण है किन्तु जब वह अपना प्रेम भगवान् के चरणों पर अर्पित करता है तब उसकी पूर्णता का आस्वाद प्राप्त होता है; उसका प्रेम परिपूर्ण तथा सार्थक बनता है। मानव तथा भगवान् का यह प्रेम-सम्बन्ध पॉल भलेरी तथा रवीन्द्रनाथ ने स्थापित किया है। परन्तु रवीन्द्र उपनिषद् के अद्वैत सिद्धान्त से प्रभावित थे तथा पॉल भलेरी ईसाई सन्तकवियों से प्रभावित होकर 'बियाण्ड' की खोज में लगे थे। दोनों का विषय एक है परन्तु प्रभाव सम्पूर्ण अलग।

रवीन्द्रनाथ की रचना में भारतीय अध्यात्म-भावना तथा साहित्य-साधना का समन्वय प्राप्त होता है। सुकुमार सेन कहते हैं कि मनन में तथा प्रकाशन में परम्परागत चली आती हुई भारतीय साहित्य में जो कुछ मौलिक विशिष्टता है वही रवीन्द्र-रचना में अवश्य ही अन्तर्लीन है एवं किसी-किसी भाव में व्यंजित है। भारतीय साहित्य-साधना पहले से ही अध्यात्म-भावनामय है इसीलिए अधिक प्रतीकाश्रित है। तथा इसी कारण रवीन्द्र के वाणी-शिल्प में प्रतीक का व्यवहार अनपेक्षित नहीं है।

सुकुमार सेन रवीन्द्र-काव्य की इस अध्यात्म-भावना को स्पष्ट करते हुए कहते हैं कि अस्ति-नास्ति के, गति-स्थिति के पेण्डुलम में महाकाल की निमेष-गणना चल रही है। रवीन्द्रनाथ की कवि-कल्पना तथा अध्यात्म-भावना भी द्वैताश्रित है, यद्यपि वह द्वैततत्त्व नास्ति-वर्जित है, उसको कहा जा सकता है सर्वास्तिवादी। एक ओर जीवन-देवता अभिसार के लिए बढ़ा चला आ रहा है और दूसरी ओर अन्तर्यामी स्वयंवर के लिए बढ़ी चली आ रही है। कवि-हृदय के इस द्विधाभिन्न सत्व (Ego and super ego) की सहयोगिता से ही जीवन पूर्णता की ओर अग्रसर होता है। यही

रवीन्द्र-रचना का द्वैतवाद है।[36] और यह द्वैतवाद गम्भीरतर अद्वैतानुभूति के ऊपर प्रतिष्ठित है। रवीन्द्रनाथ के काव्य में प्रतीकों की संयोजना इस भाव के सम्प्रेषण के लिए संयोजित हुई है जो सामान्यतः तीन प्रकार के हैं :

1. परिचित वस्तु तथा भाव-घटित प्रतीक।

2. पुरान कहानी, कालिदास के काव्य तथा वैष्णव-पदावली से गृहीत परम्परागत प्रतीक।

3. आध्यात्मिक प्रतीक।

रवीन्द्रनाथ के इन प्रतीकों द्वारा निराला बहुत ही प्रभावित हुए हैं और मुख्यतया रवीन्द्र के आध्यात्मिक प्रतीकों द्वारा क्योंकि निराला का विचार-पक्ष रवीन्द्र के अध्यात्म-विचारों से बहुत ही प्रभावित है। इसका विवेचन हम रवीन्द्र के प्रतीकों के वर्णन द्वारा करेंगे।

जैसा कि हम बता चुके हैं कि रवीन्द्र ने नये प्रतीकों की सृष्टि अपनी अद्वैत-भावना को प्रकट करने के लिए की है परन्तु यह कार्य उन्होंने पूर्व-परिचित वस्तुओं में नवीन अर्थ भरकर किया है। निराला ने भी व्यंजनागर्भी प्रतीकों का प्रयोग रहस्यात्मक सत्ता को प्राणवान् बनाने के लिए किया है। नामवरसिंह यही बात कहते हैं—छायावादी कवियों ने कभी-कभी व्यंजनागर्भी प्रतीकों का प्रयोग किया। ऐसा प्रायः वहीं हुआ है जहाँ किसी रहस्यात्मक सत्ता की ओर संकेत है।[37] परन्तु रवीन्द्र के प्रतीक जहाँ अद्वैत विचार-पक्ष की द्वैत भावना को प्रकट करने के लिए मुख्यतया संयोजित हुए हैं और इसी कारण दो प्रतीकों का इकट्ठा संचयन सुकुमार सेन के शब्दों में गतिस्थिति की तरह द्वैत-रूप में रवीन्द्र-काव्य में पाया जाता है वैसी कोई स्थितिशीलता निराला-काव्य में नहीं है। कारण निराला का दार्शनिक विचार रवीन्द्र की तरह एकोन्मुखी नहीं है इसलिए निराला के प्रतीक सामान्यतः द्वैत भावना के प्रतीक नहीं हो पाये हैं यद्यपि मोटे रूप से वे अद्वैत की व्याख्या करते हैं। रवीन्द्र ने जहाँ-कहीं से भी दार्शनिक विचारों का चयन किया है वह उनके मूलभूत अद्वैत विचार को प्रतिष्ठित करने के लिए ही है न कि विभिन्न दार्शनिक विचारों की अभिव्यक्ति के लिए। इसीलिए उनके सभी प्रतीक एक ही द्वैत-भावना को प्रकाशमय करते हैं जो कि अद्वैतानुभूति की भूमिका पर अधिष्ठित हैं। सुकुमार सेन ने इसकी एक सूची तैयार की है जहाँ द्वैत रूप में दो प्रतीकों को प्रस्तुत किया गया है। पथःस्रोत, पथःघर, पथःरथ, हाटःवाट, आगुनः प्रदीप, बंशिः वीणा, धूलाः घास आदि। इन युग्म प्रतीकों के द्वारा रवीन्द्र ने अद्वैत की ही प्रतिष्ठा की है। निराला के प्रतीक इस प्रकार एक निश्चित रूप-रेखा के अन्तर्गत नहीं समा सकते हैं यद्यपि अर्थ की दृष्टि से रवीन्द्र के व्यंजनागर्भी प्रतीकों का अर्थ ही इन्होंने ग्रहण किया है जो अद्वैतधर्मी है। यह सभी रहस्यात्मक प्रतीक के अन्तर्गत हैं।

रवीन्द्र के परिचित वस्तु तथा भाव-घटित प्रतीक द्वारा प्रभावित निराला के प्रतीक :

पथ—रवीन्द्र के लिए पथ के सामान्यतः तीन अर्थ हैं :

(क) पथ व्यक्ति के जंगम जीवन का प्रतीक है—

यत आशा पथेर आशा
पथे जेतेइ भालबासा,
पथे चलार नित्य-रस
दिने दिने जीवन उठे मोति।

निराला ने भी पथ-प्रतीक का यही अर्थ ग्रहण किया है :

नयन ज्योति में ज्ञान अकम्पित
चली जा रही नत मुख, विकसित,
जीवन के पथ पर अविचल चित,
छवि अपार सुन्दर।[38]

अथवा— **पथ पर मेरा जीवन भर दो।**[39]

(ख) यहाँ रवीन्द्र के लिए पथ प्रयास का प्रतीक है—

घरेइ तोमार आना गोना पथे
कि आर तोमाय खुंजि।

निराला ने इसे भी ग्रहण किया है—

कब से मैं पथ देख रही, प्रिय;
उर न तुम्हारे देख रही, प्रिय।[40]

(ग) पथ-प्रतीक का तीसरा अर्थ रवीन्द्र के लिए कवि-स़त्व की सचेष्ट जीवन-लीला है—

पथे चले येते येते कोथा
कोनूखाने, तोमार परस आसे
कखन के जाने।

निराला ने भी पथ के द्वारा कवि की जीवन-लीला को प्रकट किया है—

मैं बैठा था पथ पर,
तुम आये चढ़ रथ पर।
हँसे किरण फूट पड़ी,
टूटी जुड़ गयी कड़ी,
भूल गये पहर घड़ी
आयी रति रथ पर।[41]

रथ

रवीन्द्र के लिए रथ जीवन-देवता का आविर्भाव है। परम आनन्द का अनुभव है:

तोमार कि रथ पौंछबे ना मोर दुयारे।

निराला के उपर्युक्त पथ-प्रतीक कविता के चरणों में रथ का यही प्रतीकात्मक अर्थ ग्रहण किया गया है यद्यपि निराला के लिए रथ के और भी प्रतीकात्मक अर्थ हैं जैसे—

जीवन के रथ पर चढ़कर
सदा मृत्यु-पथ पर बढ़कर।

अथवा—

नव काया का माया-रथ।
रोका लख सुन्दर कानन।

चरण-चिह्न

रवीन्द्र के लिए चरण-चिह्न का प्रतीक, सुकुमार सेन के अनुसार, जीवन-देवता का गोपन आविर्भाव है :

हृदये मोर कखन जानि पड़ल
पायेर चिह्नखानि।

निराला का प्रतीक भी इसी भाव का द्योतक हैं—

प्रथम पलक खुलते ही देखा
चरण चिह्न, नूतन पथ रेखा।[42]

घाट तथा बाट

घाट, सुकुमार सेन के अनुसार, रवीन्द्र के लिए संसार की अभिज्ञता का प्रतीक है तथा बाट संसार की कर्मधारा है :

आमारे ये नामते हबे घाटे घाटे।

एवं— **तोरा कोन् रूपेर हाटे चलेछिस भवेर बाटे।**

निराला ने भी बिल्कुल इसी अर्थ को प्रकट करने के लिए इन दोनों प्रतीकों का वर्णन किया है।

रुके नहीं धनि, चरण घाट पर,
देखा मैंने मरण बाट पर,
टूट गये सब आट-बाट, घर,
छूट गया परिवार।[43]

द्वार

सुकुमार सेन के अनुसार रवीन्द्र के लिए द्वार के दो प्रतीकात्मक अर्थ हैं।

(क) रुद्ध द्वार, जो अज्ञानजनित बाधा तथा मूढ़ता प्रकाशित करता है :

ये राते मोर दुयारगुलि भाँगलो झड़े

निराला ने भी 'रुद्ध द्वार' से यही अर्थ ग्रहण किया :

रुद्ध द्वार पर रक्खे थे मैंने कितने ही बार
अपने वे उपहार कृपा के लिए तुम्हारी अनुपम।[44]

अथवा–

वह खुला न द्वार, दिवस बीता,
हो गयी निरर्थ सकल गीता
मैं सोया पथ पर खिन्नमना
मुद गयी दृष्टि ज्योतिःकारा।[45]

(ख) उन्मुक्त द्वार–प्रस्तुति तथा स्वागत का द्योतक है :

तोमार कि रथ पाँछबे ना मोर दुयारे

निराला ने भी यही अर्थ ग्रहण किया है :

प्रात तव द्वार पर,
आया, जननि, नैश अन्ध पथ पार कर।[46]

वसन्त

सुकुमार सेन के अनुसार रवीन्द्र के लिए वसन्त के भी प्रतीकात्मक अर्थ दो हैं।

(क) सामान्य रूप से वसन्त ऋतु :

फागुन ये बान डेकेछे माटिर पाथारे।

निराला के लिए भी 'वसन्त' का एक अर्थ सामान्य वसन्त ऋतु है :

सखि वसन्त आया।
भरा हर्ष वन के मन,
नवोत्कर्ष छाया।

(ख) रवीन्द्र के लिए 'वसन्त' का दूसरा अर्थ है–कवि सत्व की यौवन-स्मृति :

आमार हेथाय फागुन वृथाय
बारे बारे, डाके ये ताय।

निराला के लिए भी 'वसन्त' यौवन का प्रतीक है :

अभी न होगा मेरा अन्त।
अभी अभी ही तो आया है

मेरे वन में मृदुल वसन्त–
अभी न होगा मेरा अन्त।[47]

बाँसुरी और वीणा

सुकुमार सेन कहते हैं कि रवीन्द्र के लिए 'सिम्बल' की दृष्टि से बाँसुरी के दो अर्थ हैं[48]–

(क) संसार में व्यस्त जीवन-देवता की पुकार :

आमार ए तार बाँधा काछेर सुरे,
ऐ बाँशि ये बाजे दूरे।

निराला के बाँसुरी-प्रतीक का एक अर्थ यह भी है :

हृदय में कौन जो छेड़ता बाँसुरी?[49]

(ख) जीवन की दुःख-वेदना के मध्य से उत्पन्न अकारण हर्ष के अनुभव का प्रतीक :

पराणे बाजे बाँशि नयने बहे धारा।

और निराला में भी :

बाँसुरी जो बजी,
लाज कुल की तजी।
यमुना पुलिन अजन,
आँजे नयन, सजन,
तन, बसे फूल, जन
मन देखकर लजी।[50]

वीणा रवीन्द्र के लिए जीवन और भुवन की आनन्द-तन्मयता है :

तोमार वीणा आमार मनोमाझे,
कखनो शुनि कखनो भुलि कखनो शुनि ना ये।

निराला के लिए भी वीणा की झंकार आनन्ददायक है :

नाथ, तुमने गहा हाथ, वीणा बजी
विश्व यह खो गया साथ, द्विविधा लजी।[51]

सुकुमार सेन के अनुसार वेणु तथा वीणा रवीन्द्र-वाणी का सबसे बड़ा 'सिम्बल' है। वेणु के लिए वे वैष्णव-पदावली के ऋणी हैं परन्तु वीणा का रूपक रवीन्द्र का अपना है। निराला इन दोनों प्रतीकों के लिए रवीन्द्र के ऋणी हैं यद्यपि 'वीणा' के स्थान पर उन्होंने कभी-कभी 'सितार' का प्रयोग कर अपनी स्वकीयता का परिचय दिया है :

फिर सँवार सितार लो।
बाँधकर फिर ठाट, अपने
अंक पर झंकार दो।[52]

वह्नि तथा दीप

सुकुमार सेन कहते हैं कि रवीन्द्र के लिए वह्नि दुःखदहन का भस्म-निर्वाण अर्थात् अग्नि-परीक्षा है :

ज्वलते दे तोर आगुन टारे,
भय किछु ना करिस तारे,
छाइ हये से निभबे यखन ज्वलबे ना आर कभु तबे।

निराला ने भी 'वह्नि' को कहीं-कहीं इस प्रतीक-अर्थ में ग्रहण किया है :

मुझे स्नेह क्या मिल सकेगा?
स्तब्ध, दग्ध मेरे मरु का तरु
क्या करुणाकर खिल न सकेगा।[53]

प्रदीप रवीन्द्र के लिए शोक-दहन का मंगल-आलोक है।

आमार सकल दुखेर प्रदीप ज्वेले
दिवस गेले करब निवेदन।

निराला के लिए भी दीप इसी भाव का प्रतीक है :

जीवन-प्रदीप चेतन तुमसे हुआ हमारा,
ज्योतिष्क का उजाला ज्योतिष्क से उतारा।[54]

तरी

रवीन्द्र के लिए जीवन देवता के पास पहुँचने का वाहन है—

एबार भासिये दिते हबे आमार एइ तरी।
तीरे बसे याय ये बेला मरि गो मरि ॥

निराला के लिए भी नौका जगत् के पार पहुँचने का प्रतीक है :

जीवन की तरी खोल दे रे
जग की उत्ताल तरंगों पर।[55]

प्याला

सुकुमार सेन कहते हैं कि रवीन्द्र के अनुसार प्याला जीवन के दुःख-सुख की संकीर्णता तथा संक्षिप्तता को व्यंजित करता है :

मिलनेर पात्रटि पूर्ण ये विच्छेद वेदनाय।

परन्तु इस अर्थ में निराला के प्याला-प्रतीक का व्यवहार नहीं हुआ है। सुकुमार सेन के अनुसार रवीन्द्र ने प्याला का एक और प्रतीक-गर्भित अर्थ लिया है जिसके अनुसार प्याला जन्म-मृत्यु-व्यवच्छिन्न मर्त्य जीवन का प्रतीक है :

आमार पात्रखाना याय यदि याक भेंगे चुरे।

निराला ने केवल इस अर्थ में 'प्याला' को ग्रहण किया है :

मृत्यु-निर्माण प्राण-नश्वर
कौन देता प्याला भर भर?[56]

अथवा—

आज प्याले गरल के धन;
कह रही हो हँस—पियो, प्रिय,
पियो, प्रिय निरुपाय।
मुक्ति हूँ मैं, मृत्यु में
आयी हुई, न डरो।[57]

राखी

रवीन्द्र तथा निराला दोनों के अनुसार राखी जीवन के सम्पूर्ण आनन्द की आशा की प्रतीक है।

रवीन्द्र—**तोमार हातेर राखीखानि बाँधो आमार दखिन—हाते।**
निराला—**उड़ी, तमिस्रा की रक्षा की राखी जो बाँधी।**

शेफालिका

निराला-काव्य में रामरतन भटनागर के अनुसार शेफालिका या शेफाली आत्मा की प्रतीक है। आत्मा के परमात्म-विलास को कवि ने इस सुन्दर रूपक द्वारा स्पष्ट किया है।[58] रवीन्द्र ने भी शेफाली का प्रयोग काव्य में किया है परन्तु उनके लिए शेफाली जैसे सभी फूल, सफलता के प्रतीक हैं :

ताराय ताराय रबे तारि
वाणि कुसुम फुटिबे प्राणो।

निराला के लिए भी फूल सफलता का प्रतीक है और इसीलिए उसका कुम्हलाना उनको अभीष्ट नहीं है :

मेरा फूल न कुम्हला पाये,
जल उलीच कर, मूल सींच कर
लोटे तुम तरु-तरु के सोये।[59]

परम्परागत प्रतीक

रवीन्द्र की वैष्णव-पदावली से गृहीत प्रतीकों का निराला पर प्रभाव :

सुकुमार सेन कहते हैं कि रवीन्द्र-रचना में—विशेषकर गाने में—अन्तर्भावित प्रतीकों में विशिष्टतम है कविसत्व की नायिका-कल्पना। यह कल्पना प्रधानतः वैष्णव कविता की राधा के आधार पर निर्मित है और इसमें कालिदास का प्रभाव भी पाया जाता है। पदावली की राधा और मेघदूत की यक्षकान्ता (एवं यक्ष) समा गयी हैं कवि-चित्त की विरह-भावना में। ढूँढ़ने पर रवीन्द्र में राधा-भाव के सब रसों का इंगित मिल जायेगा।[60] निराला भी रवीन्द्र की तरह इन वैष्णव कवियों की प्रेमभक्ति से प्रभावित हुए थे परन्तु रवीन्द्र की तरह इनकी भी यह विशेषता रही जैसे कि रामरतन भटनागर कहते हैं कि वैष्णव भक्ति-काव्य से इतर नये ही रूपकों का प्रयोग निराला ने किया है। राधा-कृष्ण और गोपियों के रूपक इतने प्रचलित हो गये थे, और दार्शनिकों ने उसकी इतनी व्याख्याएँ कर दी थीं कि जनता इस रहस्य-दर्शन को बड़ी सरलता से समझ लेती थी।[61]

सुकुमार सेन के अनुसार रवीन्द्र की कविता में नवीन प्रतीकों की सहायता से मानिनी के प्रति सखि की उक्ति ही प्रकाशित होती है :

बाजबे बाँशि दूरेर हाओयाय,
चोखेर जले शून्ये चाओयार काटबे प्रहर—
बाजबे बुके विदाय पथेर चरण फेला
दिनयामिनी, हे गरबिनी ॥

निराला में वैष्णव कवियों की यह रोमाण्टिक भावना रोमानी प्रतीकों के माध्यम से प्रतिफलित होती है।

अब नहीं आती पुलिन पर प्रियतमा,
श्याम तृण पर बैठने को, निरुपमा
बह रही है हृदय पर केवल अमा;

क्षणिक मिलन के उपरान्त वेदना की व्याकुलता रवीन्द्र में :

आमार काजेर माझे माझे
कान्नाहासिर दोला तुमि थामते दिले ना ये।
आमाय परश करे
प्राण सुधाय भरे
तुमि याओ ये सरे,
बुझि आमार व्यथार आड़ालेते दांड़िये थाक
ओगो दुख जागानिया

निराला में भी यह वैष्णव भावना प्राप्त होती है :

तुम छोड़ गये द्वार
तब से यह सूना संसार।[62]

सुकुमार सेन कहते हैं कि विरह के उपरान्त मिलन है। रवीन्द्र के कविसत्व की स्वयंवर-कल्पना वैष्णव-पदावली की संकेतकुंज में राधा-अभिसार के साथ तथा रघुवंश की राज-सभा की इन्दुमती स्वयंवर के साथ सम्मिलित हो गयी है। इसको हम स्वयंवराभिसार कह सकते हैं। रवीन्द्रनाथ के काव्य में अभिसार मिलन का प्रतीक है—जीवन-देवता कविसत्व के साथ सम्मिलित होता है। अभिसार-प्रतीक का प्रयोग निराला में सामान्यतः नहीं मिलता है (केवल अनामिका की 'क्षमा-प्रार्थना' कविता में मिलता है और वह भी रवीन्द्र के भावों से अनुप्रेरित होते हुए क्षण-मिलन के उपरान्त वेदना का प्रतीक स्वरूप है—**'यौवन-वन-अभिसार-निशा का यह कैसा अवसान!'**) यद्यपि निराला ने एक स्थान पर इसका स्पष्ट उल्लेख किया है—'तुम्हारी सुधि की अन्तिम साँस लोक-लज्जा की फ़र्दा-फाड़, खेलने चली प्रीति-अभिसार चपल छिपती पलकों की आड़ है।' यह रवीन्द्र के 'आजि झड़ेर राते-तोमार अभिसार' के अनुरूप हैं। परन्तु अभिसार के फलस्वरूप मिलन का समारोह रवीन्द्र की तरह नहीं होते हुए भी निराला रवीन्द्र के भावों के उच्छ्वास को प्रकट कर देता है। जैसे रवीन्द्र :

तोमाय आमाय मिलन हबे आलोय आकाश भरा,
तोमाय आमाय मिलन हबे बले फुल्ल श्यामल धरा।

तथा निराला :

उठी है तरंग
बहा जीवन निस्संग
चला तुमसे मिलन को
खिलने को फिर भर भर।[63]

अथवा—

बाँसुरी जो बजी
लाज कुल की तजी।
यमुना पुलिन अजन
तन, बसे फूल, जन
मन देखकर लजी।[64]

रवीन्द्र के पुराण-कहानी-आश्रित परम्परावादी प्रतीक से प्रभावित निराला के प्रतीक :
पुराण-कहानी-आश्रित परम्परागत प्रतीक 'मिथ' के अन्तर्गत आते हैं। यहाँ 'मिथ' के सम्बन्ध में विवेचन कर लेना उचित होगा कारण निराला ने शिव-रुद्र तथा

देव-असुर जैसे मिथ का प्रयोग प्रतीकात्मक रूप में किया है जो रवीन्द्र तथा बंगाली शक्ति-पूजा का प्रभाव है।

मिथ

मिथ पौराणिक कल्पना-व्यापार को कहते हैं। केदारनाथसिंह का कहना है कि जो काम कला अपने सौन्दर्यमूलक प्रयोगों के द्वारा करती है वही काम 'मिथ' कभी विधियों और संस्कारों द्वारा करता था।[65] इस प्रकार मिथ भी काव्य में कल्पनागत रूप-विन्यास का काम करता है। यहाँ 'मिथ' पर शास्त्रीय आलोचना अपेक्षित नहीं है। केवल इतना ही कहना है कि आधुनिक-साहित्य में 'मिथ' का प्रयोग तीन रूपों में पाया जाता है–

(क) उपमा, रूपक, प्रतीक अथवा बिम्ब के रूप में,

(ख) प्रबन्ध-काव्य, नाटकों एवं उपन्यासों के कथानक के रूप में,

(ग) कुछ अत्याधुनिक अन्ध-विश्वासपरक धारणाओं के रूप में, जिन्हें सुविधा के लिए आधुनिक 'मिथ' कह सकते हैं।

रवीन्द्र ने प्रबन्ध-काव्य तथा नाटकों के कथानक के रूप में एवं प्रतीक के रूप में 'मिथ' का प्रयोग कल्पनागत रूप-विन्यास के लिए किया है। रवीन्द्र के पुराण-कहानी-आश्रित प्रतीक शिव-रुद्र का प्रयोग निराला ने भी किया है। रवीन्द्र के लिए, सुकुमार सेन कहते हैं–शिव सुन्दर रूप के प्रतीक हैं। निराला के लिए भी शिव सुन्दरता का प्रतीक है जो रूखी डाल को हरा-भरा कर देता है :

मधु-व्रत में रत वधू मधुर फल
देगी जग को स्वाद-तोष-दल,
गरलामृत शिव-आसुतोष-बल
विश्व सकल नेगी,
वसन वासन्ती लेगी।[66]

सुकुमार सेन के अनुसार रुद्र, रवीन्द्र के लिए, ताण्डव-उन्मत्तता का प्रतीक है जो अपने क्रोध-दाह से अन्याय पाप को ध्वंस कर भुवन को मार्जित करता है तथा जीवन की भी मार्जना करता है। निराला का रुद्र-प्रतीक भी इसी भाव का सम्प्रेषण करता है :

नाचो हे, रुद्रताल,
आँचो जग ऋजु-अराल
झरे जीव जीर्ण-शीर्ण,
उद्भव हो नव-प्रकीर्ण,
करने को पुनः तीर्ण,
हों गहरे अन्तराल।[67]

रवीन्द्र का दूसरा पौराणिक प्रतीक 'उर्वशी' का भाव निराला में नहीं मिलता है यद्यपि वनबेला में उसका किंचित् संकेत मिल जाता है जो अतल की सुरभिवास सिर पर लेकर उठती है :

मस्तक पर लेकर उठी अतल की अतुल साँस,
ज्यों सिद्धि परम,
भेदकर कर्मजीवन के दुस्तर क्लेश, सुषम
आयी ऊपर,
जैसे पार कर क्षीर सागर
अप्सरा सुघर।[68]

जहाँ तक रवीन्द्र के अन्य पौराणिक कल्पनागत कथानक का सम्बन्ध है वहाँ निराला रवीन्द्र से अधिक प्रभावित नहीं हुए हैं। निराला की 'राम की शक्तिपूजा' में जो प्रचलित 'मिथ' का आधार है वह रवीन्द्र का प्रभाव नहीं है वरन् बंगाल की शक्तिपूजक सम्प्रदाय[69] का प्रभाव है और इसके अतिरिक्त विवेकानन्द का प्रभाव भी है। केदारनाथसिंह कहते हैं कि निराला ने इस 'मिथ' को प्रतीकात्मक रूप देकर मानव-जीवन में जाग्रत रहने वाले सत् और असत् दैवी और आसुरी शक्तियों के 'अपराजेय समर' का बड़ा भव्य चित्र खींचा है। बीच में राम के एक सौ आठ इन्दीवरों में से अन्तिम एक का सहसा अदृश्य हो जाना कल्पना का उत्कृष्ट प्रमाण है।[70]

रवीन्द्र के आध्यात्मिक प्रतीकों द्वारा अनुप्रेरित निराला के प्रतीक :

आध्यात्मिक प्रतीक 'आमि-तुमि-ओ' सुकुमार सेन के अनुसार रवीन्द्र के लिए क्रमशः अन्तर्यामी या कविसत्व, जीवन-देवता तथा विश्वभुवन का प्रतीक है। 'आमि-तुमि' अन्तर्यामी जीवन-देवता का द्वैतरूप है जो अद्वैत का ही दृष्टि-भेद है :

तुमि येन ओइ आकाश उदार,
आमि येन ओई असीम पाथर,
आकुल करेछे माझखाने तार
आनन्द-पूर्णिमा।...
एकटि प्रेमेर—माझारे मिशेछे
सकल प्रेमेर स्मृति,
सकल कालेर सकल कविर गति।

निराला में 'तुम-मैं' के इस आध्यात्मिक प्रतीक का प्रयोग प्राप्त होता है :

तुम नभ हो, मैं नीलिमा[71]

अथवा—

तुम्हारा मैं तुम्हारा तन तुम्हारा ही विपुल धन जन
समझकर भी न समझा मन, मिटाओ मोह-घन गौरव।[72]

रवीन्द्र का 'तुम' अपने आलोक से 'मैं' के अन्धकार को दूर करता है और निराला में भी 'तुम' आकर सन्तप्त 'मैं' को उपहार से खुश करता है। यथा–

रवीन्द्र–

तोमार एइ लोके-लोके प्रदीप ज्वाला;
आमार एइ आँधार टुकु घुचले परे ॥

तथा निराला–

विश्व-पादव-छाया में म्लान–
मन बैठा; व्याकुल थे प्राण;
तिमिर तर, प्रभा दृगों में ज्ञान
उतर आयी, तुम ले उपहार।[73]

निराला के कुछ प्रतीक विवेकानन्द से प्रभावित हैं जैसे अद्वैत ब्रह्म को 'माँ' रूप में सम्बोधित करना। रवीन्द्रनाथ की अध्यात्म-चिन्ता में जीवन-देवता को मातृरूप में सूचित नहीं किया गया है। सुकुमार सेन कहते हैं कि रवीन्द्र में यह सबसे बड़ा 'अ-बंगालीत्व' का परिचय है यद्यपि रवीन्द्र में मातृदेवता का अर्घ्य रचा ही नहीं गया यह सोचना मूढ़ता होगी।[74] परन्तु वहाँ 'माँ' केवल देश-प्रेम के स्वर में जननी को आह्वान करना है–

आय मागो यात्रा करि जगतेर काजे
तुच्छ करि निज दुःख शोक।

निराला में भी यह भावना प्राप्त है–

धन्य कर दे माँ, वन्य प्रसूनः
दिखा जग ज्योतिर्मय, मुख चूम।[75]

परन्तु इन्हें 'प्रतीक' नहीं कह सकते हैं। प्रतीक रूप में निराला ने जहाँ 'माँ' का प्रयोग किया है वह साधारणतया विवेकानन्द के अद्वैत ब्रह्म का प्रतीक है–

एक ही आशा में सब प्राण
बाँध माँ, तन्त्री के से गान।[76]

बिम्ब (चित्र-कल्पना)

कल्पनागत रूप-विन्यास के अन्तर्गत तीसरा सूत्र है 'बिम्ब अथवा चित्र-कल्पना'। आई. ए. रिचर्ड्स ने इसको कल्पना के प्रमुख उपकरणों में से एक माना है।[77] बिम्ब तथा प्रतीक में भेद बताते हुए केदारनाथसिंह ने कहा है कि बिम्ब अपेक्षाकृत अधिक स्वछन्द (arbitrary) और नाना अर्थ-व्यंजक होते हैं जबकि प्रतीक नियत और अचूक रूप से एकार्थ-व्यंजक होते हैं।[78] इसी का स्पष्टीकरण यएट्स (yeats) के शब्दों में हमें प्राप्त हो जाता है। उनका कहना है कि एक बिम्ब जब एक ही कवि अथवा कलाकार

की रचना में बार-बार प्रयुक्त होता है तो उसमें प्रतीक की-सी निश्चितता आ जाती है और उसकी उत्तर-कालीन रचनाओं में वह असंदिग्ध रूप से प्रतीक हो जाता है।

पर प्रश्न है, बिम्ब है क्या?

सिसिल डे लुइस (cecil de lewis) ने इसकी परिभाषा देते हुए लिखा है कि "काव्यगत बिम्ब स्वयं मानव-मन का ही दूसरा नाम है जो प्रत्येक जीवित अथवा मृत वस्तु के साथ अपने सम्बन्ध की घोषणा करता है और इस घोषणा को अच्छी तरह सिद्ध भी करता है।"[79] इस प्रकार कवि की जीवनानुभूति ही बिम्ब को प्रकट करती है जो जीवन तथा प्रकृति से सम्बन्धित है। ऐन्द्रियता मूर्तिविधान की अनिवार्य विशेषता है। पाश्चात्य आलोचकों ने बिम्ब के मुख्यतया तीन गुण माने हैं[80]–

(1) पूर्व स्मृति को जगा देने की शक्ति, (2) नवीनता, (3) तीव्रता।

बिम्ब केवल वस्तु का 'चित्रण' ही नहीं करता वरन् अपनी सत्ता से कवि की किसी विशेष मनोदशा और दृष्टिकोण को भी सूचित करता है।

निराला के बिम्बों के आधार प्रकृति और मुख्यतया प्रकृति का विराटत्व रोमानी भावावेश और वासना का उदात्त प्रवाह तथा आधुनिक जीवन के प्रायः प्रत्यक्ष क्षेत्र हैं। कारण मनुष्य की ऐन्द्रिय चेतना को तृप्त करना तथा उसकी रागतंत्रियों को झंकृत करना बिम्ब का ही कार्य है। इस दृष्टि से निराला में ऐन्द्रियता तथा मूर्तिमत्ता की प्रधानता है। केदारनाथ सिंह कहते हैं कि अकेले निराला ही ऐसे हैं जिनकी कविताओं में अत्याधुनिक सभ्यता तथा संस्कृति के क्षेत्रों से गृहीत बिम्ब भी कभी-कभी मिल जाते हैं। निराला के इस बिम्ब-विधान पर रवीन्द्र का प्रभाव मुख्यतया है। जहाँ विराटत्व का प्रश्न है वहाँ रवीन्द्र के माध्यम से कालिदास का प्रभाव है और कहीं-कहीं अंग्रेजी प्रभाव भी रवीन्द्र तथा अमियकुमार चक्रवर्ती के माध्यम से उनके काव्य में आया है जैसे अत्याधुनिक सभ्यता तथा संस्कृति के क्षेत्रों से गृहीत बिम्ब। जहाँ प्रेम की वासना के उदात्त प्रभाव का वर्णन बिम्ब के माध्यम से किया गया है वहाँ भी चण्डीदास, विद्यापति का प्रभाव है जो रवीन्द्र के माध्यम से उनके काव्य में प्रस्फुटित हो उठा है।

इसके विवेचन के लिए हम बिम्ब के लक्षित तथा उपलक्षित वर्गीकरण को ग्रहण करेंगे।

लक्षित चित्र-योजना

लक्षित चित्र-योजना में वर्णन के द्वारा चित्र प्रस्तुत किया जाता है। शब्द वहाँ पर रेखा और रंग का काम करते हैं। इसके सामान्यतः तीन भेद होते हैं–

(क) सामूहिक-चित्र में साधारणतया भीड़, प्रकृति अथवा शिकार आदि का सामूहिक चित्र प्रस्तुत किया जाता है। इस प्रकार की चित्र-योजना में निराला की मौलिकता की छाप अधिक स्पष्ट है। जैसे 'खुला आसमान' में—

बहुत दिनों बाद खुला आसमान
निकली है धूप हुआ खुश जहान।
दिखीं दिशाएँ, झलके पेड़,
चरने को चले ढोर-गाय-भैंस-भेड़,
खेलने लगे लड़के छेड़-छेड़—
लड़कियाँ घरों को कर भासमान।[81]

रवीन्द्र की कविता में इस प्रकार की सामूहिक लक्षित चित्र-योजना भी प्राप्त हो जाती है जहाँ निराला से कहीं अधिक गम्भीरता परिलक्षित होती है—

तखन एमनि करेइ बाजबे बाँशि एइ नाटे,
काटबे गो दिन येमन आजो दिन काटे।
घाटे घाटे खेयार तरी एमनि सेदिन उठबे भरि,
चरबे गोरु, खेलबे राखाल ओइ माठे।

(ख) लक्षित व्यक्ति चित्र-योजना का सुस्पष्ट चित्र निराला की अन्य लेखकों तथा बुद्ध के प्रति श्रद्धांजलि में प्रगट हुआ है। यद्यपि रवीन्द्र ने भी ऐसी ही श्रद्धांजलियाँ कवि सत्येन्द्रनाथदत्त तथा अरविन्द के प्रति अर्पित कर कविताएँ लिखी हैं तथापि निराला की मौलिकता ही इन चित्रों में प्रकट हुई है।

(ग) जहाँ तक लक्षित प्रकृति-चित्रण का प्रश्न है, निराला रवीन्द्र से बहुत ही प्रभावित हुए हैं। और केवल प्रकृति-चित्रण के माध्यम से वातावरण के निर्माण का कार्य निराला ने बहुत ही सुन्दर तथा सुष्ठु ढंग से किया है। निराला सूर्यास्त का चित्र अंकित करते हुए वातावरण के शान्त तथा विषादमय भाव को भी चित्रित करते हैं—

डूबा रवि अस्ताचल,
सन्ध्या के दृग छल-छल।
स्तब्ध अन्धकार सघन
मन्द गन्ध-भार पवन;
ध्यान लग्न नैश गगन,
मूदे पल नीलोत्पल।[82]

रवीन्द्र भी इस लक्षित चित्र-कल्पना द्वारा सन्ध्या का विषादमय चित्र अंकित करते हैं अपनी एक भावना में—

रवि अस्त याय
अरण्येते अन्धकार, आकाशाते आलो।

सन्ध्या नत-आँखि
धीरे आसे दिवार पश्चाते
बहे कि ना बहे
विदाय विषाद श्रान्त सन्धार बातास।
दुटि हाते हात दिये क्षुधार्त नयने
चेये आछि दुटि आँखि-माझे ॥

इसी प्रकार वर्षा के चित्र में ध्वन्यात्मक शब्दों के प्रयोग के द्वारा दोनों कवियों ने वर्षा के वातावरण की सृष्टि की है। यह निश्चय ही रवीन्द्र का प्रभाव है।

निराला– **झूम झूम मृदु गरज-गरज घनघोर।**
राग-अमर! अम्बर में भर निज रोर।[83]

रवीन्द्र– **गुरु गुरु मेघ घुमरि घुमरि गरजे**
गगने गगने, गरजे गगने।

लक्षित चित्र-योजना के अन्तर्गत रंगों की संयोजना की जाती है जो साधारणतया पाँच प्रकार की होती है–

(1) अनुरूप वर्ण-योजना (matching)।
(2) प्रतिरूप वर्ण-योजना (contrasting)।
(3) अनुरूप तथा प्रतिरूप का सन्तुलित रूप।
(4) एक वर्ण की योजना।
(5) विविध वर्णों का मिश्रण।

निराला के चित्रों में महादेवी के चित्रों के समान रंगों का तरल कोमल मिश्रण या पन्त का जड़ाव-गड़ाव नहीं है। निराला में छाया-प्रकाश के द्वारा गहराई को चित्रित करने का प्रयास अधिक है। प्रायः उनके चित्र रेखाचित्र या सांकेतिक चित्र हैं जिनका आकार कटा-छँटा या रूपरेखा में बँधा हुआ नहीं होता। वे रंगों से या मणियों से जड़कर चित्र प्रस्तुत नहीं करते हैं। प्रेरणा के एक स्पर्श से चित्र उभर आता है। इस प्रकार के चित्र-वर्णन की प्रक्रिया का विवेचन हम उपलक्षित चित्र-योजना के अन्तर्गत करेंगे। निराला ने जहाँ अपने चित्रों में गढ़ने का प्रयत्न किया है वहाँ चित्र-कला के स्थान पर स्थापत्य-कला का रूप प्रकट हुआ है। यहाँ पर आन्तरिक व्यंजना अधिक है, मूर्त आकार कम। अवनीन्द्रनाथ ठाकुर के चित्रों में भी रूप-रेखा स्पष्ट नहीं, आन्तरिक व्यंजना अधिक है।

उपलक्षित चित्र-योजना

जहाँ पर उपमानों और प्रतीकों के माध्यम से चित्र-योजना की जाती है वहाँ उपलक्षित चित्र-योजना होती है। इसके सामान्यतः तीन गुण होते हैं–

(1) विषयानुरूपता, (2) क्लिष्ट कल्पना का अभाव, (3) कल्पना और भाव का सामंजस्य।

निराला की उपलक्षित चित्र-योजना में गतिशीलता (Dynamism) अधिक है, स्थूलता कम। निराला के सन्ध्यावर्णन को इस सम्बन्ध में उदाहरण स्वरूप ले सकते हैं। निराला का सन्ध्या-वर्णन, डॉ. नगेन्द्र के अनुसार, भावना तथा मनन में पन्त से उच्चतर है। यहाँ मानवीकरण अप्रस्तुत योजना के माध्यम से चित्र रूप में पूरा उभर आया है। डॉ. बच्चनसिंह का कहना है कि उपलक्षित चित्र-योजना में चित्रों या बिम्बों को अंकित करने के लिए कवि उन्हीं अप्रस्तुतों को ले आता है जो उसे अधिक अनुकूल वेदनीय प्रतीत होते हैं। इनके अप्रस्तुतों में बुद्धि और हृदय दोनों का सहज योग है।[84] यह सन्ध्या-वर्णन सर्वथा रवीन्द्र के प्रभाव से युक्त है जिसका उदाहरण 'अलंकार' के विवेचन में दिया गया है। प्रतीक की सहायता से मन के भावों को प्रस्तुत करने के लिए भी निराला ने जो चित्र प्रस्तुत किये हैं वे भी रवीन्द्र से प्रभावित हैं। 'प्रेयसी' की कोमलता को कविता में प्रदर्शित करने के लिए, उषा का मधुर वर्णन प्रतीक रूप में प्रस्तुत कर निराला एक ऐसा चित्र प्रस्तुत करते हैं कि स्वतः प्रेयसी का माधुर्य प्रकट हो जाता है–

याद है, उषःकाल
प्रथम–किरण–कम्प प्राची के दृगों में,
प्रथम पुलक फुल्ल चुम्बित वसन्त की
रंजरित लता पर।[85]

इसी प्रकार का चित्र रवीन्द्र ने भी अंकित किया है–

गिरितटे शिलातले
काने काने प्रेम वार्ता कहिबार छले
सुभद्रार लज्जारुण कुसुम-कपोल
चुम्बिछे फाल्गुनि।

यद्यपि रवीन्द्र ने इस चित्र का कालिदास की 'कर्णेलोल : कथयितुमभूदाननस्पर्श लोभात्'[86] आदि पंक्ति से प्रभावित होकर अंकित किया है।

उपलक्षित चित्र-योजना के अन्तर्गत उन प्रतीक चित्रों का वर्णन भी अपेक्षित है जो सम्पूर्ण चित्र को उभारकर पाठक के सम्मुख प्रस्तुत कर देते हैं। इसके सम्बन्ध में हम अभी-अभी ऊपर कह आये हैं कि ये चित्र कवि की प्रेरणा के एक स्पर्श से उभर आते हैं। इनके द्वारा चित्र का चरम-बिन्दु स्वतः उभर आता है। राम की शक्तिपूजा में निराला ने 'जलती एक मशाल' प्रतीक का वर्णन कर सम्पूर्ण चित्र में गाम्भीर्य तथा व्यंजित अर्थ को प्रकट किया है। रवीन्द्र भी 'शाहजहान' में 'नयनेर एक बिन्दु जल' प्रतीक का प्रयोग कर सम्पूर्ण चित्र को, उसके व्यंजित अर्थ को, सफलता के

साथ प्रकट करते हैं। यहाँ उपलक्षित चित्र-योजना के उक्त प्रमुख तीन गुण संयोजित मिलते हैं। भाव और कल्पना का यहाँ पूर्णरूप से सामंजस्य प्राप्त होता है।

निराला के चित्र या बिम्बों में धूमिलता, अस्पष्टता और अनेक प्रकार की विकृतियाँ पायी जाती हैं किन्तु वह निराला के अबन्ध कल्पना के विस्तारित वेग के कारण हुआ है। अत्याधुनिक सभ्यता तथा संस्कृति के क्षेत्रों से गृहीत बिम्बों के अंकन के समय इस प्रकार की धूमिलता अधिक प्रकट हुई है। रामरतन भटनागर इन चित्रों को 'dream fantasy' के अन्तर्गत रखते हैं। उनका कहना है कि कवि ने अपने अर्धचेतन (subconscious ego) को मुक्त चलने दिया है।[87] 'कैलाश में शरत' तथा 'स्फटिक शिला' के चित्र इसी ढंग के हैं। यद्यपि यह प्रभाव जैसा कि रामरतन भटनागर का कहना है यूरोपीय बिम्बवादी स्कूल (इमेजिस्ट स्कूल) का है। रवीन्द्र के स्थान पर नयी पीढ़ी के लेखक अमियकुमार चक्रवर्ती आदि ने बंगला में इसका प्रयोग किया था। हो सकता है कि निराला ने वहीं से प्रेरणा ग्रहण की हो। यद्यपि रवीन्द्र की बहुत-सी कविताओं में आधुनिक समाज के चित्र अंकित किये गये हैं जहाँ कवि की तटस्थता तथा भाव और कल्पना का सामंजस्य सबसे अधिक दर्शनीय वस्तु है वह निराला के इन चित्रों में नहीं है।

कलागत रूप-विन्यास

कलागत रूप-विन्यास के अन्तर्गत तीन-सूत्रों यथा रूपक, प्रतीक और बिम्ब पर विवेचन करते हुए हमने यह देखा कि छायावाद कवियों की तथा मुख्यतया निराला की कविताओं की मूल प्रेरणा रूढ़ि से मुक्ति पाना था। इसके सम्बन्ध में डॉ. हजारीप्रसाद द्विवेदी कहते हैं कि मानवीय दृष्टि के कवि की कल्पना, अनुभूति और चिन्तन के भीतर से निकली हुई वैयक्तिक अनुभूतियों के आवेग की स्वतः-समुच्छित अभिव्यक्ति बिना किसी आभास की और बिना किसी प्रयत्न के स्वयं निकल पड़ा हुआ भावस्रोत ही छायावादी कविता का प्राण है।[88] और इस वैयक्तिक अनुभूति से प्रेरित, जैसेकि हम 'व्यक्तित्व और कृतित्व' अध्याय में कह चुके हैं,[89] छायावादी कवियों ने काव्य के अन्तरंग सौन्दर्य का प्रकाशन किया। और इस प्रकार छायावादी कवि ने आत्माभिव्यक्ति द्वारा सौन्दर्यानुभूति का चित्रण करना काव्य का लक्ष्य समझा है। डॉ. शम्भूनाथसिंह कहते हैं कि सौन्दर्य को भी वे वक्रोक्तिवादियों या अभिव्यंजनावादियों की तरह ही बाह्य और वस्तुगत नहीं, आत्मगत और आन्तरिक मानते थे। वे वस्तु के स्थूल शारीरिक सौन्दर्य से अधिक उसके सूक्ष्म परोक्ष सौन्दर्य को महत्त्व देते थे।[90] इस सूक्ष्म परोक्ष सौन्दर्य को महत्त्व देने के कारण जिस प्रकार उन्होंने अपने काव्य को कल्पनागत रूप-विन्यास द्वारा सँजोया उसी प्रकार कलागत रूप-विन्यास में भी उनकी कल्पनामयी सौन्दर्य-भावना ही कार्य करती रही। इस कारण

ही वे परम्परागत कला-विन्यास से बिछुड़ गये। परम्परागत अलंकार, पद-विन्यास, छन्द, काव्य-रूप सभी से मुक्ति पाना ही उनको काम्य रहा और इसके पीछे उनकी नवीन सौन्दर्यानुभूति कार्य करती रही।

अलंकार

नामवरसिंह कहते हैं कि रीतिकाल और छायावाद की कविता के रूप-विन्यास का अन्तर अलंकारों की बहुलता और न्यूनता का नहीं, बल्कि उन अलंकारों के पीछे काम करने वाली रुचि अथवा सौन्दर्य-भावना का है। एक के पीछे मध्य-युगीन रुचि है तो दूसरे के पीछे आधुनिक रुचि।[91] इस आधुनिक रुचि का प्रसार निराला के काव्य में मुख्यतया रवीन्द्र के माध्यम से हुआ। आधुनिक रुचि के प्रभावस्वरूप निराला में चार प्रकार की अलंकार-योजना की बहुलता दिखलाई पड़ती है—पहला, उपमा—जिसमें आकार-साम्य से अधिक प्रभाव-साम्य पर बल दिया गया। प्रभाव-साम्य की विशेषता बतलाते हुए शुक्लजी कहते हैं कि सिद्ध कवियों की दृष्टि ऐसे ही अप्रस्तुतों की ओर जाती है जो प्रस्तुत के समान ही सौन्दर्य, दीप्ति, कांति, कोमलता, प्रचण्डता, भीषणता, उग्रता, उदासी, अवसाद, खिन्नता इत्यादि की भावना जगाते हैं।[92] प्रभाव-साम्य के अन्तर्गत निराला ने मनुष्य तथा प्रकृति के बीच सम्बन्ध स्थापित करने का कार्य इन्हें उपमेय तथा उपमान मानकर किया। लघु तथा विराट् उपमाओं की योजना भी की। दूसरा, मानवीकरण; तीसरा, विशेषण विपर्यय तथा चौथा, ध्वन्यर्थ व्यंजना। इन सब पर रवीन्द्र का प्रभाव बहुत ही स्पष्ट परिलक्षित होता है जिसका वर्णन अब हम प्रस्तुत करते हैं।

उपमा

उपमाओं की योजना से कवि की कल्पना-शक्ति का पता चलता है। इसी कारण आई. ए. रिचर्ड्स ने अलंकारों को कल्पना के उपादानों में से एक माना है। उनका कहना है कि अलंकृत भाषा के प्रयोग में भी कल्पना ही कार्य करती है। रूपक, उपमा, उत्प्रेक्षा आदि अलंकारों का निर्माण इसी के अन्तर्गत आता है।[93] निराला ने उपमा के अन्तर्गत प्रभाव-साम्य पर विशेष रूप से ध्यान केन्द्रित किया है। यथा—बादल के आगमन की ध्वनि का प्रभाव प्रस्तुत करने के लिए रथ के पहियों की घर्घर-ध्वनि का उपमान प्रस्तुत किया गया है—

तुम आये
रथ का घर्घर—नाद
तुम्हारे आने का संवाद
ऐ त्रिलोक-जित्! इन्द्र—धनुर्धर![94]

रवीन्द्र ने भी काल-वैशाखी बादल के लिए यही उपमान प्रस्तुत किया था—

रथ चक्र घर्घरिया एसेछ विजयी राज-सम
गर्वित निर्भय—
वज्रमन्त्रे की घोषिल बुझिलाम ना—इ बुझिलाम,
जय तब जय।

'तुलसीदास' में निराला ने रत्नावली को 'गान' की उपमा देकर एक ऐसा रूपक प्रस्तुत किया है जो तुलसीदास को और भी शोकातुर बना देता है—

वह आज हो गयी दूर तान
इसलिए मधुर वह और गान।[95]

यह रवीन्द्र का प्रभाव है। रवीन्द्र ने भी प्रिय की स्मृति को प्रदर्शित करने के लिए गान की उपमा प्रस्तुत की है—

से एल ना, एल तार मधुर मिलन;
वसन्तरे गान हये एल तार स्वर।

इस प्रकार के प्रभाव-साम्य द्वारा सम्पूर्ण निराला-काव्य आवृत्त है और मुख्यतया रवीन्द्र-काव्य से ये उपमाएँ प्रभावित हैं। कहीं-कहीं अंग्रेज़ी प्रभाव भी परिलक्षित होता है। यथा—

वह आज हो गयी दूर तान
इसलिए मधुर वह और गान।[96]

कीट्स के 'ग्रेशीयन अर्न' में भी यही भाव व्यक्त हैं—

Heard melodies are sweet
Those unheard are sweeter.

अन्तर्दृष्टि-दायिनी कल्पना-शक्ति के कारण निराला ने आभ्यन्तर प्रभाव-साम्य पर जोर दिया है। रवीन्द्र भी अन्तर्दृष्टि के द्वारा दो भिन्न प्रतीत होने वाली वस्तुओं में निहित आभ्यन्तर साम्य का पता लगा लेते हैं। इस अन्तर्दृष्टि के द्वारा निराला तथा रवीन्द्र दोनों ने ही विराट् औपम्य-योजना के द्वारा मनुष्य-मनुष्य के बीच तथा मनुष्य और प्रकृति के बीच सम्बन्ध स्थापित किया है। दोनों कवियों ने मनुष्यजात वस्तुओं के लिए विराट् उपमेय का दृष्टान्त प्रस्तुत किया है—

निराला—

गगन वीणा बजी
किरण के तार पर
रागिनी जो सजी[97]

रवीन्द्र–

आकाश वीनार तारे तारे
जागे तोमार आगमनी।

इसी प्रकार अमूर्त को प्रकट करने के लिए मूर्त उपमाओं का विधान, निराला में रवीन्द्र के प्रभाव-स्वरूप मिलता है। प्रातःकाल का उदय किसी नारी के वीणा बजाने के समान है–

वीणा बजी;
विश्व यह हो गया साथ, द्विविधा लजी।
खुल गये डाल के फूल, रंग गये मुख
विहग के, धूल मग की हुई विमल सुख;[98]

रवीन्द्र की कविता में प्रभात वीणा को बजाकर संसार को जगाता है–

अमनि प्रभात तार वीणा हाते बाहिरिया आसे,
शून्य भरे गाने,
ऐश्वर्य छड़ाये देय मुक्तहस्ते आकाशे आकाशे,
क्लान्ति नाहि जाने।

मानवीकरण

गिरीशचन्द्र तिवारी कहते हैं कि मानवीकरण की प्रवृत्ति हिन्दी-साहित्य में प्राचीनकाल से चली आ रही है। फिर भी इस अलंकार में उतनी कुशलता नहीं आ पायी थी जितनी छायावादी युग में आ सकी। इसका एकमात्र कारण पाश्चात्य प्रभाव है[99] परन्तु यह प्रभाव केवल पाश्चात्य प्रभाव नहीं वरन् निराला पर इसका मूलगत प्रभाव रवीन्द्र का है। उपर्युक्त 'प्रभात' का मानवीकरण स्पष्टतया रवीन्द्र का प्रभाव है। इसके और भी दृष्टान्त निम्नलिखित हैं–

निराला–

दिवसावसान का समय
मेघमय आसमान से उतर रही है
वह सन्ध्या–सुन्दरी परी-सी
धीरे-धीरे-धीरे,[100]

रवीन्द्र–

नामे सन्ध्यातन्द्रालसा सोनार आँचल खसा
हाते दीपशिखा।

निराला–

गुँथा हुआ उन घुँघराले काले-काले बालों से
हृदय–राज्य की रानी का वह करता है अभिषेक।

रवीन्द्र–

अयि सन्ध्ये,
अनन्त आकाशतले बसि एकाकिनी,
केश एलाइया

निराला–

सुलाती उन्हें अंक पर अपने,
दिखलाती फिर विस्मृति के वह कितने मीठे सपने।
अर्द्धरात्रि की निश्चता में हो जाती वह लीन,

रवीन्द्र–

अयि सन्ध्या, स्नेहमय तीर स्वप्नमय कोले
ताइ आमि आसि निति निति,
स्नेहेर आँचल दिये प्राण मोर दिस् ढेके,
एने दिस् अतीतेर स्मृति।

सन्ध्या के 'दीप-शिखा' ले उतरने का वर्णन निराला ने 'आग्रह' कविता में बिल्कुल उसी प्रकार किया है–

उतर रही है लिए हाथ में प्यारा तारा-दीप।[101]

यामिनी के केशों का वर्णन भी निराला ने बहुत-से स्थानों पर किया है–

खुले केश अशेष शोभा भर रहे।[102]

इसी प्रकार तरंगों के मानवीकरण की पद्धति निराला ने रवीन्द्र से ग्रहण की है जो अपनी उदात्त रागिनी छेड़ रही है–

निराला–

किस अनन्त का नीला अंचल हिला-हिलाकर
आती हो तुम सजी मँडला कर?
एक रागिनी में अपना स्वर मिला-मिलाकर
गाती हो ये कैसे गीत उदार?[103]

रवीन्द्र–

चलेछो ये निरुद्देश सेइ चला तोमार रागिणी,
शब्दहीन सूर।
अन्तहीन दूर।

इस प्रकार मानवीकरण के उदाहरण निराला में बहुलता से प्राप्त हो जाते हैं और इन पर रवीन्द्र का प्रभाव स्पष्टतः दिखाई पड़ जाता है।

विशेषण विपर्यय

इसमें विशेष्य के गुण का विशेषण पर आरोप होता है। इसमें एक ऐसे विशेषण की सहायता ली जाती है, जिसमें विशेष्य प्रायः अरूप रहता है। उसमें एक ऐसा विशेषण लगा दिया जाता है कि एक अरूप चित्र सहसा पाठक के सामने आ जाता है–

धरा के खिन्न दिवस के दाह!
बिदाई के अनिमेष नयन!

विशेषण विपर्यय से काव्य में कलात्मक बोध तथा चित्रांकन शैली द्वारा बातों को ग्रहण कराने में बड़ी सहायता मिलती है। यह अलंकार निराला में बहुलता से नहीं मिलता, क्योंकि ये नाद-व्यंजना के कवि हैं। तो भी कुछ उदाहरण प्राप्त अवश्य हो जाते हैं–

किस विनोद की तृषित-गोद में,
आज पोंछती वे दृग नीर।

अथवा–

शिथिल सेज निद्रित जीवन।

अथवा–

चल चरणों से व्याकुल पनघट
कहाँ आज वह वृन्दाधाम।

डॉ. विश्वम्भरनाथ उपाध्याय कहते हैं कि उक्त नूतन प्रयोग कवि ने रवीन्द्र की कविताओं से प्रेरणा लेकर किये हैं।[104] एक उदाहरण प्रस्तुत है–

निराला–

वह निशीथ की नग्न वेदना

रवीन्द्र–

फेलिछे विरह छाया श्रावण तिमिर।

ध्वन्यर्थ व्यंजना

नाद-व्यंजना विशेषतः समास-शैली वाले कवियों के काव्यों में मिलती है। 'मेरे गीत और कला' निबन्ध में निराला जी ने संस्कृत के 'शण वल' और हिन्दी के 'स म ब ल' संगीत की जो रोचक व्याख्या की है, वह ध्वन्यर्थ व्यंजना वाली प्रवृत्ति की सूचक है। उनके लिए 'वर्ण-चमत्कार' इसी में था कि 'एक एक शब्द बँधा ध्वनिमय साकार' रहे। गिरीशचन्द्र तिवारी इस सम्बन्ध में कहते हैं कि इससे काव्य में संगीतात्मकता की वृद्धि होती है तथा एक प्रकार के माधुर्य का अनुभव होता है। इससे चित्रमयता, नादव्यंजकता एवं भाव-व्यंजकता की वृद्धि होती है। यह अलंकार रीतिकालीन

परम्परा के काव्यों में भी प्राप्त होता है। इससे काव्य में छिपी चित्र-भाषा स्पष्ट होती जाती है।[105] नामवरसिंह छायावादी कवियों की इस कला के विषय में लिखते हैं कि शब्द-रचना सम्बन्धी संगीत का जहाँ तक प्रश्न है छायावादी कवियों ने अलग-अलग एक-एक शब्द के संगीत पर ध्यान रखने के साथ ही सम्पूर्ण शब्द-संगति अथवा शब्द-गुम्फन के संगीत पर भी ध्यान रखा। शब्द-संगति बैठाने में इन कवियों ने स्वर अथवा व्यंजन सम्बन्धी अनुप्रास का सहारा लिया है। निराला में यह प्रवृत्ति अधिक प्रबल दिखाई पड़ती है; जैसे–

दिवसावसान का समय
मेघमय आसमान से उतर रही है
वह सन्ध्या-सुन्दरी परी-सी
धीरे-धीरे-धीरे।

यहाँ 'दिवसावसान-आसमान', 'समय मेघमय' तथा 'सुन्दरी परी-सी धीरे' में स्वर और व्यंजन सम्बन्धी अनुप्रास की छटा देखने योग्य है।[106] कहना न होगा कि यह प्रभाव सम्पूर्ण बंगला-काव्य का निराला पर है। रवीन्द्र ने इस प्रकार के ध्वन्यार्थ-व्यंजना की अपूर्व संयोजना अपने काव्य में की है–

नामे सन्ध्या तन्द्रालसा, सोनार-आँचल-खसा,
हाते दीपशिखा।

अथवा–

दीपशिखासम काँपे भीत भालोवासा।

ध्वन्यात्मक व्यंजना रवीन्द्र-काव्य की एक विशेष निधि है। इस अलंकार के प्रयोग में कवि ने संस्कृत शब्द का अत्यधिक सहारा लिया है और निराला ने भी बिल्कुल यही किया है–

रवीन्द्र–

शिला राशि राशि पड़िछे खसे।

निराला–

जल राशि-राशि जल पर चढ़ता खाता पछाड़।[107]

अथवा–

रवीन्द्र–

अरुणमयी तरुण उषा जागाये दिल गान।

निराला–

तरुण-अरुण-यौवन-प्रभात-विज्ञान।[108]

अथवा–

रवीन्द्र–

कंकण झंकार नूपुर बाजे।

निराला–

कण-कण कर कंकण, प्रिय
किण-किण रव किंकिणी।[109]

अथवा–

रवीन्द्र–

गुरु गुरु मेघ गुमरि गरजे गगने गगने, गरजे गगने।

निराला–

झूम झूम मृदु गरज-गरज घनघोर।[110]

अथवा–

रवीन्द्र–

रथेर घर्घरमन्द्रे।

निराला–

रथ का घर्घर नाद।[111]

अथवा–

रवीन्द्र–

आज वारि झरे झर झर भरा बादरे।

निराला–

झर झर झर झर धारा झर।[112]

निष्कर्षतः निराला के अलंकारों पर बंगला-काव्य का प्रभाव काफ़ी है जो रवीन्द्र-काव्य के माध्यम से उनके काव्य में सम्प्रेषित हुआ है। यद्यपि निराला ने इन प्रभावों को, जैसा कि उपर्युक्त दृष्टान्तों से पता लग सकता है, आत्मसात् कर अपना बना लिया है।

पद-विन्यास

पद-विन्यास के अन्तर्गत भाषा और शैली के प्रश्न पर विवेचन करेंगे। निराला के पद-विन्यास पर भी रवीन्द्र का प्रभाव विस्तारित है। काव्य-सृष्टि के दो उपादान हैं, कवि का मन तथा काव्य की भाषा। भाषा में हम शब्द-विन्यास पर विचार करते हैं। शब्द-समूह रूप-विन्यास का मूल धन है। मन के भावों को भाषा के माध्यम से प्रकट करना ही काव्य का धर्म है। जिसको प्रकट करना है वह लेखक की अपनी सृष्टि है इसीलिए उसकी भाषा भी लेखक को अपने आप ही प्रस्तुत करनी पड़ती है, शब्द-योजना तथा शब्दार्थ-व्यंजना से उस भाव को वही रूप देना पड़ता है। भाव

जिस प्रकार अभिनव और मौलिक होता है, शब्द-विन्यास तथा वाक्-पद्धति को भी वही अभिनव रूप देना आवश्यक है। भाषा की शक्ति उसकी प्रकाश-क्षमता है और युग के भावों की अग्रगति के साथ ही कदम बढ़ाकर भाषा यदि चल न पाये तो कवि-मानस की सृष्टि में बाधा आ जाती है। द्विवेदी-युग के इतिवृत्तात्मक काव्य के लिए भाषा का जो रूप प्रयुक्त हो रहा था, उसमें वह शक्ति न थी जो छायावादी नूतन सूक्ष्म भावनाओं के भार को वहन कर सके। अतः जैसे डॉ. विश्वम्भरनाथ कहते हैं कि छायावादी कवियों को भाषा का बहुत कुछ रूप गढ़ना पड़ा, बंगला की पद्धति पर एक ओर कोमलकान्त पदावली का सन्निवेश हुआ और दूसरी ओर अंग्रेज़ी के अनुकरण पर लक्षणात्मक प्रयोगों का प्रचलन हुआ।[113] डॉ. श्रीकृष्णलाल ने इस सम्बन्ध में कहा है कि स्वच्छन्दतावादी आन्दोलन के द्वितीय चरण में काव्य-भाषा का आदर्श बिल्कुल बदल गया और एक समृद्ध भाषा-शैली का विकास होने लगा, जिसमें संस्कृत-तत्सम तथा ध्वनि-व्यंजक शब्दों का प्राधान्य था। वह चमत्कारपूर्ण और आलोकमय विशेषणों तथा चित्र-मय और ध्वन्यात्मक शब्दों का युग था।[114] परन्तु इसका अर्थ यह नहीं कि द्विवेदी-युग में संस्कृत-तत्सम तथा ध्वनि-व्यंजक शब्दों का प्रयोग ही नहीं हुआ। परन्तु द्विवेदी-युग में इस प्रकार के शब्दों का प्रयोग करके भी उस युग के साहित्यकार भाव को प्रेषणीय नहीं बना सके कारण वे यह नहीं समझ सके थे कि कविता की भाषा में भावात्मकता की ही प्रधानता रहती है। आई. ए. रिचर्ड्स ने अपनी पुस्तक में यही बात कही है।[115] भाषा शब्दों की संख्या से धनी नहीं होती, धनी होती है, उनकी भाव-व्यंजकता से। निराला ने भाषा के सम्बन्ध में कहा है—

"भाषा बहुभावात्मिका रचना की इच्छामात्र से बदलने वाली देह है। रचना युद्ध-कौशल है, भाषा तदनुरूप अस्त्र। इस अस्त्र का पारंगत वीर साहित्यिक ही यथासमय समुचित प्रयोग कर सकता है। जाति को भाषा के भीतर से भी देख सकते हैं। बाहरी दृष्टि से देखने की अपेक्षा साहित्य के भीतर से देखने का महत्त्व अधिक होगा।"[116] निराला ने और एक स्थान पर भाषा के सम्बन्ध में विचार करते हुए लिखा है, "प्रकृति की स्वाभाविक चाल से भाषा जिस तरफ़ भी जाय—शक्ति-सामर्थ्य और मुक्ति की तरफ़ या सुखानुशयता, मृदुलता और छन्दलालित्य की तरफ़। यदि उसके साथ जातीय जीवन का भी सम्बन्ध है तो यह निश्चित रूप से कहा जायेगा कि प्राण-शक्ति उस भाषा में है।" पन्त ने इसी को दूसरे शब्दों में रागतत्त्व कहा है जो भाषा का और मुख्यतः कविता की भाषा का प्राण है।[117]

भाषा के भावात्मक प्रयोग के लिए छायावादी कविगण और उनमें मुख्यतया निराला ने बंगला के महाकवियों से प्रेरणा ली। संस्कृत के तत्सम शब्दों का प्रयोग द्विवेदी-युग में आरम्भ हो जाने से भी छायावादी कवियों ने इस विशेषता को बंगाली

कवियों से ग्रहण किया है कारण बंगला-कवियों में उन्होंने भावात्मक भाषा के रूप का अंकन देखा था। इस सम्बन्ध में नामवरसिंह कहते हैं कि हिन्दी की अपनी परम्परा के असंख्य लोक-प्रचलित तथा साहित्यरूढ़ शब्दों के स्थान पर संस्कृत-शब्दों को पुनर्जीवित करने का प्रयत्न किया गया। इस दिशा में बंगला हिन्दी की अग्रणी है। माइकेल मधुसूदनदत्त और रवीन्द्रनाथ ने बंगला भाषा को संस्कृत के तत्सम शब्दों की सहायता से एकदम नया रूप दिया है। हिन्दी में इस तरह का प्रयत्न आचार्य महावीर प्रसाद द्विवेदी, अयोध्यासिंह उपाध्याय आदि ने भी किया परन्तु छायावादी कवियों ने अपने आचार्यों की अपेक्षा बंगला के महाकवियों से प्रेरणा ली।[118] तात्पर्य यह कि छायावादी कवियों ने संस्कृत के तत्सम शब्दों को सीधे संस्कृत कोशों अथवा काव्यों से न लेकर बंगला के माध्यम से लिया और इसका कारण था। रवीन्द्र ने कालिदास जैसे कवि के शब्द-संस्कार से तत्सम शब्दों को लेकर भी नवीन भावों को ऐसे प्रवाह में सँजो दिया कि वे नयी अर्थवत्ता से भर उठे। रवीन्द्रनाथ ने निर्जीव से लगने वाले संस्कृत शब्दों में भावों की नवीन संजीवनी डालकर उन्हें सजीव कर दिया। इसीलिए इन पुनर्जीवित शब्दों ने छायावादी कवियों का ध्यान विशेष आकृष्ट दिया।

निराला ने शब्द-रचना व पद-मैत्री की दृष्टि से क्रान्ति की है यद्यपि प्रभाव अधिकतर रवीन्द्र का है। डॉ. सुधाकर चट्टोपाध्याय के अनुसार निराला की काव्य-भाषा का माध्यम मोटे तौर पर रवीन्द्रनाथ की भाषा है, उनके काव्य-ग्रन्थ की भूमिका में इसका आभास प्राप्त होता है[119]—निराला की पहली कविता 'जुही की कली' के पदों में बंगला-कविता की पदावली का अनुगुंजन स्पष्ट सुनाई पड़ता है; विशेषतः उसके आरम्भ में—

विजन-वन-वल्लरी पर
सोती थी सुहागभरी
स्नेह स्वप्न मग्न-अमल-कोमल तनु तरुणी
जुही की कली,
दृग बन्द किए, शिथिल, पत्रांक में।

नामवरसिंह कहते हैं कि यहाँ 'विजन-वन-वल्लरी', 'स्नेह-स्वप्न-मग्न', 'अमल-कोमल-तन' अथवा अगले चरणों में 'कुंज-लता-पुंज' और 'उपवन-सर-सरित गहन गिरि कानन' जैसे पदोच्चय रवीन्द्रनाथ की कविताओं के पदों की गूँज से भरे हैं। ये पद-समूह एकत्र ही रवीन्द्रनाथ की किसी कविता में भले ही न मिलें और निराला जी ने जान-बूझकर एक ही जगह से उन्हें भले ही न उठा लिया हो, परन्तु इसमें कोई सन्देह नहीं कि ऐसी पद-रचना का प्रेरणा-स्रोत वही है; यहाँ तक कि इनका उच्चारण भी थोड़ा-सा बंगला की मुख-सुख-परम्परा की अपेक्षा रखता है।

निराला की 'सम्राट एडवर्ड अष्टम के प्रति' कविता को रवीन्द्रनाथ की 'शाहजहाँ' कविता के साथ पढ़ने से दोनों के ध्वनि-साम्य का पता चलेगा।

निराला–

सम्राट् ! दिखाया
सत्य कौनसा वह सुन्दर।
जो प्रिया, प्रिया बह
रही सदा ही अनामिका

रवीन्द्र–

हे सम्राट् कवि
एइ तब हृदयेर छबि
एइ तब नव मेघदूत
अपूर्व अद्भुत
छन्दे गाने
उठियाछे अलक्ष्येर पाने
येथा तब विरहिणी प्रिया
रयेछे मिशिया

इस प्रकार एक ओर–

वीक्ष्ण अराल, बज रहे जहाँ जीवन
के स्वर भर छन्द ताल मौन में मन्द्र।

तो दूसरी ओर है–

हीरा मुक्ता माणिक्येर घटा
जेनो शून्य दिगन्तेर इन्द्रजाल इन्द्रधनुच्छटा।

संस्कृत शब्दों का प्रयोग, निराला ने विराटत्व के प्रदर्शन के लिए, माइकेल तथा रवीन्द्र के प्रभावस्वरूप किया है। और इस प्रक्रिया में वे बंगला कविताओं की भाँति क्रियापद का लोप कर बैठे हैं परन्तु उससे ओज बढ़ गया है।

निराला ने बहुत ध्वन्यर्थ व्यंजक शब्दों का भी अपनी काव्य-भाषा में प्रयोग किया जैसे–उत्ताल तरंग, अट्टहास, लोल-हिलोर, झूम-झूम, गरज-गरज, घनघोर निर्झरपात, घर्घरनाद, कलकल, छलछल, झरझरझर निर्झर, खलखल, धकधक, थरथर, लकलक आदि। यह सब बंगला-भाषा के प्रभाव-स्वरूप निराला ने अपनाया है जिसके उदाहरण 'ध्वन्यर्थ व्यंजना' के विवरण में हम दे चुके हैं। डॉ. विश्वम्भरनाथ उपाध्याय कहते हैं कि मौलिकता की दृष्टि से 'निराला' ने बंगला से संगीत व शब्द-विधान लिया है किन्तु यह प्रेरणा मात्र है उन्होंने हिन्दी में जो संगीत व शब्द-साधना की है, वह उनकी अपनी है, आज तक कोई कवि उनका अनुकरण नहीं कर सका।[120]

निराला एक ही शब्द को दो-दो बार एक ही वाक्य में प्रयुक्त करते हैं। जैसे तृण-तृण, गहन-गहन, रणन-रणन, पादप-पादप, रेणु-रेणु, किण-किण, पुंज-पुंज। गिरीशचन्द्र तिवारी इसको रवीन्द्र का प्रभाव कहते है[121]—

छन्दे छन्दे नाचि उठे सिंधु माझे तरंगेर-दल

अथवा—

बाजितेछे रागिनि तोमार तृणे तृणे पल्लवे पल्लवे।

इसके अतिरिक्त निराला ने बंगला और उर्दू शब्दों का भी व्यवहार किया है जिसके सम्बन्ध में डॉ. शम्भूनाथसिंह कहते हैं कि पन्त तथा निराला ने बंगला के 'सकाल' का व्यवहार कई जगह किया है।[122] काँदना, सिहरना, छलछल अश्रु-पात आदि शब्द भी बंगला से ग्रहण किये गये हैं। उर्दू तथा फ़ारसी शब्दों का व्यवहार एक ओर तो निराला की मौलिक विशेषता है और दूसरी ओर बंगला कवि नज़रुल इस्लाम का प्रभाव है।

निराला ने अंग्रेजी शब्दों का भी प्रयोग परवर्तीकाल में ज्यों का त्यों कर दिया है। गिरीशचन्द्र तिवारी कहते हैं कि इसका मुख्य कारण कवि के मन की क्षुब्ध दशा है, जिससे एक व्यंग्य की भावना निकलती है। इस सम्बन्ध में प्रभाकर माचवे का कहना है कि बंगला के उदाहरणों से निराला के व्यंग्य-काव्य की समानता है। वस्तुतः अमियचक्रवर्ती के प्रभाव-स्वरूप ही निराला की कविता में इस प्रकार के व्यंग्य की अभिव्यक्ति हुई है।[123] डॉ. सुधाकर चट्टोपाध्याय निराला की कविता में प्रयुक्त यथार्थ दुनियावी शब्दों के प्रयोग को रवीन्द्र की 'शेष रागिणीर प्रथम धूया' का प्रभाव बतलाते हैं।[124] इसको स्पष्ट करते हुए वे कहते हैं कि निराला में समास-गुम्फित तत्सम शब्दों का पुष्प-प्राचुर्य रवीन्द्र के यौवन बसन्त काल के प्रभाव-स्वरूप लक्षित होता है; और फिर शेष काल में, कविगुरु का वार्द्धक्य—शीत-जर्जर आवेगविहीनता ने प्रभाव विस्तारित किया है निराला की गद्य-कविता में। वहाँ निराला की काव्यलता से तत्सम शब्द तथा प्राणवेग-चंचल भाषा के रंगीन माधुर्य झरकर गिर पड़े हैं।[125]

शैली

भाव जितना अभिनव और मौलिक होगा, शब्द-विन्यास तथा वाक्पद्धति का भी उसी प्रकार अभिनव होना आवश्यक है। और फिर जिसको भाषा के माध्यम से प्रकट करना है वह कोई चिन्तावस्तु नहीं—केवल एक भाव है और इस भाव या भावावस्था को एक मन से दूसरे मन में संक्रमित करना ही काव्य-सृष्टि है। इस प्रकार भाव को भी सुस्पष्ट, सुनिर्दिष्ट अर्थवाचक शब्द में हम बाँध नहीं सकते, नहीं तो वह भाव न रहकर एक अर्थ-समन्वित तत्त्व का रूप ग्रहण करेगा—किसी एक चिन्ता का आकार धारण करेगा। प्रत्येक तत्त्व ही एक निर्विशेष साधारण कुछ प्रकट करता है किन्तु

भाव ठीक उसके विपरीत है, विशेषत्व (particularity) ही उसका सर्वस्व है। अतएव वाक्य के किसी निर्दिष्ट अर्थबन्धन को शिथिल करके किसी एक अतिशय विशिष्ट भाव का भाषा-रूप निर्माण करना ही काव्य की समस्या है। यही शैली की समस्या है। काव्य की शैली किस प्रकार होगी वह लेखक की आन्तरिक अनुभूति ही निर्णय कर लेती है, एवं जब भाषा में लेखक की वह अनुभूति हमारे सम्मुख उद्‌भासित हो उठती है, तब हम समझ पाते हैं–इस रचना की यही यथार्थ भाषा है, यथार्थ-वाणी रूप है। काव्य-भाषा की उत्कृष्टता उसकी शैली में दिखाई पड़ती है। भाषा-शैली का तत्सम, तद्‌भव, देशज या विदेशी शब्दों के ग्रहण या त्याग से उतना सम्बन्ध नहीं है जितना वाक्य-विन्यास के ढंग और कथन की भंगिमा से है। इस दृष्टि से निराला की कविता में निम्नलिखित शैलियाँ दिखाई पड़ती हैं–

1. दीर्घ-समास-प्रधान शैली।
2. सरल शैली–कोमलकान्त पदावली।
3. सांकेतिक शैली।
4. अलंकृत शैली।

निराला की दीर्घ-समास प्रधान-शैली बंगला की समास-गुम्फित शैली से प्रभावित है, जैसा कि आचार्य रामचन्द्र शुक्ल कहते हैं कि निराला जी पर बंग-भाषा की काव्य-शैली का प्रभाव समास में गुम्फित पद-वल्लरी, क्रियापद के लोप आदि में स्पष्ट झलकती है।[126] जैसे–

निशा-प्रिय-उर-शयन

अथवा–

हर्ष-अलि हर स्पर्श-शर

अथवा–

नयनों का नयनों से गोपन प्रिय सम्भाषण।

अथवा निराला की 'जननि, जनक-जननि-जननि' सर्वदा रवीन्द्र की 'जनक-जननी-जननी' की याद दिला देती है।

इसके अतिरिक्त निराला ने कहीं-कहीं पदावली की सघनता को अपने अर्थ-सौरस्य का साधन बनाया है। डॉ. उपाध्याय कहते हैं कि निराला की इस पद्धति पर संस्कृत व बंगला का अप्रतिम प्रभाव पड़ा है।

निराला के काव्य में कोमलकान्त पदावली का विधान बंगला की पद्धति पर हुआ है। यहाँ निराला ने कोमल तथा सरल शब्दों का प्रयोग कर बंगला-भाषा की मिष्टता तथा कोमलता का चयन किया है–

पलकों का नव पलकों पर प्रथमोत्थान-पतन,–
काँपते हुए किसलय,–झरते पराग-समुदय,–
गाते खग नव-जीवन–परिचय-तरु मलय-वलय–

जहाँ तक सांकेतिक तथा अलंकृत शैली का प्रश्न है वहाँ भी उन्होंने बंगला-कवियों से तथा मुख्यतया रवीन्द्र से प्रेरणा ग्रहण की है जिसका विवरण हम प्रतीक, रूपक, बिम्ब तथा अलंकार के विषय में विवेचन करते हुए दे चुके हैं। सांकेतिक शैली में वे एक वाक्य का प्रयोग इस ध्वन्यात्मक रूप से करते हैं कि समस्त वातावरण तथा मानव-मन के विचारों का समूचा रूप पाठक के सम्मुख प्रकट हो जाता है। जैसे राम के मन की व्यथा तथा सम्पूर्ण वातावरण की गम्भीरता को प्रदर्शित करने के लिए निराला एक वाक्य का प्रयोग करते हैं—

केवल जलती एक मशाल।

रवीन्द्र में इस प्रकार के सांकेतिक वाक्यों द्वारा काव्य-गत ध्वनि का विस्तार दिखाई पड़ता है। जैसे शाहजहाँ के ताजमहल के लिए वे 'नयनेर एक बिन्दु जल' का प्रयोग करते हैं और इस शब्द की ध्वनि को समझते ही सम्पूर्ण कविता का भाव हमारे सम्मुख चित्रवत् प्रतिभासित हो उठता है। इस प्रकार शैली में नवरूपता आयी है और उसका प्रसार दोनों भाषाओं में ही हुआ है।

छन्द

छायावादी शैली के अतिरिक्त काव्य के बाह्य-पक्ष के अन्तर्गत यदि निराला की सबसे महत्त्वपूर्ण कोई देन है तो वह मुक्त छन्द का निर्भय प्रयोग है। निराला व प्रसाद के पूर्व हिन्दी-काव्य रीति-बद्ध था। द्विवेदी-युग के काव्य में भी विषम चरणों का प्रयोग तो अवश्य हुआ, किन्तु वर्णों अथवा मात्राओं का बन्धन किसी प्रकार था ही। भिन्न तुकान्त छन्दों के निर्माता प्रसाद, गुप्त, रूपनारायण पाण्डेय आदि मुक्त छन्दों के स्रष्टा नहीं हैं। मुक्त छन्द के आविष्कार और सफल प्रयोग का श्रेय निराला जी को है। बंगला में गिरीश घोष ने अवश्य निराला के पूर्व इस छन्द का प्रवर्तन किया था। मुक्तहार की महत्ता के सम्बन्ध में निराला ने लिखा है—

"मनुष्य की मुक्ति की तरह कविता की भी मुक्ति होती है। मनुष्यों की मुक्ति कर्मों के बन्धन से छुटकारा पाना है और कविता की मुक्ति है—छन्दों के शासन से अलग हो जाना।"[127]

निराला ने अपने मुक्त-छन्द के पक्ष में वैदिक काल के काव्य से उद्धरण उद्धृत कर यह प्रमाणित कर दिया है कि मुक्ति हमारी चिरकाल की सम्पत्ति है—

स पर्यगाच्छुक्रमकायमव्रण
मस्नाविँर् शुद्धमपापविद्धम्;
कविर्मनीषी परिभूः स्वयम्भू—
र्याथातूथ्यतोऽर्थान् व्यदधाच्छाश्वतीभ्यः समाभ्यः।[128]

रवीन्द्रनाथ भी मुक्त छन्द के सम्बन्ध में कहते हुए प्राचीन संस्कृत की बात करते हैं जो मत श्री क्षितिमोहन सेन ने अपनी पुस्तक में उद्धृत किया है–

'संस्कृत छन्दे विषमेर देखा पाओया याय। वर्स–लिबेरेतेओ ता आछे। शार्दूल-विक्रीड़ित स्रग्धरा प्रभृति संस्कृत छन्दे चमत्कार ध्वनि-ऐश्वर्य (म्यूजिक) रयेचे। ताके नृत्य-छन्देर गुरुगम्भीर वा चल-चंचल नाना ताले सजानो याय। प्रकृतिर क्षेत्रेओ ताइ।[129]

पाश्चात्य आलोचकों के भी मुक्त छन्द के सम्बन्ध में निराला जैसे विचार हैं। कालरिज का कहना है कि–श्रेष्ठतम कविता बिना छन्द के भी सम्भव है।[130]

छायावादी युग, जैसा कि हम इस अध्याय के प्रारम्भ में कह चुके हैं, रूढ़ि से मुक्ति पाने की कामना पर आधारित रहा। इसलिए रीतिकाल के विरुद्ध छायावादी कवियों ने वार्णिक छन्दों में उपेन्द्रवज्रा, इन्द्रवज्रा, शार्दूल-विक्रीडित, वंशस्थ वृत्त, द्रुतविलम्बित, वसन्ततिलका, मन्दाक्रान्ता और शिखरणी का प्रयोग खूब चलाया। मात्रिक में उर्दू के बहरों, बंगला के पयार, अंग्रेजी के सानेट तथा फ़ारसी की रुबाइयाँ भी हिन्दी में इस युग में लिखी जाने लगीं। फिर तुक के विरुद्ध प्रतिक्रियास्वरूप मुक्त छन्द का प्रसार भी इसी युग में चला। डॉ. उपाध्याय कहते हैं कि मुक्त छन्द बंगला में माइकेल मधुसूदन द्वारा प्रवर्तित हुआ था, गिरीशचन्द्र नाट्याचार्य ने नाटकों में इस छन्द का प्रयोग किया था, निराला ने 'माइकेल' के समान हिन्दी में इसका प्रवर्तन किया।[131] मुक्त छन्द के बारे में निराला ने लिखा है–मुक्त छन्द वह है जो छन्द की भूमि पर रहकर भी मुक्त है, मुक्त छन्द का समर्थक उसका प्रवाह है, वही उसे छन्द सिद्ध करता है, और उसका नियम-राहित्य उसकी मुक्ति।[132]

डॉ. बच्चनसिंह का कहना है कि बचपन से ही बंगाल में रहने के कारण निराला को बंग-साहित्य के समुचित अध्ययन का अवसर मिला। बंगाली रंगमंच पर अभिनय देखने के सुयोग भी मिले। उस समय हिन्दी-रंगमंच के लिए भी कलकत्ता प्रसिद्ध स्थान था। हिन्दी-रंगमंच के अलफ्रेड और कोरोन्थियन के नाटक इन्हें पसन्द न आते थे। पात्रों के भद्दे अस्वाभाविक कथोपकथन को ठीक करने की कल्पना से ही मुक्त छन्द की सृष्टि हुई।[133] 'पन्तजी और पल्लव' लेख में इन्होंने स्वयं लिखा है–

कल्पना की सुन्दर भूमि में हिन्दी के अभिनय की सफलता पर विचार करते हुए, बोलते हुए, पार्ट खेलते हुए, जिस छन्द की सृष्टि हुई, वह यही है और पीछे से विचार करके भी देखा तो हमें स्वभाववश निश्चल हृदय की सत्य-ज्योति की तरह इसे निकला हुआ पाया।

यहाँ मुक्तगीत तथा मुक्त-छन्द में भेद समझ लेना उचित होगा। मुक्तगीत के चरणों को भावानुकूल घटाया-बढ़ाया अवश्य जाता है, किन्तु उसमें तुकों की अवहेलना नहीं की जाती। मुक्त-छन्द में तुकों का न कोई विचार है और न चरणों में नियत

मात्रा का आग्रह। मुक्त-गीत का प्रवर्तक हिन्दी में निराला से पूर्व हो गया था। मुक्तगीत वास्तव में असमपदी मित्राक्षर छन्द हैं। इसके वास्तविक निर्माता रवीन्द्रनाथ हैं जिस कारण इसको 'बलाका' छन्द भी कहा गया है। इसकी पंक्तियों में रबर की तरह प्रसरणशीलता व ह्रस्व-दीर्घ-कुंचन होने पर भी अन्त में तुक की अवहेलना नहीं की जाती है। निराला से पहले हिन्दी में रवीन्द्र के प्रभावस्वरूप इसका प्रवर्तन हो गया था यद्यपि निराला ने भी इसका प्रयोग किया है—

आज नहीं है मुझे और कुछ चाह
अर्ध-विकच इस हृदय कमल में आ तू
प्रिये छोड़कर बन्धनमय छन्दों की छोटी राह।
गजगामिनी रह पथ तेरा संकीर्ण, कंटकाकीर्ण।

परन्तु हिन्दी में निराला ही सर्वप्रथम मुक्त छन्द के प्रवर्तक हैं। इस सम्बन्ध में डॉ. हजारीप्रसाद द्विवेदी कहते हैं—

यह ध्यान देने की बात है कि निराला जी के आरम्भिक प्रयोग छन्द के बन्धन से मुक्ति पाने का प्रयास है। छन्द के बन्धनों के प्रति विद्रोह करके उन्होंने उस मध्ययुगीन मनोवृत्ति पर पहला आघात किया था जो छन्द और कविता को प्रायः समानार्थक समझने लगी थी। निराला जी ने जब छन्दों के प्रति विद्रोह किया तो उनका उद्देश्य छन्द की अनुपयोगिता बताना नहीं था। वे केवल कविता में भावों की—व्यक्तिगत अनुभूति के भावों की—स्वच्छन्द अभिव्यक्ति को महत्त्व देना चाहते थे। जिसे वे मुक्त छन्द कहते थे उसमें भी एक प्रकार का झंकार और एक प्रकार की ताल विद्यमान है।[134] उदाहरणार्थ—

विजन-वन-वल्लरी पर
सोती थी सुहाग-भरी
स्नेह-स्वप्न-मग्न अमल-कोमल-तनु तरुणी
जुही की कली
दृग बन्द किए-शिथिल-पत्रांक में।

निराला के कथनानुसार इसकी सफलता के लिए कवित्त-छन्द का आधार ग्रहण करना होगा। कवित्त का सौन्दर्य पढ़ने के ढंग पर अवलम्बित है। इस तरह मुक्त छन्द में आर्ट ऑफ़ म्यूज़िक (Art of music) नहीं मिल सकता वहाँ है आर्ट ऑफ़ रीडिंग (Art of reading)।[135] निराला ने इस छन्द को अपने नवीन भाव के सम्प्रेषण के लिए ही अपनाया जैसा कि 'मेरे गीत और कला' निबन्ध में उन्होंने लिखा है—

भावों की मुक्ति छन्दों की भी मुक्ति चाहती है। यहाँ भाषा, भाव और छन्द तीनों स्वच्छन्द हैं। भाव के सम्प्रेषण के साथ-साथ प्रवाह तथा गति की दृष्टि से साधारण छन्दों की अपेक्षा मुक्त-छन्द अधिक स्वाभाविक सिद्ध होता है। निराला

ने मुक्त-छन्द की प्रेरणा-भूमि रवीन्द्र को मानने से सर्वथा इनकार कर दिया है और 'पन्त और पल्लव' में इस कारण पन्त को वे नीचा दिखाते हैं। इसकी वास्तविक प्रेरणा गिरीशचन्द्र से मिली है। इसका संकेत उन्होंने अनेक स्थानों पर दिया है। परिमल की भूमिका के अन्त में उन्होंने लिखा है–

बंगला में माइकेल मधुसूदनदत्त द्वारा अतुकान्त कविता की सृष्टि हो जाने पर नाट्याचार्य 'गिरीशचन्द्र' ने अपने स्वच्छन्द-छन्द का नाटकों में ही प्रयोग किया। यह बात ठीक है कि मुक्त-छन्द (अमित्राक्षर छन्द नहीं) का सर्वप्रथम और उचित व्यवहार-कर्ता गिरीशघोष है न कि रवीन्द्रनाथ। यह बात 'बांगला छन्देर मूलसूत्र' के प्रणेता प्रख्यात विद्वान् श्री अमूल्यधन मुखोपाध्याय मानते हैं। उनका कहना है–

गिरीश घोषेर नाटके ये छन्द व्यवहृत हइयाछे ताहाकेह वरं फ्री वर्स नाम देओया येते पारे।[136]

इस प्रकार वे गिरीश घोष को ही फ्री वर्स (Free verse) अर्थात् मुक्त-छन्द का प्रथम प्रणेता मानते हैं जहाँ से निराला ने प्रेरणा ग्रहण की है। हिन्दी-साहित्य में इसका प्रयोग निराला ने सर्वप्रथम किया है। 'पंचवटी प्रसंग' ही इसका प्रथम उदाहरण है। श्री गिरीशचन्द्र तिवारी का कहना है कि मेघनाद भी मुक्त-छन्द में है, किन्तु उसमें तुक का निर्वाह नहीं। इसके विपरीत निराला ने 'राम की शक्ति-पूजा' में तुकान्त का निर्वाह करते हुए भी धारावाहिकता बनाये रखी है। इस छन्द में निराला का अपना नयापन झलकता है।[137] यह विचार भ्रमात्मक है क्योंकि माइकेल तथा रवीन्द्र दोनों ने ही तुकान्त का प्रयोग अमित्राक्षर छन्द में किया है। जैसे रवीन्द्र का उद्धरण मित्राक्षर-अमित्राक्षर छन्द के सम्बन्ध में देते हुए श्री अमूल्यधन मुखोपाध्याय कहते हैं[138]–

हे आदि जननी सिन्धु, वसुन्धरा सन्तान तोमार
एकमात्र कन्या तव कोले ताइ तन्द्रा नाहि आर।

इसके अतिरिक्त 'मेघनाद-वध' को मुक्त-छन्द (फ्री वर्स) हम नहीं कह सकते कारण वह पयार छन्द में अमित्राक्षर तथा यति-अनिश्चयता को लेकर बना है और ऊपर का उदाहरण मित्राक्षर होते हुए भी यति की अनिश्चितता पर स्थित है इसलिए इसको मित्राक्षर-अमित्राक्षर कहा गया है।

निराला ने जहाँ गद्यमय कविता की रचना की है वह निश्चय ही रवीन्द्रनाथ तथा अमियकुमार चक्रवर्ती का प्रभाव है। वास्तव में गद्यमय कविता को ही मुक्त-छन्द कहा जाता है। मुक्त-गीत में तुक का बन्धन रहता है जिसे असम-पदी मित्राक्षर छन्द कहना अधिक उपयुक्त है। और मुक्त-छन्द बिल्कुल ही मुक्त है। इसके उदाहरण 'नये पत्ते' तथा 'कुकुरमुत्ता' में प्राप्त होते हैं।

गद्य-कविता का लक्षण है–विषममात्रिक यति, असम छन्द-स्पन्दन एवं गद्योचित

वाचनभंगी। गद्य के साथ गद्य-कविता का भेद पंक्ति सजाने में नहीं है वरन् यह भेद छन्द के बहाव तथा वाचन-रीति के द्वारा प्रकाशित होता है। गद्य तथा पद्य के बीच गद्य-कविता स्थित है। सुकुमार सेन इसको स्पष्ट करते हुए लिखते हैं कि गद्य का छन्द वाक्यार्थ का अनुसरण करता है, वहाँ यति वाक्य के मध्यांश पर पड़ती है जहाँ अर्थ के साथ ही श्वास-वायु के लिए भी सामयिक विराम आवश्यक है, एवं वहाँ वाक्य के बीच ताल अथवा मात्रा-समता का प्रश्न नहीं उठता है। पद्य का छन्द मात्रा अथवा ताल की समता का अनुसरण करता है, वहाँ विराम निर्दिष्ट मात्रा अथवा ताल के बाद होता है। गद्य-कविता के छन्द में यति गद्य-छन्द की तरह अर्थ-समाप्ति के साथ श्वासवायु के स्वल्प विराम पर पड़ता है, और यह भी बात है कि निर्दिष्ट मात्रा समता के नहीं रहने पर भी वाक्य के बीच ताल के लालित्य का अनुभव होता है। मोटी बात तो यह है कि गद्य अतिताल, पद्य समताल एवं गद्य-कविता विषमताल पर स्थित है।[139] 'पुनश्च' की भूमिका में गद्य-कविता के सम्बन्ध में रवीन्द्रनाथ ने कहा था–

गद्य-काव्य में अतिनिरूपित छन्द का बन्धन तोड़ना ही यथेष्ट नहीं है, पद्य-काव्य की भाषा तथा प्रकाशरीति में जो एक ससज्ज सलज्ज अवगुण्ठन की प्रथा है उसी को हटाने से ही गद्य के स्वाधीन क्षेत्र में उसका संचरण स्वाभाविक होगा। असंकुचित गद्य-रीति के द्वारा काव्य के अधिकार का प्रसार करना सम्भव होगा। यह मेरा विश्वास है एवं इसी की ओर दृष्टि रखकर इस ग्रन्थ में प्रकाशित कविताएँ मैंने लिखी हैं।

उदाहरण के रूप में–

रवीन्द्र–

हठात् सन्धाय।
सिन्धु वारोयाँय लागे तान॥
समस्त आकाशे बाजे
आदि कालेर विरह वेदना
हठात्–खबर पाइ मने
आकबर बादशार संगे
हरिपद केरानीर कोन भेद नेइ॥

निराला की गद्य-कविताओं में रवीन्द्र की उपर्युक्त कविताओं का प्रभाव स्पष्टतया लक्षित होता है। उदाहरण के लिए–

निराला–

"मैं कुकुरमुत्ता हूँ,
पर बेनजोइन (Ben zoin) वैसे,
बने दर्शन शास्त्र जैसे।
ओमफलस (omphalos) और ब्रह्मावर्त,
वैसे ही दुनिया के गोले और पर्त...।[140]

अथवा–

निराला–

घने घने बादल हैं
एक ओर गड़गड़ाते;
पुइवाइ चलती है,
जुही फूलों से भरी;
दूर तक हरयाली ज्वार की, अरहर की

और रवीन्द्र–

पश्चिमेर गंगातीर शहरेर शेष प्रान्ते वासा।
दूर प्रसारित चर
शून्य आकाशेर नचे शून्यतर
भाष्य करे येन।
हेथा-होथा चरे गरु
शस्य-शेष बाजरार खेत;

गद्य-कविता का आभासयुक्त अन्त्यानुप्रास-विरहित काव्यमय स्पन्दनयुक्त छन्द का एक उदाहरण प्रस्तुत है–

रवीन्द्र–

धलेश्वरी। नदी तीरे। पसीदेर ग्राम
ताँर देओ...ो रेर मेये,।
अभागार। साथे तार। विवाहेर। छिल ठिक। ठाक।

इसका प्रभाव निराला पर स्पष्टतया लक्षित होता है–

दूर तक। हरियाली जवार की। अरहर की।
सन मुग। उड़द और।
चनों के हरे खेत।
दूर के। पहाड़ों की। और धानी। नीलिमा।

बंगला से प्रभावित होकर निराला ने 'मित्राक्षर-अमित्राक्षर', 'मुक्तगीत' या 'असमपदी मित्राक्षर' तथा 'मुक्त छन्द' (फ्री वर्स) या 'गद्य-गीत' का प्रयोग अपने काव्य में किया है। डॉ. सुधाकर चट्टोपाध्याय ने निराला-काव्य से कुछ उदाहरण उद्धृत कर यह भी प्रमाणित कर दिया कि उपर्युक्त छन्दों के अतिरिक्त निराला ने रवीन्द्रनाथ के प्रथम युग के छन्दों से भी प्रभाव ग्रहण किया है।

उदाहरणतया–

1–कण-कण-कर कंकण, प्रिय
किण-किण-रव किंकिंणी,
रणन-रणन नूपुर, और लाज लोट रंगिणि...

तथा–

नदि-कल कल, छल-सी
रह छवि दिगन्त पल की
घन-गहन-गहन
वन्धु दहन
असहन निस्तल की...

उपर्युक्त इन दोनों उदाहरणों में रवीन्द्रनाथ की 'ओगो मरण, हे मोर मरण' कविता के छन्द का प्रभाव स्पष्ट लक्षित होता है। इसके अतिरिक्त–

2–सौंध शिखर पर प्राप्त मनोहर
कणक गात तुम अरुण चरण धर
सरणि-सरणि पर उतर रही भर
छन्द-भ्रमर-गुंजित नीलोत्पल

इसमें 'कल्पना' काव्य की कविता 'भारतलक्ष्मी' के छन्द की अनुकृति स्पष्ट लक्षित होती है। इस प्रकार डॉ. चट्टोपाध्याय कहते हैं कि निराला की भाषा तथा छन्द की आलोचना करने पर यह स्पष्ट हो जाता है कि रवीन्द्र के प्रारम्भिक जीवन का उद्दाम तथा शेष जीवन का स्तिमित माधुर्य का युगपत् प्रकाश निराला की भाषा तथा छन्द में हुआ है।[141]

इसके अतिरिक्त निराला ने अंग्रेज़ी 'सॉनेट' का भी प्रयोग किया हुआ है। 'अणिमा' में 'रविदास जी के प्रति' और 'विजयलक्ष्मी पंडित के प्रति' वाली कविताएँ सॉनेट के ढंग में लिखी गयी हैं। इस सम्बन्ध में डॉक्टर शम्भूनाथसिंह लिखते हैं कि रवीन्द्रनाथ ठाकुर ने कुछ सुन्दर चतुर्दशपदियों की रचना की थी जिनकी देखा-देखी हिन्दी के आधुनिक कवि भी इस ओर प्रवृत्त हुए; किन्तु यह विदेशी शैली हिन्दी-कविता की प्रवृत्ति के अनुकूल नहीं थी, अतः वह अधिक प्रचलित न हो सकी।[142]

काव्य-रूप

छन्द की ही तरह काव्य-रूपों की दृष्टि से भी निराला का काव्य छायावाद में सबसे अधिक विविधतापूर्ण है। निराला ने महाकाव्य की रचना नहीं की। नामवरसिंह कहते हैं कि यह आधुनिक युग की विशेषता है कि किसी भी कवि ने महाकाव्य की रचना नहीं की और यदि 'कामायनी' जैसे महाकाव्य लिखे भी गये तो वे लम्बे प्रतीत होकर ही रह गये।[143] रवीन्द्रनाथ का परोक्ष प्रभाव छायावादी कवियों पर पड़ने के कारण यह प्रवृत्ति दृष्टिगोचर होती है। अपने युग की इस प्रवृत्ति को रवीन्द्रनाथ ने 'क्षणिक' की एक कविता 'क्षतिपूरण' में बहुत अच्छी तरह व्यक्त किया है–

आम नाबबो महाकाव्य
संचरने
छिलो मने–
ठेकलो कखन तोमार काँकन–
किंकिणीते
कल्पनाटि गेलो फाटि
हाजार गीते।
महाकाव्य सेइ अभाव्य
दुर्घटनाय
पायेर काछे छड़िए आजे
कणाय कणाय।

यद्यपि निराला तथा रवीन्द्र दोनों ने ही लम्बी आख्यानात्मक कविताएँ (Narrative Poems) लिखी हैं तथापि निराला की 'पंचवटी प्रसंग', 'राम की शक्ति-पूजा' तथा 'तुलसीदास', रवीन्द्र की 'कच-देवयानी संवाद', 'गांधारीर आवेदन', 'पुजारिनी', 'शिशुतीर्थ' आदि कविताएँ महाकाव्य के उदात्त-भाव (Epic Grandeur) को लिए हुए हैं। फिर निराला ने रवीन्द्र तथा युगीन विचारधारा से प्रभावित गीत, प्रगीत, गीतिनाट्य, शोकगीत, सम्बोधगीत आदि गीतों की रचना की है। इन पर प्रभाव का विवेचन चतुर्थ अध्याय में किया गया है। निराला ने रवीन्द्र की कुछ कविताओं पर पैरोडी भी लिखी हैं जिसके सम्बन्ध में द्वितीय परिशिष्ट में विवेचन किया गया है। जहाँ व्यंग्य–काव्य-रूपों का गद्यमयी भाषा में प्रयोग दिखलाई पड़ता है वह वस्तुतः रवीन्द्र तथा अन्य बंगाली कवियों का प्रभाव है। मास्को डायलॉग्स, कुकुरमुत्ता आदि निश्चयरूप से बंगला व्यंग्य-काव्य के अनुरूप हैं जैसा कि प्रभाकर माचवे कहते हैं–

बंगला के उदाहरणों से निराला के व्यंग्य-काव्य की समानता है; किन्तु मराठी, गुजराती, उर्दू में जो उदाहरण मिलते हैं वे व्यंग्य-युक्त भले हों, उनमें अभिव्यक्ति का वह वैलक्षण्य नहीं जिसके कारण ही निराला की व्यंग्य-कविताएँ विशेष रूप से उल्लेखनीय हैं।[144]

'सानेट' का उल्लेख हम 'छन्द' के विवेचन में कर चुके हैं। इसके अतिरिक्त ग़ज़ल का विवेचन गीतिकाव्य नामक अध्याय में किया गया है। निष्कर्ष में हम कह सकते हैं कि छन्द की ही तरह काव्य-रूपों की दृष्टि से भी निराला का काव्य छायावाद में सबसे अधिक वैविध्य-सम्पन्न है जिसकी प्रेरणा उन्हें निश्चय रूप से बंगला कवियों से प्राप्त हुई।

कला का अन्तिम रूप

शैली-पक्ष पर विचार करते हुए हमने कहा है कि काव्य की शैली किस प्रकार की होगी, उसका निर्णय लेखक की आन्तरिक अनुभूति ही कर लेती है, एवं जब भाषा में लेखक की वह अनुभूति हमारे सम्मुख उद्भासित हो उठती है, तब हम समझ पाते हैं—इस रचना की यही यथार्थ भाषा है, यथार्थ वाणी रूप है। जब हम यह समझ पाते हैं, तब उस रचना के समग्र वाङ्मय को भाव की समग्रता के साथ मिलाकर देखते हैं—शब्द या वाक्य का कोई पृथक् मूल्य स्वीकार नहीं करते हैं। भाव के आधार पर यदि उनका पारस्परिक सम्बन्ध सामंजस्यपूर्ण तथा अभिन्न है, तभी उनका चयन और उनकी योजना सार्थक है। इस प्रकार भाव तथा भाषा का एकांगी सम्बन्ध है। ब्रैडले तथा क्रोचे ने इसी मत का प्रतिपादन किया है।[145] निराला के अपने नूतन काव्यजात भावों की व्यंजना के लिए नूतन भाषा तथा रूप-विन्यास के उपकरणों की आवश्यकता हुई। और इन नूतन उपकरणों की खोज में उन्होंने बंगला-काव्य से प्रेरणा ग्रहण की। यदि वे ऐसा न करते तो नवीन अनुभूतिजन्य भावाभिव्यक्ति में शायद समर्थ न होते और यदि होते तो शायद भाव तथा भाषा का एकांगी रूप हमारे सम्मुख उद्भासित नहीं हो पाता।

सन्दर्भ

1. निराला के पत्र : 'साहित्य' में प्रकाशित, संख्या कार्तिक 2007
2. डॉ. हजारीप्रसाद द्विवेदी : हिन्दी साहित्य, पृ. 461
3. 'आलोचना' पत्रिका के 25वें अंक के काव्यालोचन विशेषांक में संकलित।
4. निराला : प्रबन्ध पद्म, पृ. 267
5. वही।
6. प्राज्ञ : रोमैंटिक एगोनी।
7. सुकुमार सेन : बांगला साहित्येर इतिहास, तृतीय खण्ड, पृ. 16
8. निराला : 'भाषा की गति और हिन्दी की शैली', चयन।
9. निराला : 'हिन्दी-कविता-साहित्य की प्रगति', चयन।
10. हजारीप्रसाद द्विवेदी : हिन्दी साहित्य, पृ. 462
11. नामवर सिंह : छायावाद, पृ. 102
12. नामवर सिंह : छायावाद, पृ. 83
13. The use of figurative language is frequently all that is meant. People who naturally employ metaphor and simile especially when it is of an unusual kind, are said to have imagination—I. A. Richards, Principles of literary criticism, page 249
14. मोहित लाल मजुमदार, 'साहित्येर स्टाइल'।
15. निराला : अणिमा।
16. निराला : गीताकुंज।
17. सुकुमारसेन, बांगला साहित्येर कथा, तृतीय खण्ड, द्वितीय संस्करण।

18. निराला : गीत गुंज, पृ. 8
19. सुकुमार सेन : बांगला साहित्येर कथा, तृतीय खण्ड।
20. बांगला साहित्येर कथा, तृतीय खण्ड (द्वितीय संस्करण), पृ. 9
21. निराला : गीतिका।
22. निराला : तुलसीदास।
23. निराला : गीतिका।
24. निराला : राम की शक्तिपूजा।
25. निराला : परिमल।
26. निराला : तुलसीदास।
27. निराला : गीतिका।
28. नामवर सिंह : छायावाद, पृ. 87
29. It is a unity in which you can no more separate a substance and a from than you can separate living blood and the life in the blood.....and this identity of content and form, you will say, is no accident; it is of the essence of poetry in so far as it is poetry, and of all art in so far as it is art. Oxford lectures on poetry, page 15
30. नामवर सिंह : छायावाद, पृ. 88
31. केदारनाथ सिंह : कल्पना और छायावाद, पृ. 188
32. कल्पना और छायावाद, पृ. 96
33. केदारनाथ सिंह : कल्पना और छायावाद, पृ. 103
34. It is all an attempt to spiritualise literature to evade the old bondage of rhetoric, the old bandage of exteriority.
35. Symbols are the only things free enough from all bonds to speak of perfection.
36. सुकुमार सेन : बांगला साहित्येर कथा, तृतीय खण्ड, नूतन संस्करण, पृ. 377
37. नामवर सिंह : छायावाद, पृ. 66
38. निराला : गीतिका।
39. निराला : अपरा।
40. निराला : गीतिका।
41. निराला : अणिमा।
42. निराला : गीतिका।
43. वही।
44. निराला : परिमल।
45. निराला : गीतिका।
46. वही।
47. निराला : परिमल।
48. सुकुमार सेन : बांगला साहित्येर कथा, तृतीय खण्ड, द्वितीय संस्करण, पृ. 378
49. निराला : गीतिका।
50. निराला : आराधना।
51. निराला : बेला।
52. निराला : अपरा।
53. निराला : गीतिका।

54. निराला : बेला।
55. निराला : गीतिका
56. निराला : अनामिका।
57. निराला : वही।
58. रामरतन भटनागर : कवि निराला : एक अध्ययन, पृ. 99
59. निराला : आराधना।
60. सुकुमार सेन : बांगला साहित्येर कथा, तृतीय खण्ड, द्वितीय संस्करण, पृ. 380
61. रामरतन भटनागर : कवि निराला : एक अध्ययन, पृ. 100
62. निराला : गीतिका।
63. निराला : अणिमा।
64. निराला : आराधना।
65. केदारनाथ सिंह : कल्पना और छायावाद।
66. निराला : गीतिका।
67. निराला : आराधना।
68. निराला : अपरा।
69. रामरतन भटनागर : कवि निराला : एक अध्ययन, पृ. 180
70. केदारनाथ सिंह : कल्पना और छायावाद, पृ. 119
71. निराला : परिमल।
72. निराला : अणिमा।
73. निराला : गीतिका।
74. सुकुमार सेन : बांगला साहित्येर इतिहास, तृतीय खण्ड (द्वितीय संस्करण), पृ. 360
75. निराला : गीतिका।
76. वही।
77. Richards : Principles of Literary criticism, page 237
78. केदारनाथ सिंह : कल्पना और छायावाद, पृ. 73
79. The poetic image is the human mind claiming kinship with everything that lives or has lived and making good its claim : poetic image, page 25
80. Evocativeness, Freshness, Intensity.
81. निराला : अनामिका।
82. निराला : गीतिका।
83. निराला : परिमल।
84. निराला की कविता : आलोचना का 25वाँ विशेषांक।
85. निराला : अनामिका।
86. कालिदास : मेघदूत, उत्तर मेघ, 42
87. रामरतन भटनागर : कवि निराला : एक अध्ययन, पृ. 240
88. हजारीप्रसाद द्विवेदी : हिन्दी साहित्य, पृ. 462
89. देखिए अन्वेष निबन्ध, प्रथम अध्याय।
90. शम्भूनाथ सिंह : छायावाद युग, पृ. 261
91 नामवर सिंह : छायावाद, पृ. 86
92. रामचन्द्र शुक्ल : हिन्दी साहित्य का इतिहास, पृ. 650

93. The use of figurative language is frequently all that is meant. People who naturally employ metaphor and simile, especially when it is of an unusual kind, are said to have imagination, Principles of literary criticism. Page 239
94. निराला : परिमल।
95. निराला : तुलसीदास।
96. वही।
97. निराला : आराधना।
98. निराला : बेला।
99. गिरीशचन्द्र तिवारी : कवि निराला और उनका काव्य-साहित्य, पृ. 170
100. निराला : परिमल।
101. वही।
102. निराला : अपरा।
103. वही।
104. विश्वम्भरनाथ उपाध्याय : महाकवि निराला : काव्यकला और कृतियाँ, पृ. 118
105. गिरीशचन्द्र तिवारी : कवि निराला और उनका काव्य-साहित्य, पृ. 168
106. नामवर सिंह : छायावाद, पृ. 109
107. निराला : परिमल।
108. वही।
109. निराला : गीतिका।
110. निराला : परिमल।
111. वही।
112. निराला : गीतिका।
113. विश्वम्भरनाथ उपाध्याय : महाकवि निराला : काव्य कला और कृतियाँ, पृ. 274
114. श्रीकृष्णलाल : आधुनिक हिन्दी साहित्य का विकास।
115. But it may also be used for the take of the effects in emotions and attitude produced by the reference in occasions. This is the emotive use of languages—Principles of literary criticism, p. 267.
116. नया साहित्य, निराला अंक, सन् 1953
117. निराला की कविता–बच्चनसिंह का लेख, आलोचना के 25वें पूर्णांक में उद्धृत।
118. नामवर सिंह : छायावाद, पृ. 102
119. सुधाकर चट्टोपाध्याय : आधुनिक हिन्दी साहित्ये बांगलार स्थान, पृ. 98
120. विश्वम्भरनाथ उपाध्याय : महाकवि निराला–काव्य और कृतियाँ, पृ. 180
121. गिरीशचन्द्र तिवारी : कवि निराला और उनका काव्य-साहित्य, पृ. 188
122. शम्भूनाथ सिंह : छायावादी युग, पृ. 347
123. निराला के काव्य में अतियथार्थवाद, साहित्य, पौष 2002
124. सुधाकर चट्टोपाध्याय : आधुनिक हिन्दी साहित्ये बांगलार स्थान, पृ. 99
125. वही, पृ. 108
126. रामचन्द्र शुक्ल : हिन्दी साहित्य का इतिहास।
127. निराला : परिमल की भूमिका।
128. यजु. अ. 40, मं. 8

129. बलाका-काव्य-परिक्रमा में उद्धृत।
130. Poetry of the highest kind may exist without meter.
131. विश्वम्भरनाथ उपाध्याय : महाकवि निराला : काव्यकला और कृतियाँ, पृ. 270
132. वहीं से उद्धृत।
133. बच्चनसिंह : क्रान्तिकारी कवि निराला, पृ. 24
134. हजारीप्रसाद द्विवेदी : हिन्दी साहित्य, पृ. 468
135. निराला : पन्त और पल्लव।
136. गिरीश घोष के नाटक में जो छन्द व्यवहृत हुआ है उसको ही फ्री वर्स (Free verse) कहा जा सकता है, पृ. 163
137. कवि निराला और उनका काव्य-साहित्य, पृ. 180
138. अमूल्यधन मुखोपाध्याय : बांगला छन्देर मूलसूत्र।
139. सुकुमार सेन : बंगला साहित्येर इतिहास, तृतीय खण्ड, द्वितीय संस्करण, पृ. 244
140. निराला : कुकुरमुत्ता।
141. सुधाकर चट्टोपाध्याय : आधुनिक हिन्दी साहित्ये बांगलार स्थान, प्रथम खण्ड, पृ. 102
142. शम्भूनाथ सिंह : छायावाद युग, पृ. 231
143. नामवर सिंह : छायावाद, पृ. 126
144. निराला के काव्य में अतियथार्थवाद 'साहित्य' का पौष अंक, 2007
145. And this identity of content and from, you will say, is no accident, it is of the essence of poetry in so far as it is poetry, and of all art in so far as it is art—Bradley, Oxford lectures on poetry, p. 15

चतुर्थ अध्याय

निराला के गीत पर बंगला-प्रभाव

पिछले अध्याय में निराला के कला-पक्ष पर विवेचन करते हुए हमने यह देखा है कि निराला के कला-पक्ष में नवीनता का समावेश वस्तुतः नूतन भावाभिव्यक्ति के समागम के कारण ही हुआ है। भावाभिव्यक्ति की तीव्रता के कारण ही काव्य में प्रगीतात्मकता का समावेश होता है जैसा कि संगीत के प्रख्यात आलोचक हर्बर्ट स्पेन्सर ने कहा है।[1] नूतन भावाभिव्यक्ति के उच्छलन ने उस युग में प्रगीतात्मकता का संयोजन ही नहीं किया वरन् वह संयोजना पूर्णतः नूतन ढंग की हुई। खड़ी बोली में रीतिकाल के विरुद्ध बिल्कुल नये ढंग के गीतों की रचना 'प्रसाद' ने आरम्भ की। ये गीत उनके नाटकों के पात्र विशेष वातावरण में गाते हैं। निरपेक्ष रूप में अलग गीत लिखने का श्रेय सर्वप्रथम निराला को ही है। डॉ. बच्चनसिंह का कहना है कि विश्वकवि रवीन्द्रनाथ टैगोर की भाँति इनका झुकाव भी संगीत-काव्य की ओर विशेष रहा है।[2] दोनों ही ने नयी शैली के गीतों की रचना की। पुरानी लीक के विरुद्ध निराला का मत बहुत ही तीव्र था। उनका कहना था—

हिन्दी-गवैयों का समपद पर आना मुझे ऐसा लगता था जैसे मज़दूर लकड़ी का बोझ मुकाम पर लाकर धम्म से फेंककर निश्चिन्त हुआ।

निराला ने गीतों की नवीन शैली को रवीन्द्र तथा द्विजेन्द्रलालराय से ग्रहण किया था। इस सम्बन्ध में डॉ. बच्चनसिंह का कहना है कि अंग्रेज़ी और बंगला कविता के प्रभाव से छायावादी कवियों ने भावानुकूल व्यंजना, लाक्षणिक-वैचित्र्य, मूर्तप्रत्यक्षीकरण, भाषा की वक्रता के नवीन विन्यास से खड़ी बोली को काफ़ी समृद्ध बनाया। काव्य की तरह संगीत का क्षेत्र भी पाश्चात्य प्रभावों से अछूता न बच सका। प्रत्येक क्षेत्र में अंग्रेज़ियत का प्रभाव सबसे पहले बंगला पर पड़ा। बंगालियों ने अंग्रेज़ी संगीत के आधार पर अपने यहाँ भी नयी स्वर-लिपियाँ तैयार कीं। यहाँ पर यह बतला देना आवश्यक है कि बंगाल में अंग्रेज़ी स्वर-मैत्री की हूबहू नकल नहीं की गयी।[3] निराला का भी यही मत है—

अंग्रेज़ी संगीत की पूरी नकल करने पर उससे भारत के कानों को कभी तृप्ति होगी, यह संदिग्ध है। कारण, भारतीय संगीत की स्वर-मैत्री में जो स्वर प्रतिकूल समझे जाते हैं, वे अंग्रेज़ी संगीत में लगते हैं। उनसे अंग्रेज़ी, मेरा अंग्रेज़ी शब्द से मतलब पश्चिमी से है, हृदय में ही भाव पैदा होता है। अस्तु, अंग्रेज़ी संगीत के नाम पर जो कुछ लिया गया, उसे हम अंग्रेज़ी संगीत का ढंग कह सकते हैं, स्वर-मैत्री हिन्दुस्तानी ही रही। डी. एल. राय और रवीन्द्रनाथ इस ढंग के अपनाने के प्रधान साहित्यिक कहे जायेंगे।[4] इस सम्बन्ध में डॉ. बच्चनसिंह कहते हैं कि अंग्रेज़ी नाद-योजना या स्वर-मैत्री का अनुकरण पहले-पहल बंगाल में हुआ। इस नये ढंग की ओर निराला बहुत आकृष्ट हुए। ये अपनी अवस्था के बत्तीस वर्ष बंगाल में व्यतीत कर चुके थे। बंगला-भाषा में इन्हें पूरी गति भी प्राप्त हो चुकी थी। इन पर बंगाल का प्रभाव पड़ना स्वाभाविक था।[5]

रवीन्द्रनाथ तथा द्विजेन्द्रलालराय के प्रभाव से उन्होंने हिन्दी-गीतिकाव्य में आमूल परिवर्तन किया। हिन्दी-संगीत की शब्दावली तथा गाने के ढंग दोनों ही उनको खटकते थे जिसके सम्बन्ध में निराला ने कहा है–

''न तो प्राचीन 'ऐसो सिय रघुवीर भरोसो' शब्दावली अच्छी लगती थी, यद्यपि इसमें भक्तिभाव की कमी न थी, न उस समय की आधुनिक शब्दावली 'तोपें तीरें सब धरी रह जायेंगी मगरूर सुन', यद्यपि इसमें वैराग्य की मात्रा यथेष्ट थी। हिन्दी-गवैयों का सम पर आना मुझे ऐसा लगता था, जैसे मज़दूर लकड़ी का बोझा मुकाम पर लाकर धम्म से फेंककर निश्चिन्त हुआ। मुझे ऐसा मालूम देने लगा कि खड़ी बोली की संस्कृत जब तक संसार की अच्छी-अच्छी सौन्दर्य भावनाओं से युक्त न होगी, वह समर्थ न होगी।"[6]

इस प्रकार नवीन भावना से उद्‌बुद्ध होकर निराला ने गीतों की रचना प्रारम्भ की। इस सम्बन्ध में उल्लेख करते हुए डॉ. रामरतन भटनागर कहते हैं कि बंगाल के रवीन्द्रनाथ, अतुलप्रसाद सेन और काजी नज़रुल इस्लाम के गीत जिस श्रेणी के हैं, उसी श्रेणी की चीज़ें निराला ने हिन्दी में दी हैं।[7] डॉ. सुधाकर चट्टोपाध्याय का भी यही कहना है। वे कहते हैं कि निराला ने बंगला के संगीत की नवधारा को ग्रहण किया है। इस नवधारा के जल से प्रसाद भी स्नात हैं। एक ओर बंगला देश ने ग्रहण किया है–हिन्दुस्थानी मार्ग संगीत को और दूसरी ओर बंगला देश के कीर्तन ने मनिपुर से लेकर दक्षिण तक अपना प्रभाव विस्तार कर रखा है। और आज बंगला ने पाश्चात्य संगीत की धारा को ग्रहण कर उसमें खालिस बंगला का तथा साथ में मार्ग संगीत की मिश्रधारा को संयोजित किया है। इस त्रिवेणी-संगम में आकर आधुनिक हिन्दी-साहित्य के अन्यतम श्रेष्ठ कवि निराला अपना घट भरके ले गये हैं। बंगला गाने का आदर्श ग्रहण कर उन्होंने जिस रूप से हिन्दी में गीत रचकर उन्हें धामार, रूपक,

झपताल, चौताल, नवताल, दादरा में रूपान्तरित किया है वह कौतूहली पाठक गीतिका के पन्ने उलटने से ही देख पायेंगे।[8] यहाँ प्रगीत-मुक्तक और गीत का अन्तर समझ लेना उचित होगा। कारण गीतों पर विवेचन के लिए यह आवश्यक है। रवीन्द्रनाथ ने गाने के लिए गीत अलग से लिखे हैं; उन गानों के अलावा काव्य-संग्रहों में उनके बहुत से प्रगीत-मुक्तक बिखरे पड़े हैं जिनके लिए गेयता की शर्त अनिवार्य नहीं। निराला की गीतिका आदि गेय गानों का सचेष्ट संग्रह है, यद्यपि उसमें कई सुन्दर प्रगीत-मुक्तक भी हैं। इस सम्बन्ध में लिखते हुए नामवरसिंह कहते हैं कि वस्तुतः चार-चार, छह-छह या आठ-आठ चरणों के पुराने मुक्तकों से अनिश्चित चरणों वाली मुक्तक कविता को अलगाने के लिए प्रगीत अथवा लिरिक (lyric) शब्द का प्रयोग किया गया था। छायावाद के आलोचकों ने सम्भवतः प्रगीत शब्द का प्रयोग किया जो मुक्तक हैं। उन्हें 'मुक्तक' न कहकर 'प्रगीत-मुक्तक' इसलिए कहा गया कि वे अपने भाव और रूप में मध्ययुगीन मुक्तकों से भिन्न हैं।[9] वास्तव में प्रगीत मुक्तक अंग्रेज़ी 'ओडस' का पर्याय है और गीत, 'सौंग्ज़' का पर्याय है और प्रगीतकाव्य के अन्दर साधारणतया दोनों का ही समाहार हो जाता है तथापि हम यहाँ केवल निराला के गीतों पर विवेचन करेंगे।

छायावाद-युग से लेकर प्रगतिवाद अथवा प्रयोग-काल तक निराला ने गीत की चार पुस्तकें लिखी हैं—गीतिका, अणिमा, बेला और आराधना। इन सब गीतों में जो मूल भावना की अन्तर्धारा प्रवाहित है उसे हम चिर-विरह कह सकते हैं कारण अनादिकाल से गीत के मूल में वेदना की छाया ही सबसे अधिक प्रस्फुटित दिखाई पड़ी है। संगीत चिरकाल का है। वेद तथा उपनिषद् के ऋषियों ने गम्भीर ध्यान के द्वारा यह जानना चाहा था कि संगीत का मूल कहाँ है, क्यों वह हमारे मन को आकर्षित करता है, एवं क्यों संगीत एक अनिर्देश्य आवेग के द्वारा प्राण को पूर्ण करता है तथा मन को उदास बना देता है। शान्तिदेव घोष कहते हैं कि इन ऋषिगण ने चिन्ता के गम्भीर सतर में उतरकर एक दिन अनुभव किया कि सृष्टि की गम्भीरता में एक विश्वव्यापी प्राण-कम्पन की ध्वनि गूँज रही है और गाना सुनकर उसी का वेदनावेग मानो हम अपने चित्त में अनुभव करते हैं।[10] रवीन्द्र के गीतों में भी यह विरह-वेदना व्यंजित हुई है—

आमि ये आर सइते पारि ने
सुरे बाजे मनेर माझे गो, कथा दिये कइते पारिने।
तुमि ये आमारे चाओ आमि से जानि
केन ये मोरे कान्दाओ आमि से जानि।

और निराला ने भी—

माँ वहाँ तू ले चल
देखूँगा वह द्वार-दिवस का पार

बेसुध पड़ा जहाँ वेदना का संसार
आ वेदने ! मैं भी तुझको गा गाकर जीवन दूँ।

विषय की दृष्टि से निराला के गीत पाँच भागों में विभक्त हो सकते हैं–

(1) प्रार्थना-प्रधान गीत।

(2) नारी-सौन्दर्य-प्रधान गीत तथा प्रेम-गीत।

(3) प्रकृति-प्रधान गीत।

(4) राष्ट्रीयता-प्रधान गीत।

(5) दार्शनिक गीत।

इन पाँचों वर्गों के गीतों में रवीन्द्र का तथा नज़रुल इस्लाम का विषयगत-प्रभाव सबसे अधिक परिलक्षित होता है। गीतिका के गीतों के सम्बन्ध में लिखते हुए डॉ. रामरतन भटनागर कहते हैं कि बंगला में रवीन्द्रनाथ इस प्रकार के गीतों की सहस्रशः रचना कर चुके थे। अतः रवीन्द्रनाथ के गीतों की छाया में पलने वाले 'निराला' का ध्यान इस ओर जाना स्वाभाविक था।[11] निराला के गीतों के विषयों को लेकर विवेचन करने से प्रभाव का यह सूत्र स्पष्ट हो जाएगा।

प्रार्थना-प्रधान गीत

गीतिका के सभी गीत जननी या माँ को सम्बोधित कर लिखे गये हैं–

सार्थक करो प्राण।
जननि, दुख-अवनि को
दुरित से दो त्राण

इन गीतों में जो माँ के प्रति भक्तिभाव मिलता है, वह स्पष्ट ही बंगला प्रदेश से उधार लिया गया है। यह प्रभाव रामकृष्ण तथा विवेकानन्द का प्रभाव है। कामना-प्रधान गीतों में रवीन्द्र की गीतांजलि का प्रभाव स्पष्टतः परिलक्षित होता है। यहाँ कामना से अधिक आत्मनिवेदन का रूप प्रकट हुआ है। 'अणिमा' का एक गीत–

धूलि में तुम मुझे भर दो।
धूलि-धूसर जो हुए पद
उन्हीं के वर वरण कर दो।
दूर हो अभिमान, संशय,
वर्ण-आश्रम-गत महामय
जाति-जीवन हो निरामय
वह सदाशयता प्रखर दो।

गीतांजलि के प्रथम गीत में यही भाव व्यंजित हुआ है–

आभार माथा नत करे दाओ हे तोमार
चरणधुलार तले।
सकल अहंकार हे आमार
डुबाओ चोखेर जले।
निजेर करिते गौरव दान
निजेर केवलि करि अपमान,
आपनारे शुधु घेरिया घेरिया
घुरे मरि पले पले।
सकल अहंकार हे आमार
डुबाओ चोखेर जले।

निराला के आध्यात्मिक हास्य-प्रधान गीतों में रवीन्द्र की आध्यात्मिकता की छाप स्पष्टतः परिलक्षित होती है। सुकुमार सेन कहते हैं कि रवीन्द्रनाथ के गीतों में वैष्णव-पदावली का प्रभाव उतना नहीं है जितना वाउल-गान का प्रभाव लक्षित होता है।[12] यहाँ 'अणिमा' के एक गीत में यह प्रभाव दिखाई पड़ता है—

सुन्दर हे, सुन्दर
दर्शन से जीवन पर
बरसे अविनश्वर स्वर।
परसे ज्यों प्राण,
फूट पड़ा सहज गान,
तान-सुर सरिता वही
तुम्हारे मंगल पद छूकर।
उठी हैं तरंग,
बहा जीवन निस्संग
चला तुमसे मिलने को
खिलने को फिर-फिर भर-भर

इसे पढ़कर रवीन्द्र का यह गीत स्मरण हो आता है—

एहे लोभिनु संग तव,
सुन्दर, हे सुन्दर
पुष्प हल अंग मम
धन्य हल अन्तर
सुन्दर, हे सुन्दर
आलोके मोर चक्षु छूटि
मुग्ध हये उठल फूटि,
हृदयगगने पवन हल,

सौरभते मन्थर,
सुन्दर, हे सुन्दर
एहे तोमारि परश-रागे
चित्र हल रंजित,
एहे तोमारि मिलन-सुधा
रइल प्राणे संचित
तोमारि माँझे एमनि करे
नवीन करि लओजे मोरे,
एहे जनमे घटालो मोर
जन्म-जन्मान्तर,
सुन्दर, हे सुन्दर।

डॉ. रामरतन भटनागर कहते हैं कि रवीन्द्र-काव्य में इस भाव की पुनरुक्ति हुई है। जो निराला सारा रवीन्द्र-काव्य कंठस्थ किये हुए थे, उनकी कविता में जाने-अनजाने महाकवि के शब्द-सुर बोल उठे तो उसमें आश्चर्य की क्या बात।[13]

नारी-सौन्दर्य-प्रधान गीत तथा प्रेम-गीत

निराला के प्रेम-गीतों में वासना का पुट अतीव क्षीण है। प्रकृति में शृंगार-भावना का आरोप कर उन्होंने जो नारी-सौन्दर्य-प्रधान गीत लिखे हैं वे रवीन्द्र के गीतों के अनुरूप अतीन्द्रिय नारी-सौन्दर्य-प्रधान गीत बन गये हैं। प्रकृति को नारी के रूप में चित्रित कर नारी-सौन्दर्य के रूप पर विवेचन हम 'कला-पक्ष' वाले अध्याय में कर आये हैं। यहाँ प्रेम-गीतों पर रवीन्द्र के प्रभाव का विवेचन करेंगे। निराला के प्रेम-गीत रवीन्द्र के 'जीवन-देवता' के प्रति लिखे गये गीतों के अनुरूप जीव-ब्रह्मपरक रहस्यवाद के स्तर के हैं। साधक के मन में सहसा अज्ञात की वीणा बजने लगती है और हृदय में प्रेम के संस्कार जग जाते हैं। साधक को आश्चर्य होता है, यह क्या हो रहा है–

वह रूप जगा उर में
बजी मधुर वीणा किस सुर में?
कहता है कोई, तू उठ अब,
खुले हृदय-शतदल के दल सब,
अर्घ्य चढ़ा उनको जो जब तब
आते हैं तेरे मधुपुर में–

इस अतीन्द्रिय प्रेम-भावना को उन्होंने रवीन्द्र से ग्रहण किया। रवीन्द्र भी यही बात कहते हैं–

प्रेम प्राणे गाने गन्धे आलोके पुलकें
x x x
चेतना आमार कल्याण-रस-सरसे
शतदल सम फुटिल परम हरषे
सब मधु तार चरणे तोमारि धरिया।

कहीं-कहीं नारी के चित्रण द्वारा सात्त्विक प्रेम का रूप प्रकट किया गया है। जैसे निराला के इस गीत में प्रकट होता है—

कौन तुमि शुभ्रकिरण वसना?
सीखा केवल हँसना, केवल हँसना

अथवा—

बहा स्नेह का सरस सरोवर
श्वेत-वसन लौटी सालज घर,
अलख सखा के ध्यान-लक्ष्य पर
डूबी, अमल धुली।

नारी के इस प्रकार के चित्र रवीन्द्र की कविता में भी मिलते हैं—

आजि निर्मलवाय शान्त ऊषाय
निर्जल अवसाने शुभ्रवसना
चलियाछो धीरे-धीरे।

प्रकृति-प्रधान गीत

निराला ने प्रकृति से सम्बन्धित दो प्रकार के गीत लिखे हैं। एक में कोरा प्रकृति-चित्रण होता है और दूसरे में प्रकृति के माध्यम से हृदय में उत्पन्न विविध विचारों का चित्रण। निराला के प्रकृति-वर्णन पर रवीन्द्र के प्रभाव का विवेचन हम कर चुके हैं और प्रकृति में नारी-रूप के आरोप का भी वर्णन हो चुका है। यहाँ प्रकृति-प्रधान गीतों का वर्णन करेंगे जहाँ प्रगीतात्मक विशेषता से युक्त होकर इनमें कला की अपेक्षा सहज अन्तःप्रेरणा तथा प्रवाहमयी शैली का प्राधान्य रहा है। वर्षा के वर्णन में यह रूप सबसे अधिक फूट पड़ा है और इनका वर्षा-वर्णन जैसा कि डॉ. रामविलास शर्मा कहते हैं—नद और दलदल के वर्णन से स्पष्ट है कि यह वर्षा बंगाल की है।[14] परिमल के वर्षा-गीतों में बंगाल तथा बंगला-कवियों का, मुख्यतया रवीन्द्र का प्रभाव लक्षित होता है। उदाहरणतया 'गीतगुंज' का एक गीत लेते हैं—

गगन मेघ छये
नये नयन नये
प्राण धन के श्याम घन ये
तापजल शीतल प्रवण ये,

पुण्य के शुभ प्रस्रवण ये,
हृदय द्वार गये।

और रवीन्द्र—

ऐसो श्यामल सुन्दर
आनो तव तापहरा तृषाहारा संगसुधा।
विरहिणी चाहिया आछे आकाशे।

निराला के इस वर्षा-गीत में तथा अन्य प्रकृति के गीतों में रवीन्द्र का प्रभाव होने पर भी रवीन्द्र की रागात्मक अन्विति (जो गीतों की मुख्य विशेषता है) की प्रेरणा को निराला ग्रहण नहीं कर पाये हैं। इसीलिए ये चित्र रवीन्द्र की तरह इतने प्रवाहमय नहीं दीख पड़ते हैं। निराला ने कहीं-कहीं अपने प्रकृति-प्रधान गीतों में नज़रुल इस्लाम के भाव की प्रेरणा को भी ग्रहण किया है जैसा कि बादल-राग के गीतों के सम्बन्ध में डॉ. रामविलास शर्मा कहते हैं कि बादल-राग की दूसरी कविता में जहाँ नज़रुल इस्लाम के 'विद्रोही' की तरह विप्लव का नव जल-धर है वहाँ कली की श्री बिखेरकर उसे पीड़ित करने वाला उद्दण्ड नायक भी है।[15] 'गीत गुंज' के एक गीत में भी प्रेरणा का सूत्र स्पष्ट दिखाई पड़ता है—

निराला— **बढ़ बढ़ कर बहती पुरवाई;**
धुन मलार-कजली की छाई।

नज़रुल— **दुरन्त वायु पुरवइयाँ बहे**
अधीर आनन्दे।

स्वदेश-प्रेम के गीत

निराला रवीन्द्र के स्वदेश-प्रेम का बखान करते हुए लिखते हैं कि महाकवि रवीन्द्रनाथ ने केवल दूसरे विषयों की उत्तमोत्तम कविताओं की रचना से ही अपना सम्पूर्ण काल नहीं बिताया, उन्होंने देश के सम्बन्ध में भी बड़ी मर्म-स्पर्शिनी कविताएँ लिखी हैं।[16] वास्तव में उस समय के प्रत्येक कवि ने स्वदेश-प्रेम की कविताएँ या गीत लिखे हैं। निराला ने भी रवीन्द्र आदि कवियों से प्रेरणा ग्रहण कर स्वदेश-प्रेम के गीतों का प्रणयन किया। इनका स्वदेश-प्रेम भारतवर्ष के प्राचीरों तक ही सीमित नहीं है, बल्कि उसमें रवीन्द्र की तरह सम्पूर्ण विश्व को वरा गया है।

निराला—

जागो जीवन धनि के
विश्व पराय-प्रिय वणिके

भारत का वर्णन भी इसी प्रकार प्रेरणारूप में किया है। डॉ. बच्चनसिंह कहते हैं कि बंगला के गीतों की तरह निराला की भारत-भूमि की यह प्रशस्ति है।[17]

लंका पदतल शतदल,
गर्जितोर्मि सागर-जल
धोता शुचि चरण युगल
स्तव कर बहु अर्थ भरे।
x x x
अंचल में ख़चित सुमन
मुकुट शुभ्र हिम तुषार।

रवीन्द्र–

नीलसिन्धुजल–धौत चरण तल,
अनिल-विकम्पित श्यामल अंचल,
अम्बर-चुम्बित भाल हिमाचल
शुभ्र-तुषार किरिटनी।

पराधीनता के विरुद्ध कवि का आक्रोश सर्वदा नज़रुल की तरह है। दोनों ही विद्रोही कवि थे और दोनों ने ही उदात्त गम्भीर शैली में विद्रोह का गाना गाया है।

दार्शनिक गीत

दार्शनिक गीतों का प्रतिपाद्य अद्वैतवाद है। डॉ. भटनागर कहते हैं कि जिस मुरली-ध्वनि को गोपिकाओं ने वृन्दावन में सुना था, वही मुरली-ध्वनि जीवात्मा को जब भीतर-भीतर सुनाई पड़ती है, तब उसके जगत् के बन्धन धीरे-धीरे टूटने लगते हैं। तब अभिसारिका-रूपी जीवात्मा के मन में उस प्रिय के प्रति जिज्ञासा जाग उठती है:[18]

हृदय में कौन जो छेड़ता बाँसुरी?
हुई ज्योत्स्नामयी अखिल मायापुरी ;[19]

यह प्रेरणा रवीन्द्र की विचारधारा की है। रवीन्द्र के सम्बन्ध में सुकुमार सेन कहते हैं कि नितान्त स्वाभाविक रूप में उनके गाने में वैष्णव-पदावली के रूप-रस की 'मिथलजि' प्राप्त होती है परन्तु कहीं-कहीं गीत सर्वजनीनता के पद को प्राप्त कर गये हैं[20]–

जागो शोनो के बाजाय,
वनफुलेर मालार गन्ध बांशिर ताने मिशे याय।
अधर छुये बांशिखानि...।

जीव और ब्रह्म सम्बन्धी रहस्यवाद निराला का प्रिय विषय है। डॉ. भटनागर कहते हैं कि जिस गीतांजलि से आधुनिक छायावादी काव्य को विशेष प्रेरणा मिली, उसमें भी आत्मा-परमात्मा के रहस्यात्मक और भक्तिभावपरक अनेक गीत हैं। गीत में निराला ने जहाँ-कहीं भी इस भाव को व्यक्त किया है वह आत्मपरक भावना से उद्‌बुद्ध होने के कारण रवीन्द्र की तरह विरागपूर्ण बन गया है–

कितने बार पुकारा,
खोल दो द्वार, बेचारा।[21]

रवीन्द्र–

तोमाय डाकिनु यबे कुंजवने
तखनो आमेर बने गन्ध छिल,
यानि ना की लागि छिल अन्यमने
तोमार दुयार केन बन्ध छिल।...

उस ब्रह्म को बुलाने के लिए निराला सितार की झंकार से वातावरण को मुखर कर देते हैं और जहाँ सितार ख़राब हो जाता है वहाँ निराला रवीन्द्र की तरह सितार को सँवारने में लग जाते हैं–

फिर सँवार सितार लो।
बाँधकर फिर ठाठ, अपने
अंक पर झंकार दो।[22]

और रवीन्द्र–

एकटि एकटि करे तोमार
पुरानो तार खोलो,
सेतारखानि नूतन बेधे तोलो।

इस सम्बन्ध में विशद विवरण हम 'निराला के प्रतिपाद्य' वाले अध्याय में दे चुके हैं।

इस प्रकार निराला के गीतों के प्रतिपाद्य पर स्पष्टतया रवीन्द्र का प्रभाव परिलक्षित होता है। यद्यपि यह कहना ही पड़ेगा कि निराला के गीतों में भाव-प्रवणता, सहज अन्तःप्रेरणा तथा प्रवाहमयी शैली का अधिकतर अभाव है। इनमें गेयता तथा आत्मतत्त्व के गुण प्राप्त हो जाते हैं परन्तु रागात्मक अन्विति के अभाव के कारण इनमें भाव का सहज उच्छलन दृष्टिगोचर नहीं होता। शायद इसी कारण डॉ. हजारी प्रसाद द्विवेदी निराला के गीतों को, मुख्यतया गीतिका के गीतों को ठूँठ के पर्याय में रखते हैं।[23] इसी कारण उनके गीत द्विजेन्द्रलाल राय तथा रवीन्द्रनाथ ठाकुर की तरह इतने प्रसिद्ध नहीं हो सके हैं। बाद में चलकर उन्होंने 'नये पत्ते' में ग़ज़ल के तर्ज़ पर कुछ गीत लिखे थे परन्तु यहाँ भी निराला व्यर्थ हुए। डॉ. भटनागर कहते हैं कि नज़रुल की गज़लों में बंगला की अपनी रूप-रेखाएँ उभर आयी हैं। यह बात निराला की इन ग़ज़लों में नहीं।[24] जहाँ निराला ने हिन्दुस्तानी संगीत के आधार पर गीत रचे वहाँ वे सफल बन पाये हैं जिसके उदाहरणों से सम्पूर्ण गीतिका के पृष्ठ भरे पड़े हैं।

जहाँ तक निराला के गीतों के कला-पक्ष का सम्बन्ध है वहाँ वे रवीन्द्र के गीतों की सहज भाषा, रीति तथा ढंग से प्रभावित दिखाई पड़ते हैं यद्यपि कहीं-कहीं रवीन्द्र की तरह तत्सम शब्दों का प्रयोग भी काफ़ी करते हैं। रवीन्द्र ने कीर्तन, बाउल

तथा भाटियाली आदि लोक-गीतों के ढंग पर अपने गीत रचे परन्तु ऐसा कुछ काम निराला ने अपने गीतों में नहीं किया यद्यपि रवीन्द्र की कान्त-पदावली तथा नज़रुल की उदात्त शैली को अपने गीतों के लिए निराला ने ग्रहण किया था। संक्षेप में हम कह सकते हैं कि रवीन्द्र के गीतों से अनुप्रेरित निराला ने अनेक गीतों की रचना की परन्तु ये गीत भाव तथा कल्पना की अन्विति के अभाव के कारण प्रायः रवीन्द्र के गीतों की भाँति सुन्दर तथा कलात्मक रूप धारण नहीं कर पाये। जहाँ-कहीं भी वे भाव तथा कल्पना की अन्विति करने में समर्थ हुए हैं वहाँ निराला की प्रतिभा स्पष्टतया सहज-स्फूर्त उद्गीत का रूप धारण कर लेती है और गीत के माध्यम से अपनी विद्युच्छटा को प्रतिभासित करती है।

सन्दर्भ

1. Music is but an idealization of the natural Language of emotion; and that consequently, must be good or bad accordingly, as it conforms to the laws of natural language—the orgin and function of music.
2. बच्चनसिंह, क्रान्तिकारी कवि निराला, पृ. 74
3. वही।
4. निराला, गीतिका की भूमिका।
5. बच्चनसिंह, क्रान्तिकारी कवि निराला, पृ. 75
6. निराला, गीतिका की भूमिका।
7. रामरतन भटनागर : कवि निराला : एक अध्ययन, पृ. 230
8. सुधाकर चट्टोपाध्याय : आधुनिक हिन्दी साहित्ये बांगलार स्थान, प्रथम खण्ड, पृ. 96
9. नामवर सिंह : छायावाद, पृ. 124
10. शान्ति देव घोष, रवीन्द्र संगीत, पृ. 1
11. रामरतन भटनागर : कवि निराला : एक अध्ययन, पृ. 134
12. सुकुमार सेन : बांगला साहित्येर कथा, तृतीय खण्ड, पृ. 369
13. भटनागर : कवि निराला : एक अध्ययन, पृ. 215
14. रामविलास शर्मा : निराला, पृ. 59
15. वही।
16. निराला : रवीन्द्र कविता कानन, पृ. 52
17. बच्चनसिंह : क्रान्तिकारी कवि निराला, पृ. 88
18. भटनागर : कवि निराला : एक अध्ययन, पृ. 148
19. निराला : गीतिका।
20. सुकुमार सेन : बांगला साहित्येर कथा, तृतीय खण्ड, पृ. 370
21. निराला : गीतिका।
22. अपरा।
23. हजारीप्रसाद द्विवेदी : हिन्दी साहित्य, पृ. 469
24. भटनागर : कवि निराला : एक अध्ययन, पृ. 237

पंचम अध्याय

उपसंहार

प्रस्तुत निबन्ध में जहाँ तक सम्भव हो सका है, तटस्थ तथा निरपेक्ष होकर निराला-काव्य में बंगीय-प्रभाव के सूत्र को स्पष्ट करने की चेष्टा की गयी है। इस सम्बन्ध में आलोचना करते हुए हमने मुख्यतया निराला पर रवीन्द्रनाथ का प्रभाव ही प्रदर्शित किया है। इसके अतिरिक्त आनुषंगिक रूप में विवेकानन्द, नज़रुल इस्लाम, द्विजेन्द्रलालराय तथा बंगाली या मैथिली वैष्णव कवि विद्यापति और चण्डीदास के प्रभाव की भी आलोचना प्रस्तुत की गयी है। चूँकि 'निराला-काव्य पर बंगला का प्रभाव' आलोचना का विषय रहा है इसीलिए बंगीय चिन्तनधारा तथा वातावरण के प्रभाव को भी स्पष्ट कर दिया गया है। सम्पूर्ण निबन्ध में आनुषंगिक प्रभाव-प्रदर्शन के अतिरिक्त मुख्यतया तीन विषयों पर व्यवहारगत आलोचना प्रस्तुत की गयी है–

1. निराला के काव्य की आलोचना।
2. रवीन्द्र के काव्य (अंशतः) की आलोचना।
3. निराला और रवीन्द्र के काव्य की साम्य या वैषम्यमूलक आलोचना।

निराला के काव्य की आलोचना करते हुए उनके सम्पूर्ण काव्य-साहित्य की व्यवहारगत (प्रैक्टिकल) आलोचना प्रस्तुत की गयी है और साथ ही रवीन्द्र के काव्य-साहित्य के विचार-पक्ष तथा कलापक्ष को आलोचना का विषय बनाया गया है। पृथक् आलोचना होने के उपरान्त निराला पर रवीन्द्र के प्रभाव-विस्तार की व्याख्या की गयी है और निष्कर्ष रूप में रवीन्द्र से साम्य या वैषम्य का भी प्रदर्शन किया गया है। निराला द्वारा अनूदित बंगला-कविताओं वाले परिशिष्ट[1] में रवीन्द्र के विचारों के क्रम-विकास की व्याख्या मनोवैज्ञानिक तथा ऐतिहासिक दृष्टि से प्रस्तुत की गयी है। इस प्रकार सम्पूर्ण निबन्ध की विषयवस्तु निराला तथा रवीन्द्र के काव्य की आलोचना ही रही।

प्रस्तुत निबन्ध की आलोचना का लक्ष्य विषयगत तथ्यों की व्याख्या ही रही इसीलिए निराला की मौलिकता या हिन्दी-साहित्य को निराला की मौलिक देन आदि विषयों को आलोच्य विषय के अन्तर्गत नहीं रखा गया है जिसके सम्बन्ध में भूमिका में बात स्पष्ट कर दी गयी है। भूमिका में हमने कहा है कि निराला में मौलिकता का अभाव नहीं है और जहाँ रवीन्द्र से प्रभावित भी हुए हैं वहाँ रवीन्द्र के भाव को आत्मसात् कर उसको मौलिक रूप में प्रकट भी किया है। 'प्रभाव' की आलोचना करने का या निराला के काव्य में बंगीय प्रभाव-विस्तार को प्रदर्शित करने का अर्थ यह नहीं कि निराला में मौलिकता नहीं है वरन् उनकी या छायावादी कवियों की मौलिकता को बंगाली आलोचक भी स्वीकार करते हैं। सुधाकर चट्टोपाध्याय का कहना है–

छायावादी कविरा साहित्यकार कवि। भारतेर विभिन्न अंचले तांदेर अनेक कविताइ अनुकूल अभ्यर्थना पाबे सहृदय-हृदयेर काछे। तांदेर अनन्त कवितार मध्ये खुंजले अनन्त कालेर दु-एकटि कविताओ आविष्कृत हबे।[2]

अर्थात् छायावादी कवि वास्तविक कवि हैं। भारत के विभिन्न प्रान्तों के सहृदय-हृदय के पास से उनकी बहुत-सी कविताएँ अनुकूल अभ्यर्थना पा सकेंगी। उनकी अनन्त कविताओं के बीच ढूँढ़ने पर अनन्तकाल के लिए लिखी गयी दो-एक कविताएँ अवश्य ही मिल जायेंगी।

यहाँ उपसंहार के रूप में दो प्रश्नों पर हम प्रकाश डालना उचित समझेंगे–

प्रथम, प्रभावान्वित कविताओं का मूल्य क्या है?

द्वितीय, प्रभाव को किस रूप में निराला ने अपनाया है?

प्रथम प्रश्न का उत्तर हम भूमिका में 'प्रभाव की उपयोगिता' में दे चुके हैं। यहाँ केवल इतना ही कहना है कि रवीन्द्र-प्रभावान्वित होने से ही निराला की कविताएँ मूल्यहीन नहीं हो जातीं। जिस प्रकार रवीन्द्र की कविताओं ने, दूसरे साहित्यकारों के प्रभाव से पूर्ण होते हुए भी, अपनी अलग सत्ता को बनाये रखा है उसी प्रकार निराला की कविताएँ अनुकरण की स्थूलता से मुक्त होकर स्वीकरण की सार्थकता से पूर्ण बनी हुई हैं। यही निराला की कविताओं का परम मूल्य है और यह सार्थकता ही इन कविताओं को हिन्दी-काव्य की स्थायी सम्पत्ति बनाये रखेंगी।

जहाँ तक दूसरा प्रश्न है कि निराला ने प्रभाव को किस रूप में अपनाया है उसके उत्तर में हम कह सकते हैं कि अन्य छायावादी कवियों की तरह निराला के अनुकरण की चेष्टा अनुभूतिजन्य होने के अतिरिक्त अपने काव्य को अलंकृत करने का प्रयास भी है। इस विषय में नन्ददुलारे वाजपेयी, सुमित्रानन्दन पन्त पर रवीन्द्र के प्रभाव की आलोचना करते हुए कहते हैं कि प्रभाव को अपहरण न कहकर अलंकरण कहना चाहिए। इस अलंकरण के प्रयास में ही छिपी हुई है–निराला की मौलिकता,

जिसका अभिनव रूप उनके काव्य के माध्यम से प्रकट हुआ है और इस प्रकार इस अलंकरण के प्रयास में ही छिपा हुआ है निराला का व्यक्तित्व जो कविताओं में अपने सम्पूर्ण काव्यत्व को लेकर प्रकट हुआ है और जिसका आधेय है–

> **"नव जीवन की प्रबल उमंग,**
> **जा रही मैं मिलने के लिए, पार कर सीमा,**
> **प्रियतम असीम के संग।"**

सन्दर्भ

1. देखिए परिशिष्ट 1
2. चट्टोपाध्याय : आधुनिक हिन्दी साहित्ये बांगलार स्थान, प्रथम खण्ड, पृ. 111

परिशिष्ट

(1) निराला द्वारा अनूदित बंगला-कविताएँ

निराला द्वारा अनूदित बंगला-कविताएँ आलोच्य निबन्ध की परिधि के भीतर नहीं समा सकतीं क्योंकि सामान्यतः अनुवाद का 'प्रभाव' के साथ कोई सम्बन्ध नहीं होता है। परन्तु निराला के लिए अनुवाद एक सामान्य वस्तु नहीं है; उनके साहित्यिक जीवन में अनुवाद का एक विशेष स्थान है। निराला के लिए अनुवाद प्रभावसापेक्ष है। जैसा कि वे कहते हैं कि अंग्रेज़ी या बंगला की अनूदित पुस्तकों की भाषा चाहे कितनी सावधानी से क्यों न लिखी जाये परन्तु मूल ग्रन्थों के जातीय भावों का निराकरण कभी किया नहीं जा सकता।[1] निराला ने उन्हीं दो बंगाली कवियों अर्थात् रवीन्द्र तथा विवेकानन्द की ही कविताओं का अनुवाद किया है जिन्होंने उन्हें काव्य की सृष्टि में सबसे अधिक प्रभावित किया है। इसी कारण, आलोच्य विषय की अंगहानि के दोष से बचने के लिए अनूदित कविताओं पर आलोचना आवश्यक-सी हो गयी है। और यह आवश्यकता और भी निगूढ़ बन जाती है जब हम अनुवाद के सम्बन्ध में निराला की मौलिक मान्यताओं से परिचित होते हैं। निराला के लिए अनुवाद प्रभाव-सापेक्ष के अतिरिक्त व्यक्तित्व-सापेक्ष भी है अर्थात् अनुवाद के लिए यह आवश्यक नहीं कि मूल पुस्तक का अक्षरशः अनुवाद किया जाये वरन् उसमें अनुवादक की व्यक्तिगत मान्यताओं तथा रुचि का रंग यदि चढ़ जाये तो कोई आपत्ति नहीं और वैसे भी व्यक्तिगत रंग तो अनूदित वस्तु में लग ही जाता है। निराला की अनूदित कविताओं में निराला के व्यक्तित्व की छाप स्पष्टतया परिलक्षित होती है और इसीलिए इस विषय पर विवेचन आवश्यक हो गया है यद्यपि व्यक्तिगत छाप का अर्थ यह नहीं कि अनुवादक मूल वस्तु के साथ मनमानी करे। इसी बात को ध्यान में रखते हुए निराला ने कहा है–

अनुवाद के लिए यह नियम नहीं कि मूल पुस्तक का अक्षरशः अनुवाद किया जाय, परन्तु यह भी ठीक नहीं कि मूल का अर्थ आदि कुछ और हो और अनुवाद का कुछ और। अनुवादक को मूल के अर्थ पर ध्यान रखना चाहिए। उसी अर्थ को

दूसरी भाषा में प्रस्फुटित कर देना उसका कर्तव्य है। यदि मूल में कोई चमत्कार हो तो अनुवाद में भी चमत्कार दिखलाना चाहिए। मूल की भाषा में यदि किसी ऐसे मुहावरे का प्रयोग आया है जिसकी ओर स्वभावतः पाठक खिंच जाय तो अनुवादक को भी उसी ढंग का करना चाहिए। सारांश यह है कि मूल की भाषा और भावों से अनुवाद की भाषा और भावों को शिथिल न होने देना चाहिए।[2]

अनुवाद के सम्बन्ध में प्रत्येक बड़े आलोचक का भी यही मत है। अंग्रेज़ी साहित्य के विख्यात इतिहासकार कौमटन रिकेट भी यही कहते हैं–

"A literal translation, as the student of letters knows, often does far less justice to the genius of the original than a free translation."[3]

कौमटन रिकेट ने अपना यह मत फिटज़र्ल्ड द्वारा अनूदित उमर खैयाम की रुबाइयों के सम्बन्ध में आलोचना करते हुए व्यक्त किया है। कौमटन रिकेट कहते हैं कि फिटज़र्ल्ड द्वारा उमर खैयाम की रुबाइयों का सफल अनुवाद का रहस्य है कि अनुवादक का व्यक्तित्व मूलवस्तु के साथ घुलमिल गया था और इसी समरसता के कारण अनुवाद इतना सफल हो पाया–

Although only a tolerable scholar, with a partial knowledge of persian, he found in Omar a writer with whom he was spiritually at one, and for this reason his bold and unblushing liberties with the text, his own variation to the original music are in perfect accord with the primal melody. For this reason Fitz Gerald's translation has the force and beauty of an original work.[4]

निराला की अनूदित कविताओं के सम्बन्ध में भी बिल्कुल यही बात कही जा सकती है। रवीन्द्रनाथ तथा विवेकानन्द के विचारों द्वारा अनुप्रेरित उन्होंने काव्य-रचना प्रारम्भ की थी। इन दोनों बंगला-कवियों का प्रभाव निराला के काव्य पर बराबर बना रहा, परन्तु निराला ने उस प्रभाव को आत्मसात् कर लिया और यह आत्मसात्, परस्पर के विचारों की समता के कारण ही सम्भव हो सका। निराला वेदान्त से प्रभावित थे इसीलिए वे 'विराट् के उपासक' थे और इसी कारण स्वामी विवेकानन्द के वेदान्त से अनुप्रेरित वे कविताओं का सफल अनुवाद कर सके। इसके अतिरिक्त रवीन्द्र की सौन्दर्यानुभूति तथा स्वदेश-प्रेम और रहस्यवादी कविताओं के विचारों का स्वतः स्फुरण उनके मन में बाल्यकाल से ही हो गया था। इसी कारण वे रवीन्द्र के भी सफल अनुवादक बन सके क्योंकि विचारों की समता ही सफल अनुवाद का रहस्य है।

निराला के अनुवाद के प्रति अपने विचार सशक्त तथा प्रबल हैं। वे गलत अनुवाद के घोर विरोधी हैं और गलत अनुवाद करनेवाले को नीचा दिखाने में वे कदापि नहीं चूकते। पण्डित रूपनारायण पाण्डेय के गलत अनुवाद पर निराला के विचारों को प्रकट करते हुए डॉ. रामविलास शर्मा लिखते हैं–

एक जगह 'फुलकी' का अर्थ पाण्डेय जी ने 'रोटी' लिखा था जबकि उसका अर्थ 'चिनगारी' था। बंगला के वाक्य का अर्थ है—उसका तरुण हृदय आग की चिनगी की तरह चारों ओर फैल रहा था (ताहादेर भावप्रवण तरुण हृदय आगुनेर फुलकीर मतनेंइ स्वाधीन आनन्देर उज्जवलताय क्षणे क्षणे आपनादिगके चारिदिके विकीर्ण करिते थाकितो)। पाण्डेय जी ने अनुवाद किया था "उसका भाव-प्रवण तरुण हृदय सिक रही फुलकी (रोटी) की तरह ही स्वाधीन आनन्द की तरह फूल-फूल उठता था।" पाण्डेय जी के अनुवाद पर टीका करते हुए निराला जी कहते हैं, "खूब ! पण्डितजी, जान पड़ता है, उस समय भूख बड़े ज़ोरों की लगी थी, नहीं तो रोटी क्यों सेंकते? यहाँ न कहीं रोटी है न दाल, फुलकी है सो वह भी चिनगारी है रोटी नहीं। कल्पना भी कैसी! मूल में तो है 'विकीर्ण करिते थाकितो' और अनुवाद में 'फूल-फूल उठता था।'.....फूल-फूल उठना रूपनारायणजी की रोटी के लिए ही उपयुक्त है। अच्छा है, सेंकिए रोटी।'[5] यहाँ निराला ने पाण्डेयजी के प्रति व्यक्तिगत रोष के कारण इस प्रकार की आलोचना नहीं की वरन् उन्होंने तो एक सच्चे अनुवादक के नाते गलत अनुवाद का केवल सशक्त शब्दों में विरोध किया है, नहीं तो पाण्डेयजी के सुन्दर अनुवादों की निराला सर्वदा प्रशंसा करते रहे। अनुवाद के लिए निराला दोनों भाषाओं के ज्ञान को बहुत महत्त्वपूर्ण समझते थे। उनका कहना है—

अनुवाद का अर्थ वही समझता है, मौलिक ग्रन्थ का चमत्कार उसी दृष्टि में अपनी शोभनीय सृष्टि रखता है—अनुवाद और मूल दोनों की भाषाओं पर जिसका पूर्ण अधिकार हो।[6]

इस प्रकार हम देखते हैं कि निराला के अनुसार अनुवाद के लिए दोनों भाषाओं का परिपक्व ज्ञान तथा अनूदित कविता के भावों का सुललित चित्रण आवश्यक है—यद्यपि अक्षरशः उन्हीं शब्दों तथा भाव-क्रम का अनुवाद आवश्यक नहीं है—इसी दृष्टि से देखने पर हमें यह ज्ञात होता है कि जहाँ तक विवेकानन्द की कविताओं के अनुवाद का प्रश्न है निराला एक सच्चे अनुवादक रह पाये हैं परन्तु रवीन्द्र की कविताओं का अनुवाद करते हुए वे अपने भाव, विचार तथा कल्पना के स्रोत में इतने आगे बह गये हैं कि अनूदित कविताएँ मूल के भाव से स्पष्ट होने पर भी स्वतन्त्र दीख पड़ती हैं। किसी निष्कर्ष पर पहुँचने से पहले मूल तथा उसके अनुवाद पर आलोचना कर ली जाये।

रवीन्द्र की कविताओं का अनुवाद :

कहाँ देश है? (निरुद्देश यात्रा)

रवीन्द्रनाथ की रचनाओं की कालानुक्रमिक सूची के अनुसार हम अनूदित कविताओं की आलोचना करेंगे। इस दृष्टि से सर्वप्रथम रवीन्द्र के 'सोनार तरी' काव्यसंग्रह के

अन्तर्गत 'निरुद्देश यात्रा' कविता के अनुवाद की आलोचना करनी होगी। 'निरुद्देश यात्रा' शीर्षक को बदलकर निराला ने कविता का नूतन नामकरण 'कहाँ देश है' रखा है। यहाँ 'सोनार तरी' काव्य-संग्रह के मूलगत भावना-विचार को हमें समझ लेना होगा कारण उसी से ही हमें 'निरुद्देश यात्रा' में अन्तर्निहित मूल चिन्तनधारा की अनुभूति होगी और हमें यह समझने में सुविधा भी होगी कि केवल अनुवादार्थ निराला ने इसका अनुवाद किया अथवा इसकी भाव-धारा से प्रभावित होकर उन्होंने इसका प्रणयन किया और करते हुए उनके मौलिक भावों का भी समावेश इसमें हो गया।

'सोनार तरी' की चिन्तनधारा की आलोचना करते हुए सुकुमार सेन कहते हैं कि कविमानस की प्रकृति तथा उसकी रस-दृष्टि के विकास तथा परिणति के आधार पर विचार करने से रवीन्द्रनाथ की सुदीर्घ काव्य-सृष्टि को तीन कालों में विभक्त किया जा सकता है—

आत्ममुखीन—इण्ट्रौस्पैक्टिव
प्राङ्मुखीन—प्रौस्पैक्टिव
पराङ्मुखीन—रिट्रौस्पैक्टिव[7]

बचपन में कठोर शासन के अन्दर रहने से केवल उनकी अन्तर्यामी आत्मा ही प्रारम्भिक रचनाओं में प्रस्फुटित हुई है। धीरे-धीरे कवि-चित्त अपनी रची हुई बाधा को भेदकर बृहत्संसार की विभिन्न अभिज्ञता के स्वाद को ग्रहण करने निकल पड़ता है। सुकुमार सेन के अनुसार 'कड़ि ओ कोमल' काव्य-संग्रह से यह द्वितीय अर्थात् प्राङ्मुखीन युग का प्रारम्भ होता है। कवि-हृदय की अतृप्त विरह-वेदना अब मर्मदहन का कारण न बन रस-परिणति का कारण बनती है एवं भावार्पित अथवा 'आइडिएलाइज्ड' होकर एक ओर तो अतीन्द्रिय अध्यात्मलोक तक बढ़ जाती है, और दूसरी ओर विश्व प्रकृति के बीच फैल जाती है।[8] यहीं से हम रवीन्द्रकाव्य के ब्रह्म तथा विश्व, जीव तथा जगत् के अखण्ड भाव का कारण समझ पाते हैं। हमारा जीवन एक ओर अहं द्वारा केन्द्रित सीमाबद्ध है, दूसरी ओर विश्व में परिव्याप्त है। जीवन जहाँ अहं केन्द्रित है, वहाँ 'मैं छोटा' में है तथा 'पिंजरे की चिड़िया' है। जीवन जहाँ विश्वमुखीन है, वहाँ 'मैं बड़ा' में है तथा 'बन की चिड़िया' है। तपनकुमार बन्द्योपाध्याय के अनुसार इस अहं से विश्व की ओर बढ़ना, छोटा-मैं से बड़े-मैं की ओर अभिसार ही रवीन्द्र-दर्शन तथा रवीन्द्र-साहित्य की मर्मवाणी है। 'सोनार तरी' काव्य में पिंजरे के पक्षी तथा वन के पक्षी का पहला परिचय हम पाते हैं।[9] जिस अभिनव जीवन-ध्यान से अनुप्रेरित कवि सोने के पिंजरे से निकल आये, जिस बृहत्तर जीवन-बोध से प्रेरित कवि का मानसाभिसार शुरू हुआ, उसी विकसित चेतना अथवा बृहत्तर जीवन-बोध को ही कवि ने 'सोनार तरी' कहा है। कवि के सोने के पिंजरे में एक सोने की तरी डोल रही है। पिंजरे की चिड़िया उस नौके की सहायता से बाहर

निकलने की चेष्टा कर रही है। कवि पहले अपने व्यक्तिगत जीवन के सुख-दुःख में मग्न थे, अब कवि विश्व-जीवन की आनन्द-चेतना से उद्बुद्ध हुए हैं। कविचित्त का यह उद्बोधन ही 'सोनार तरी' काव्य की मर्मवाणी है।

यद्यपि इस चिन्तनधारा का सूत्रपात, जैसा कि हम पहले कह चुके हैं, 'कड़ि ओ कोमल' से हो गया था और 'मानसी' में आकर इसको और भी अधिक स्पष्टता प्राप्त हुई। भाव तथा कालानुसार मानसी की कविताओं के दो स्तर लक्षित होते हैं। पहले स्तर की कविता में हम देखते हैं कि प्रेम-स्वप्न छिन्न-भिन्न हो गया है और कविचित्त आत्मस्थ होकर स्थूल प्रेम की अतृप्ति तथा ग्लानि से चलकर स्थिरतर आत्मरति के मध्य आश्रय ढूँढ़ रहा है। फिर भी अन्तर्द्वन्द्व की अति बिल्कुल लुप्त नहीं हो गयी है। इसीलिए प्रश्न है—

हृदयेर धन कभु धरा याय देहे?

द्वितीय स्तर की कविताओं में नव यौवन के अकृतार्थ प्रेम ने, रसायित लोकातीत आदर्श में परिवर्तित होकर, कवि को चिरविरही बनाया है। यह विरह-रसाश्रित प्रेम ही रवीन्द्रनाथ के कवि-जीवन का प्रधान आलम्बन बन गया है—

ए प्रेम आमार सुख नहे दुख नहे

इस द्वितीय स्तर की कविताओं में ही 'मानसी' का निजस्व स्वर ध्वनित है। वास्तव में प्रेम के मोह के टूट जाने के साथ ही प्रेम-कल्पना को केन्द्रित कर कवि-हृदय की सारी आकांक्षा तथा आशा धीरे-धीरे सुस्पष्ट रूप धारण कर कवि-जीवन के ध्रुवतारा के रूप में उदित हुई है। यही रवीन्द्र की 'मानस-प्रतिमा' है।[10]

'सोनार तरी' में हृदयवेग स्तिमित हो गया है तथा कवि-चित्त में गम्भीर शान्ति एवं कवि-दृष्टि में प्रगाढ़तर रसावेग का संचार हुआ है। 'सोनार तरी' की 'मानस सुन्दरी' कविता में 'मानसी' की 'मानसी प्रतिमा' को अतीत अनागत के चिरन्तन रसालोक में पहुँचाकर कविचित्त ने उसे रसानुभूति के परम आलम्बन रूप में ग्रहण किया है—

छिले खेलार संगिनी
एखन हयेछ मोर मर्मेर गेहिनी,
जीवनेर अधिष्ठात्री देवी।

जीवन की अधिष्ठात्री देवी, अपनी मानस-सुन्दरी को लेकर कवि 'सोनार तरी' पर बैठ 'निरुद्देश यात्रा' को निकला है—विश्वजीवन की चेतना से जाग्रत होकर कवि गाता हुआ चला है—

आर कतदूर निये जाबे मोरे
हे सुन्दरी
बलो, कोन पार भिड़िबे तोमार
सोनार तरी।

सोने की तरी की चालक मानस-सुन्दरी इसके उत्तर में हँस देती है। मानस-सुन्दरी रोमांस की नायिका या परी-कथा की मोहनी के रूप में कवि-हृदय के अखिल सागर को मथित कर चली है फिर भी अपने रहस्य को सम्पूर्ण रूप से व्यक्त नहीं करती—

तरीते उठिया, शुधानु तखन
आछे कि होथाय नवीन जीवन
आशार स्वपन फले कि होथाय
सोनार फले
मुखपाने चेये हासिले केवल
कथा न बले।

अभी तो केवल यात्रा का प्रारम्भ है, परन्तु कहाँ चले हैं, किसके अन्वेषण पर चले हैं वह अब भी स्पष्ट नहीं हुआ है। इस यात्रा का अन्त कहाँ है यह कवि नहीं जानते हैं। शायद जहाँ जा रहे हैं वहाँ नवीन जीवन है, शायद स्वर्ण फल-रूपी आशा का स्वप्न वहाँ दिखाई देता है, अथवा शायद वहाँ यह सब कुछ भी नहीं है, शायद केवल स्निग्ध मृत्यु इस यात्रा के अवसान रूप वहाँ विराज रही है। मधुरहासिनी मानस-सुन्दरी जो इस सोने की तरी की खिवैया हैं, वे ही यह सब कुछ जानती हैं। उसके साथ कवि का अभी तक भली-भाँति परिचय नहीं हुआ है। अभी तक वाक्यालाप भी नहीं हुआ है, अभी तक तो केवल—

हू-हू करे वायु फेलिछे सतत
दीर्घश्वास।
अन्ध आवेगे करे गर्जन
जलोच्छ्वास।
संशयमय घन नील नीर,
कोनो दिके चेये नाहि हेरि तीर,
असीम रोदन जगत् प्लाविया
दुलिछे येन।
तारि परे भासे तरणी हिरण,
तारि परे पड़े सन्ध्या किरण,
ताई माझे बसि ए नीरब हारि
हासिछ केन।
आनि तो बुझि ना की लागि तोमार
विलास हेन॥

इस मधुरहासिनी अपरिचिता के 'विलास' से कवि विस्मित हुए हैं किन्तु संशयग्रस्त नहीं हुए हैं। जब सन्ध्याकाश में स्वर्णालोक मन्द हो जायगा, जब केवल केवल मात्र

देह-सौरभ, मात्र आकूल केशराशि का स्पर्श कवि को क्षीण आश्वासन प्रदान करेगा, तब विकल-हृदय तथा विवश-शरीर कवि अधीर कण्ठ से उस मानस-सुन्दरी के सान्निध्य की कामना करेंगे। अब तो केवल कवि उन्मुक्त असीम की ओर यात्रा का आनन्द ले रहे हैं, कहाँ जाकर पहुँचेंगे अभी तक स्थिर नहीं हुआ है।

निराला की काव्यसृष्टि का सर्वेक्षण करने पर रवीन्द्र से मिलता-जुलता इसका एक रूप हमारे सम्मुख प्रकट हो जाता है। निराला की काव्यसृष्टि के पहले युग का प्रारम्भ 'जूही की कली' के साथ होता है। डॉ. रामविलास शर्मा का कहना है–

"इस रचना में नवयुवक कवि का एक मनोरम सौन्दर्य-स्वप्न अंकित है। इस तरह का भुलावा जीवन में अनेक बार नहीं होता। बुद्धि रोमांस के चरणों में बार-बार यों आत्मसमर्पण नहीं करती।"[11]

अनामिका (1923) में 'जूही की कली' जैसी कल्पनामयी कविताओं के अतिरिक्त, एक दूसरे स्तर की कविताएँ भी संयोजित हैं, जिन्हें हम कवि की 'असीम के प्रति जिज्ञासा' की संज्ञा दे सकते हैं। इसके अन्तर्गत 'तुम और मैं' जैसी कविताओं की गणना होती है। इसी भाव से अनुप्रेरित हो उन्होंने 1924 में 'निरुद्देश यात्रा' का अनुवाद किया जो 1937 में छपी थी। परन्तु वास्तव में इसे अनुवाद नहीं कहा जा सकता है। यथार्थ में रवीन्द्र के कुछ भावों को ग्रहण कर एक नवीन भावना का संयोजन करने की चेष्टा निराला ने की है जहाँ दोनों अर्थात् कवि-मन की एवं आदर्श-केन्द्रित मन की बृहतर विश्व को पाने के लिए यात्रा की अभिव्यक्ति हुई है। इस आदर्श से अनुप्रेरित हो कविता के शीर्षकों की आलोचना द्रष्टव्य है। रवीन्द्र के 'निरुद्देश यात्रा' शीर्षक का अनुवाद 'कहाँ देश है' से ही एक आदर्श के एक विभिन्न दृष्टिकोणों का पता चल जाता है। रवीन्द्र सीमा को तोड़कर असीम की ओर बढ़ रहे हैं और इस यात्रा के आनन्द में निमग्न हैं। यात्रा यद्यपि निरुद्देश की ओर है तथापि मानस-सुन्दरी के सहयोग से उन्हें आनन्द प्राप्त हो रहा है। उनकी जिज्ञासा से अधिक 'मानस-सुन्दरी' पर विश्वास ही कविता में दिखाई पड़ता है। निराला 'कहाँ देश है' में स्पष्ट सुन्दरी से पूछते हैं कि उसका देश कहाँ है। उनमें विश्वास नहीं जिज्ञासा अधिक है। इसी कारण निराला की कविता 'प्रश्नसूचक' चिह्न में समाप्त होती है–

जहाँ हो गया इस रोदन का शेष,
क्यों सखि, क्या है वही तुम्हारा देश?

रवीन्द्र जहाँ इस कविता में रोमाण्टिक आत्ममुखीन युग को पार कर प्राङ्मुखीन युग तक पहुँच पाये हैं वहाँ निराला के इस अनुवाद में रोमांस तथा विराटत्व की उपलब्धि के बीच अन्तर्द्वन्द्व चल रहा है। इसीलिए रवीन्द्र के लिए मानव-सुन्दरी विदेशी, 'अपराजिता' है क्योंकि वहाँ कवि स्थूल प्रेम की अतृप्ति तथा ग्लानि से विमुख होकर स्थिरतर आत्मरति के मध्य आश्रय ढूँढ़ रहा है। और निराला में विराटत्व

की जिज्ञासा के साथ ही अवचेतना से अनुप्रेरित रोमांस का पुट कविता को कुछ और ही रूप दे देता है। इसी कारण रवीन्द्र की 'विदेशिनी', 'अपरिचिता' निराला के लिए 'प्रिय' तथा 'सखि' है। चूँकि निराला की मानस-सुन्दरी उसकी अपनी प्रिया है इसीलिए वह उसे गाना भी सुनाती है, जो निराला की मौलिक संयोजना है–

प्रिय, सँभालती हुई कपोलों पर के कुंचित केश,
मुझे चढ़ाया बाँह पकड़ अपनी सुन्दर नौका पर,
फिर समझ न पाया, मधुर सुनाया कैसा वह संगीत
सहज-कमनीय-कण्ठ से गाकर।

इसके अतिरिक्त निराला अपनी प्रिया के सान्निध्य में आकर वास्तविक जगत् की क्रूरता को भूल जाते हैं, यह भी निराला की मौलिक संयोजना है–

मिलन-मुखर उस सोने के संगीत राज्य में
मैं विहार करता था,–
मेरा जीवन–श्रम हरता था;
मीठी थपकी क्षुब्ध हृदय में तान-तरंग लगाती
मुझे गोद पर ललित कल्पना की वह कभी सुनाती कभी जगाती।
जगकर पूछा, कहो कहाँ मैं आया?
हँसते हुए दूसरा ही गाना तब तुमने गाया

फिर व्याकुलचित्त होकर प्रिया के 'त्रस्त वस्त्र' को पकड़ना भी काफ़ी रोमाण्टिक है, यह भी निराला की मौलिक संयोजना है–

झाँका खिड़की खोल तुम्हारी छोटी सी नौका पर,
व्याकुल थीं निस्सीम सिन्धु की ताल तरंगें।
गीत तुम्हारा सुनकर;
विकल हृदय यह हुआ और जब पूछा मैंने
पकड़ तुम्हारे त्रस्त वस्त्र का छोर

वास्तव में रवीन्द्र की 'सोनार तरी' का रूपक अर्थात् व्यक्ति का विश्व के साथ मिलन के लिए यात्रा के भाव का अभाव निराला की कविता में दीखता है। निराला की कविता में जीवन की वास्तविकता से डरे हुए कवि का जीवन से पलायन (Escape) की इच्छा अधिक द्रष्टव्य है और वह एक ऐसे भाव-देश में (Eutopia) भागकर जाना चाहता है जहाँ जीवन की क्रूर वास्तविकता का सामना कवि को करना न पड़े–

झुलसाता जल तरल अनल
है प्लावित कर जग को असीम रोदन लहराता;
खड़ी दिग्वधू, नयनों में दुख की है गाथा
प्रबल वायु भरती है एक अधीर श्वास,

है करता अनय प्रलय का-सा भर जलोच्छ्वास,
यह चारों ओर घोर संशयमय क्या होता है?
क्यों सारा संसार आज इतना रोता है?
जहाँ हो गया इस रोदन का शेष,
क्यों सखि, क्या है वही तुम्हारा देश?

परन्तु रवीन्द्र की कविता जीवन से भागना नहीं, जीवन को परिपूर्ण रूप से पाने की व्याकुलता है जो साधारण मानवी प्रिया की सहायता से सम्भव नहीं वरन् उसके लिए तो एक ऐसे व्यक्ति की आवश्यकता है जो रहस्याच्छन्न विदेशिनी हो–

आँधार रजनी आसिबे एखनि मेलिया पाखा,
सन्ध्या-आकाशे स्वर्ण-आलोक पड़िबे डाका।
शुधु भासे तब देहसौरभ,
शुधु काने आसे जलकलरव
गाये उड़े पड़े वायुभरे तब केसेर राशि।
विकल हृदय विवश शरीर
डाकिया तोमारे कहिब अधीर–
'कोथा आछओगो, करह परश निकटे आसि।'
कहिबे न कथा, देखिते पाब ना नीरव हासि।

निष्कर्ष में हम कह सकते हैं कि यह कविता वास्तव में अनुवाद नहीं वरन् रवीन्द्र के भावों का संचयन कर निराला ने अपने मन के अन्तर्द्वन्द्व को एक नया रूप देना चाहा है। रवीन्द्र के 'मानस सुन्दरी' जैसे अतीन्द्रिय रूपक को ग्रहण करके उसकी नयी सृष्टि में यह अन्तर्द्वन्द्व ही अधिक प्रकट हुआ है जहाँ वह स्थूल तथा अतीन्द्रिय प्रेम का समन्वयात्मक रूप बन गया है। रवीन्द्र की कविता का स्थायित्व, इसी अन्तर्द्वन्द्व के कारण, इस कविता को प्राप्त नहीं हुआ है। निराला में पलायनवादी प्रवृत्ति अधिक लक्षित होती है जहाँ रवीन्द्र की कविता में निज तथा विश्व के समन्वयात्मक बोध से परिपूर्ण जीवन की प्राप्ति की इच्छा अधिक दिखाई पड़ती है। निराला को इस पलायनात्मक भाव के सम्प्रेषण के लिए रवीन्द्र की कविता के भाव-क्रम का परिवर्तन करना पड़ा है और इस प्रकार कविता की मूलगत भावना में प्रभेद आ गया है यद्यपि जहाँ कहीं वाक्यों को ग्रहण कर अनुवाद किया गया है वह सुन्दर तथा स्वच्छ हुआ है। उदाहरणार्थ–

नीरवे देखाओ अंगुलि तुलि
=मौन इशारा किया उठा कर उँगली तुमने।

और

दूरे पश्चिमे डुबिछे तपन गगन कोणे।
=धँसते पश्चिम सान्ध्य गगन में पीत तपन की ओर।

और

झलितेछे जल तरल अनल,
गलिया पड़िछे अम्बर तल,
दिक्वधू येन छलछल-आँखि अश्रुजले
=झुलसाता जल तरल अनल
गलकर गिरता सा अम्बस्तल
है प्लावित कर जग को असीम रोदन लहराता;
खड़ी दिग्वधू, नयनों में दुख की गाथा।

तथा

हू हू करे वायु फेलिछे सतत दीर्घश्वास
अन्ध आवेगे करे गर्जन जलोच्छ्वास।
संशयमय घननील नीर,
=प्रबल वायु भरती है एक अधीर श्वास,
है करता अनय प्रलय का सा भर जलोच्छ्वास,
यह चारों ओर घोर संशयमय क्या होता है?

तट पर (विजयिनी)

रवीन्द्रनाथ की दूसरी कविता 'विजयिनी' का अनुवाद निराला ने 'तट पर' शीर्षक से किया है। यह रवीन्द्र के 'चित्रा' काव्य-संग्रह में संगृहीत है। 'सोनार तरी' के उपरान्त ही रवीन्द्र का यह दूसरा काव्य-संग्रह है। सुकुमार सेन के अनुसार 'चित्रा' काव्य में 'सोनार तरी' रूपक ने एक विशिष्ट रूप धारण कर लिया है। कवि-मानस सुन्दरी, जीवन देवता रूप में, प्रेयसी राज्ञी के सिंहासन पर अधिष्ठित होकर उसके जीवन की निगूढ़ प्रेरणा को नियंत्रित कर रही है एवं उसकी समस्त सफलता-विफलता का पूजोपहार ग्रहण कर रही है। कवि ने अपनी भक्ति ही नहीं जीवन को भी अन्तर्यामी की सेवा में लगा दिया है।[12] इसी को स्पष्ट करते हुए तपनकुमार बन्द्योपाध्याय कहते हैं कि 'सोनार तरी' को अर्थात् संसार की तरणी के खिवैया को संसार की अधिष्ठात्री को देवी रूप में कल्पना की बात स्वयं रवीन्द्रनाथ ने व्याख्या करते हुए कही है। 'नैवध्य' और 'शान्ति निकेतन' में रवीन्द्रनाथ के जीवन-देवता का ध्यान विश्वदेवता के ध्यान में पर्यवसित हो जाता है परन्तु उस 'नैवध्य' और 'शान्ति निकेतन' के स्तर पर कवि 'सोनार तरी' के खिवैया का आत्मगत रूप में ध्यान नहीं कर सके हैं। भावात्मक (objective) ध्यान-कल्पना 'सोनार तरी' में स्पष्ट नहीं है यद्यपि इसका इंगित अवश्य मिल जाता है।[13] 'सोनार तरी' में बृहत्तर जीवन-चेतना का बोध हो जाता है किन्तु वह विषयगत (subjective) है तथा वह केवल बोधमात्र है। यह

बोधमात्र ही परवर्ती रचना में विश्वजीवन की वास्तविक भूमिका को ग्रहण करती है और इस प्रकार जीवन-देवता विश्व-देवता में परिणत हो जाता है। 'सोनार तरी' से होते हुए 'चित्रा' काव्य के भीतर से चलकर हम इस परिणाम में उपनीत होते हैं।

'निरुद्देश यात्रा' के खिवैया में जीवन-देवता के बोध का प्रथम आभास हमें प्राप्त होता है। यहाँ 'बोध' शब्द का प्रयोग जान-बूझकर किया गया है। कारण जैसा कि तपनकुमार बन्धोपाध्याय कहते हैं कि जीवन-देवता को रवीन्द्रनाथ ने एक निर्दिष्ट तत्त्व के रूप में नहीं जाना है, वरन् उसकी एक भाव या आइडिया रूप में उपलब्धि की है। इसीलिए जीवन-देवता के प्रसंग में हम रवीन्द्रनाथ के जीवन-देवता का ज्ञान नहीं कहेंगे, जीवन-देवता का बोध कहेंगे।[14] 'निरुद्देश यात्रा' की विदेशिनी ही में कवि के जीवन-देवता का प्रथम प्रकाश होता है परन्तु ये विदेशिनी कवि के ही जीवन देवता हैं यह बात तब तक कवि नहीं समझ पाये थे। जीवन-देवता का निगूढ़ संयोग अभी तक परिस्फुट नहीं हुआ था, वे केवल कवि की जीवनरूपी वस्तु के उदासीन व्यवसायी ज्ञात होते हैं। जिस रहस्यलोक में उसकी दुकान है उस रहस्यलोक का पता कवि को नहीं है। उनको पूछने पर वे केवल मौन हँसते हैं। यह रहस्यमय ही कवि के जीवन का कर्णाधार है। इस प्रकार 'सोनार तरी' में हम देखते हैं कि ''जस जगत् में कवि के जीवन के सोने की फसल को सार्थकता प्राप्त होगी वह जगत् जिस प्रकार कवि के लिए अस्पष्ट है उसी प्रकार उस जगत् की फसल के व्यवसायी का परिचय कवि के लिए अस्पष्ट है। 'सोनार तरी' में जो विरोध तथा वेदना दिखाई पड़ती है वह मूलतः रस-बोध की अस्पष्टता के कारण है।''[15]

परन्तु 'चित्रा' में यह बोध और अस्पष्ट नहीं रह जाता है। अब कवि के सम्मुख दो जगत् स्पष्ट हो उठे हैं—एक रूपमय विश्वजगत् दूसरा भावमय स्वप्न-जगत्। यह दोनों जगत् ही अपने स्व-पार्थक्य को लेकर कवि के सम्मुख स्पष्ट हो उठे हैं। एक जगत् में कवि नाना प्रकार के दुःख, दैन्य तथा अभाव अभियोग की अनुभूति कर रहे हैं एवं दूसरे जगत् में परिपूर्णता तथा सार्थकता की अनुभूति हो रही है—वहाँ सब दैन्य विलीन हो चुका है, समस्त अभाव मिट चुके हैं। किन्तु इस स्पष्टता में भी कवि-मन के विरोध का शमन नहीं हो पाया है। कवि इन दोनों पृथक् जगत् के मध्य सामंजस्य स्थापित करना चाहते हैं परन्तु इनके बीच सामंजस्य स्थापित नहीं कर पा रहे हैं। कवि जब भाव-राज्य में चले जाते हैं तब उस अन्तर के अन्तःपुर से समस्त विश्वजगत् निर्वासित हो जाता है, और फिर जब विश्वजगत् में वापस चले आते है, तब उस सुख स्वर्गलोक से उन्हें विदा लेनी पड़ती है। चूँकि रवीन्द्रनाथ पलायनवादी (एस्केपिस्ट) कवि नहीं हैं इसीलिए वास्तविक जगत् को वे तुच्छ नहीं समझते हैं और सुख स्वर्गलोग से उसके सामंजस्य की चेष्टा करते हैं। कारण इन दोनों के सामंजस्य से ही मानव की मानवता का परिचय उद्घाटित होता है जैसे रवीन्द्रनाथ ने स्वयं कहा है—

"वास्तविक जगत् में मनुष्य का जो परिचय है वही उसकी प्रतिष्ठा है। परन्तु बाहर के इस परिचय का यदि भीतर के सत्य के साथ मिलन न हो तो उसके अस्तित्व में एक आत्मविच्छेद घटित होता है।"[16] रवीन्द्र इन दोनों का मिलन चाहते हैं परन्तु चाहने पर भी मिलन नहीं हो पा रहा इसीलिए कहीं केवल रूप-लोक का वर्णन है तो कहीं भावलोक का। परन्तु इन दोनों लोकों में सामंजस्य ढूँढ़ते हुए कवि ने अनुभव किया कि दीनता से होकर महिमा के बीच, क्षुद्र से होकर बृहत्तर के मध्य, संकीर्णता से होकर व्यापकता के बीच आत्मा के विकास द्वारा मानव का मन मुक्ति लाभ करता है, और उस आदर्शलोक में समस्त श्रेष्ठता के बीच कवि अपने जीवन-देवता को अधिष्ठित देखते है।"[17] परन्तु 'चित्रा' में सामंजस्य नहीं हो पाया है केवल कवि के रूप-जगत् में अर्थात् सीमा में उसे बाँधने की चेष्टा ही व्यंजित हो पायी है और इसी कारण रूप का उदात्तीकरण (सबलीमैशन) यहाँ स्पष्ट हो उठा है।

वासना के स्पर्शमात्र से विरहित महिमामय नारी-सौन्दर्य की अनवद्य प्रतिमा 'विजयिनी' है। ऐसा ज्ञात होता है कि बाणभट्ट की मानसी महाश्वेता को स्मरण कर रवीन्द्रनाथ ने विजयिनी का चित्र अंकित किया है। अच्छोदत्सरोवर से नहाकर सोपान पारकर तीर पर आ खड़ी हुई है सुन्दरी–

छायाखानि रक्त पदतले
च्युत वसनेर मत रहिल पड़िया;
अरण्य रहिल स्तब्ध, विस्मये मरिया।

इस रूप को कवि वासना-भोग के द्वारा बाँधना नहीं चाहते हैं। यह रूप महा-विश्वसंगीत है। इस कविता में, समग्र विश्व-परिव्याप्त सौन्दर्य की केन्द्रीभूत सत्ता के सम्मुख, अनंगदेवता को हम प्रणाम करते देखते हैं। सौन्दर्य-सत्ता को अनंग देव भोग के बीच बाँध नहीं सके हैं, उसको केवल प्रणाम कर कृतार्थ हुए हैं–

सम्मुखेते आसि
थमकिया दाँड़ाल सहासा। मुखपाने
चाहिल निमेषहीन निश्चल नयाने
क्षणकाल तरे। परक्षणे भूमि परे
जानु पाति बसि, निर्वाक विस्मयभरे
नतशिरे, पुष्पधनु पुष्प शर भार
समर्पिल पदप्रान्ते पूजा-उपचार
तूण शून्य करि। निरस्त्र मदन पाने
चाहिला सुन्दरी शान्त प्रसन्न बयाने।

रवीन्द्रनाथ इस भाव के सम्बन्ध में कहते हैं–"सौन्दर्य को हमारी वासना से, लोभ से हटाकर स्वतन्त्र रूप में उसे नहीं देखने पर उसको पूर्ण रूप से देखना नहीं

होता है। उस अशिक्षित, असंयत, असम्पूर्ण दृष्टि से हम जो कुछ देखते हैं, उससे हमें तृप्ति नहीं मिलती है, तृष्णा ही बढ़ती है।"[18]

प्रवास जीवन चौधुरी का कहना है कि सौन्दर्य-बोध के साथ रवीन्द्रनाथ की यह संयम-भावना का अर्थ हम तभी समझ पाएँगे जब हम यह समझ लेंगे कि बाहर के साथ अन्तर की मैत्री की स्थापना से ही सौन्दर्य का बोध होता है और यह मैत्री तभी सम्भव हो सकेगी जब बाहर की किसी चीज़ से अपने स्वार्थ के लिए प्रेम न कर हम उसे उसके लिए ही (A thing for its own sake) प्रेम करें।[19]

इस प्रकार, रवीन्द्रनाथ की 'विजयिनी' कविता की आधारभूत चिन्तनधारा के सम्बन्ध में हम जान जाते हैं।

इसके अनुवाद में भी निराला ने वही प्रथा अपनायी है जिस प्रथा से अनुप्रेरित उन्होंने 'निरुद्देश यात्रा' का अनुवाद किया था अर्थात् अनुवाद न करके केवल कुछ भावों को ग्रहण कर अपने मौलिक भावों के साथ उसकी संयोजना करते हुए अपनी चिन्तनधारा को एक नवीन रूप दिया है। यह कविता भी सन् 1924 को लिखी गयी थी और निराला के जीवन का यह एक ऐसा समय था जबकि वे रोमांस तथा बृहत्तर जीवनोपलब्धि के बीच मँडरा रहे थे और इस आवर्त्त में फँसे हुए वे रोमांस को ही अधिक रूप दे रहे थे। रवीन्द्र की भाँति वे स्थिरतर आत्मरति में सौन्दर्य की अनुभूति कर स्व का विश्व में विकास नहीं कर पाये थे इसीलिए जहाँ तक रवीन्द्र की सौन्दर्यानुभूति में वासना के पुट का लेशमात्र नहीं वहाँ निराला की सौन्दर्यानुभूति में वासना चारों ओर छाई हुई है और उस वासना को रूप देकर ही वे शान्त नहीं होते हैं वरन् पादटिप्पणी लिखकर स्पष्ट भी कर देते हैं–

नग्न बाहुओं से उछालती नीर,
तरंगों में डूबे दो कुमुदों पर
हँसता था एक कलाधर

निराला ने ही इसका भाव स्पष्ट किया है–'(दिन में भी) दो कुमुद (उरोजों) को देखकर चन्द्र (मुख) हँस रहा था।' यद्यपि 'विजयिनी' कविता के समान इस कविता का अन्त भी प्रेम के उदात्तीकरण से हुआ है–

वायु सेविका-सी आकर
पीछे युगल उरोज, बाहु, मधुराधर।
तरुणी ने सब ओर
देख, मन्द हँस, छिपा लिये उन्नत, पीन उरोज,
उठा कर शुष्क वसन का छोर।
मूर्छित वसन्त पत्रों पर;
तरु से वृन्तच्युत कुछ फल
गिरे उस तरुणी के चरणों पर।

–तो भी यह कहना ही पड़ेगा कि इस भाव की व्यंजना रवीन्द्रनाथ की कविता में, कामदेव के प्रतीक की सहायता से, अधिक प्रेषणीय (Communicative) हो पाया है। कामदेव चिरन्तन वसन्त के प्रतीक हैं और उस चिर-वसन्त का निरस्त्र होकर विजयिनी को प्रणाम करना विजयिनी के स्थूल देह-सौष्ठव के चित्र को एकदम ही उदात्त बना देना है पर निराला का–

नव-वसन्त काँपा पत्रों में,
देख दृगों की कोर।

–से साधारण वसन्त ऋतु का ज्ञान होता है और उसके–

मूर्छित वसन्त पत्रों पर।

–इस समाचार से वसन्त का चिर-सौन्दर्य के सम्मुख आत्मसमर्पण नहीं वरन् उसे देखकर भावावेग में मूर्छित होना ही प्रकट होता है। और आखिर के दो पद–

तरु से वृन्तच्युत फूल,
गिरे उस तरुणी के चरणों पर

–से ऐसा प्रकट होता है कि वसन्त के मूर्छित होने पर उसके देहभार से विध्वस्त वृक्ष से वृन्तच्युत होकर कुछ फूल अकस्मात् ही तरुणी के चरणों पर गिर पड़ते हैं न कि वसन्त के प्रणाम-निवेदन स्वरूप वे गिरे हैं। वास्तव में अनंग के प्रसंग को हटाकर साधारण वसन्त के प्रसंग की उत्थापना द्वारा निराला रवीन्द्र के भाव का सौन्दर्य खो देते हैं।

इसके अतिरिक्त निराला नये शब्दों की संयोजना से अथवा रवीन्द्र के शब्दों का व्यवहार न करने से रवीन्द्र की कविता के चित्रात्मक रूप वैभव का समाहार अपनी कविता में नहीं कर पाये हैं। उदाहरणार्थ–

खड़ी दूर सारस की जोड़ी,
क्या जाने क्या क्या कहकर दोनों ने ग्रीवा मोड़ी।

अभिधात्मक चित्र के रूप-वैभव में निराला ने 'क्या जाने क्या-क्या कहकर' शब्दों की संयोजना कर उसके वास्तविक रूप-सौन्दर्य की हानि कर दी है। रवीन्द्रनाथ का यह चित्र अधिक सुन्दर तथा भावों के सम्प्रेषण में अधिक सहायक है–

कपोत दम्पति
बसि शान्त अकम्पित चम्पकेर डाले
घन चंचु चुम्बनेर अवसार काले
निभृते करितेछिल विह्वल कूजन ॥

वास्तव में पूरी कविता में जितने भी अभिधात्मक चित्रों का वर्णन है वे मूल भाव–अर्थात् नारी के सौन्दर्य की अभिव्यक्ति में सहायक रूप में हैं। वे चित्र एक ऐसे वातावरण की सृष्टि करते हैं जिससे नारी का सौन्दर्य द्विगुणित हो जाता है और

वह सौन्दर्य बहुत ही सहज रूप में हमारे लिए प्रेषणीय बन जाता है। परन्तु निराला ने अधिकतर उन सब चित्रों को त्याग दिया है और इस प्रकार सौन्दर्यानुभूति के वातावरण की सृष्टि नहीं कर पाये हैं। परन्तु रवीन्द्र के वे चित्र वातावरण के लिए बहुत ही उपादेय सिद्ध हुए हैं, जैसा कि–

चौदिके उठिते छिल मधुर रागिनी
जले स्थले नमस्तले। सुन्दर काहिनी
के येन रचिते छिलो छाया रौद्रकरे,
अरण्येर सुप्ति आर पातार मर्मरे,
वसन्तदिनेर कत स्पन्दने कम्पने
निश्वासे उच्छवासे भावे आभासे गुंजने
चमके झलके। येन आकाशवीनार
रविरश्मि तन्त्रीगुलि सुरवालिकार
चम्पक-अंगुलिघाते संगीत झंकारे
कांदिया उठिते छिल मौन स्तब्धतारे
वेदनाय पीड़िया मूर्छिया। तरुतले
स्खलिया पड़ितेछिल निःशब्दे विरले
विवश वकुलगुलि; कोकिल केवलि
अशान्त गाहितेंछिल, विफल काकलि
कांदिया फिरितेछिल वनान्तर घुरे
उदासिनी प्रतिध्वनि, छायाय अदूरे
सरोवर-प्रान्तवेशे क्षुद्र निर्झरिणी
कल नृत्ये बाजाइया माणिक्यकिंकिणी
कल्लोल मिशितेछिल; तृणांचित तीरे
जलकलकलस्वरे मध्याह्न समीरे
सारस घुमाये छिल दीर्घ ग्रीवाखानि
भंगीभरे बांकाइण पृष्ठं लये खानि
घूसर डानार माझे; राजहंस दल
आकाशे बलाका बांधि सत्वर चंचल
त्यजि कौन दूर नदी–सैकत विहार
उड़िया चलितेछिल गलितनीहार
कैलासेर पाने। वहू वनगंध बहे
अकस्मात श्रान्त वायु उत्तप्त आग्रहे
लुटाय पड़ितेछिल सुदीर्घ निश्वासे
मुग्ध सरसीर वक्षे स्निग्ध बाहुपाशे।

फिर निराला ने जहाँ-जहाँ रवीन्द्र के भावों का भाषानुवाद किया है, वे साधारणतया ठीक नहीं हो पाये हैं और कहीं-कहीं गलत अर्थ भी लगा लिये हैं, जैसे रवीन्द्र के **अच्छोदसरसीनीरे** का अनुवाद **'क्षीण-कटि तटिनी के तट'** गलत किया है। 'अच्छोर' का अर्थ 'क्षीण-कटि' नहीं है। फिर रवीन्द्र के वसन्त, यथा–

वसन्त नवीन

सेदिन फिरितेछिल भूवन व्यापिया
प्रथम प्रेमेर मतो कांपिया कांपिया
क्षणे क्षणे शिहरि शिहरि

–के इस प्रसंग को निराला ने वसन्त तथा वायु में बाँटकर भाव के घनत्व को कम कर दिया है जैसे–

नव वसन्त करता था वन की सैर
x x x
काँप रही थी वायु प्रीति की प्रथम रात की
नवागता, पर प्रियतम-कर-पतिता-सी प्रेममयी।

फिर रवीन्द्र के समीरण के 'प्रलाप' को 'खेल' में परिवर्तित करना उचित नहीं हुआ है। यथा–

समीरण

प्रलाप बकितेछिल प्रच्छायसघन
पल्लव शयन तले, मध्याह्नेर ज्योति
मूर्छित वनेर कोले,

और निराला

पर नीरव अपरिचिता-सी
किरण-बालिकाएँ लहरों से
खेल रही थीं अपने ही मन से, पहरों से।

यद्यपि कहीं-कहीं अनुवाद स्वच्छ तथा सुन्दर हुआ है तथापि भाव को प्रेषणीय बनाने में सफल भी हुआ है। उदाहरणार्थ–

तीरे श्वेत शिलातले सुनील वसन
लुटाइछे एक प्रान्ते स्खलित गौरव
अनाहत;
= रक्खी साड़ी शिला-खण्ड पर
ज्यो त्यागा कोई गौरव-वर।

तथा–

जलप्रान्ते क्षुब्ध क्षुण्ण कम्पन राखिया,
सजल चरणचिह्न आँकिया आँकिया
सोपाने सोपाने, तीरे उठिला रूपसी;
x x x
अंगे अंगे यौवनेर तरंग उच्छल
लावण्येर मायामन्त्रे स्थिच लर
बन्दी हये आछे;
= वियोग से नदी-हृदय कम्पित कर,
तट पर सजल-वरण रेखाएँ निज अंकित कर,
केश-भार जल-सिक्त चली वह धीरे-धीरे
शिला खण्ड की ओर,
x x x
अंग-अंग में नव-यौवन उच्छृंखल,
किन्तु बाँधा लावण्य-पाश से
नम्र सहास अचंचल।

तथा–

सेवकेर मतो
सिक्त तनु मुछि निल आतप्त अंचले
= वायु सेविका-सी आकर
पोंछे युगल उरोज, बाहु, मधुराधर।

इसके अतिरिक्त निराला की कुछ मौलिक उद्भावनाएँ सराहनीय हैं जैसे नारी का अपने साथ साड़ी लाना–

साथ वसन्ती रंग की, चुनी हुई, साड़ी लायी थी।

निष्कर्ष में हम यह कह सकते हैं कि रवीन्द्र की विजयिनी कविता से भाव ग्रहण करने पर भी निराला की नारी विजयिनी की तरह विश्व-सौन्दर्य का प्रतीक नहीं वरन् वह एक साधारण सुन्दरी लज्जाशीला नारी है और उसके वर्णन में निराला बहुत ही सफल हुए हैं। यहाँ अनुवाद का प्रश्न नहीं निराला के कवित्व का प्रश्न है और कवित्व का विषय अर्थात् लज्जाशीला नारी का वर्णन बहुत ही सफल हुआ है और उसके लिए निराला की मौलिक उद्भावनाएँ भी बहुत ही स्पष्ट हैं तथा व्यंजना में सहायक बनी हैं। यथा–

देख चतुर्दिक, सरिता में
उतरी तिर्यग्दृग, अविचल-चित।

तथा–

तरुणी ने सब ओर
देख मन्द हँस, छिपा लिए उन्नत पीन उरोज
उठाकर शुष्क वसन का छोर

—आदि वर्णन में विषयानुकूल नारी का ही रूप चित्रित हुआ है। कदाचित् इसी कारण कविता के शीर्षक 'विजयिनी' को बदलकर 'तट पर' शीर्षक के द्वारा नारी के नदी-तट पर एक साधारण रूप-सौन्दर्य का चित्र अंकित करना ही निराला को अभीष्ट था और इस कार्य में वे सफल भी हुए हैं।

ज्येष्ठ (वैशाख)

रवीन्द्रनाथ की रचनाओं की कालानुक्रमिक सूची के अनुसार तीसरी अनूदित कविता 'ज्येष्ठ' है। रवीन्द्रनाथ के 'कल्पना' काव्य-संग्रह से संगृहीत यह कविता है जिसका शीर्षक रवीन्द्रनाथ ने 'वैसाख' रखा था।

रवीन्द्र की रचनाओं की कालक्रमानुसार आलोचना करते हुए हमने यह देखा कि 'चित्रा' की कविताओं में 'सोनार तरी' के विशुद्ध हृदयावेग के ऊपर भक्ति के रंग का लेप लगा हुआ है। 'मानससुन्दरी' मानो अब कवि-हृदय की वासना के अतीत में जाकर 'अन्तर्यामी' हो कवि के निगूढ़ व्यक्तित्व को दुःख-सुख की विचित्र अभिज्ञता के बीच से आध्यात्मिक अभिव्यक्ति तथा परम सार्थकता की ओर बढ़ाए ले जा रही है।[20] 'चित्रा' के पश्चात् 'चैतालि' में हम कवि को जीवन-रस की सर्वांगीण अनुभूति से अनुप्रेरित कर्मचांचल्य-स्पृहा से मुक्त देखते हैं। जीवन के सहज आनन्द तथा प्रकृति के सरल सौन्दर्य ने कवि के चित्त में रस की इस परिपूर्णता को संचित किया है। यथा—

धन्य आमि हेरितेछि आकाशेर आलो
धन्य आमि जगतेरे बासियाछि भालो।

'चैतालि' में सुकुमार सेन के अनुसार कवि के दृष्टिकोण के दो रूपों की उपलब्धि होती है। एक तात्त्विक, दूसरा रोमाण्टिक और 'कल्पना' की अधिकांश कविताओं में रोमाण्टिक दृष्टिकोण का भाव-प्रसार ही अधिक परिलक्षित होता है। परन्तु यह साधारण रोमाण्टिक दृष्टिकोण नहीं है कारण इस रोमाण्टिक दृष्टि-माधुर्य का अर्थ है—प्रत्यक्ष इन्द्रियानुभूति से निर्लिप्त होना—जो भाव हमें रवीन्द्र की कविताओं में सहज ही मिल जाता है। धीरे-धीरे 'चैतालि' के प्रशान्त परिवेश के अवसान पर मुक्ति का जो शान्तरस कविहृदय को आप्लुत किये हुए था वह जीवन की नूतनतर साधना के रुद्र आह्वान से खतम हो जाता है।[21] सुकुमार सेन कहते हैं कि 'यह साधना नवनियुक्त मृत्य का श्रमदुर्भर कर्म-चांचल्य नहीं, विश्वस्त सेवक का लीलासाहचर्य

है।'[22] 'वर्ष शेष' तथा 'वैशाख' के उन्मादनृत्य में कविहृदय ने सर्वविध जड़ता तथा संस्कार से मुक्त होने के दुर्जय आह्वान को स्वीकार किया है।

छाड़ो डाक, हे रुद्र वैशाख।
भांगिया मध्याह्न तन्द्रा जागि उठि बाहिरिब द्वारे,
चेये रब प्राणीशून्य दग्धतृण दिगन्तेर पारे
निस्तब्ध निर्वाक।
हे भैरव हे रुद्र वैशाख ॥

रुद्र एवं गम्भीर रूप का प्रकृति-वर्णन रवीन्द्र-काव्य में हमें पहले-पहल यहीं दीख पड़ता है। वर्णन में चित्र तथा संगीत का समन्वय दर्शनीय विशेषता है–

हे भैरव, हे वैशाख।
धुलाय धूसर रुक्ष उड्डीन पिंगल जटाजाल,
तपः क्लिष्ट तप्त तनु, मुखे तुलि पिनाक कराल
कारे दाओ डाक,
हे भैरव हे रुद्र विशाख ॥

प्रकृति के इस रुद्ररूप के सम्बन्ध में एक बात विशेष रूप से उल्लेखनीय है। अमियकुमार सेन कहते हैं कि कवि प्रकृति के इस रूप को अधिक देर तक सह नहीं पाते हैं। दूर दिशा के घने पुंजमेघ की दीर्घछाया को कवि 'धरणीर स्निग्ध गन्धोच्छ्वास' से कोमल बना देते हैं और वैशाख से अनुरोध करते हैं कि वह अपने शान्तवारि के द्वारा होमाग्निशिखा को निर्वापित कर दे।[23]

ज्वलितेछे सम्मुखे तोमार
लोलुप चिताग्निशिखा लेहि लेहि विराट अमर–
निखिलेर परित्यक्त मृत स्तूप विगत वत्सर
करि भस्मसार
चिता ज्वले सम्मुख तोमार ॥
हे वैरागी करो शान्ति पाठ।
उदार उदास कण्ठ याक छुटे दक्षिणे ओ वामे–
याक नदी पार हये, याक चलि ग्राम हते ग्रामे,
पूर्ण करि माठ।
हे वैरागी, करो शान्ति पाठ ॥

यहाँ पर भी निराला रवीन्द्र की दूसरी कविताओं के अनुवाद के समान केवल कुछ भावों का चयन कर अपनी कविता में उसे स्थान दे अपनी मौलिक चिन्तनधारा का विकास करते हैं और इस कविता में वे पूर्णरूप से अपनी चिन्तनधारा की अभिव्यक्ति में सफल हुए हैं। सम्पूर्ण कविता एक अखण्ड इकाई (whole) रूप में

हमारे सम्मुख उपस्थित हुई है और रवीन्द्र के भाव की संयोजना द्वारा एक अखण्ड मौलिक भाव प्रस्फुटित हो उठा है।

निराला के जीवन की दो मौलिक चिन्तनधाराओं का समन्वित रूप है यह कविता। कवि-मन का विद्रोह तथा विवेकानन्द के कर्ममय अद्वैतवाद को रूप मिला है इस कविता में। भूमिकारूप में कविता का पहला पद निराला की मौलिक रचना है–

ज्येष्ठ ! क्रूरता-कर्कशता के ज्येष्ठ ! सृष्टि के आदि !
वर्ष के उज्ज्वल प्रथम प्रकाश !
अन्त ! सृष्टि के जीवन के हे अन्त! विश्व के व्याधि!
चराचर के हे निर्दय त्रास!
सृष्टिभर के व्याकुल आह्वान!–अचल विश्वास।
सृष्टिभर के शंकिल अवसान!–दीर्घ निश्वास
देते हैं हम तुम्हें प्रेम-आमन्त्रण,
आओ जीवन-शमन, बन्धु, जीवन-धन।

इस प्रकार कवि विद्रोह की भावना से अनुप्रेरित हो संसार में शान्ति लाना चहते हैं। कर्मवाद ही शान्ति का द्योतक है और इसी भाव का सम्प्रेषण कविता के अन्त में हुआ है जो निराला की अपनी मौलिक देन है।

कर्मयोग–की विमल पताका और मोह का अस्त,
सत्य जीवन के फल का त्याग।
मृत्यु में तृष्णा में अभिराम एक उपदेश,
कर्ममय, जटिल, तृप्त, निष्काम; देव, निश्शेष!
तुम हों वज्र-कठोर किन्तु देवव्रत,
होता है संसार अतः मस्तक–नत।

और इस मौलिक भाव को स्पष्ट करने के लिए निराला ने रवीन्द्र के 'वैशाख' से भावों का चयन किया जो कविता के वातावरण में सुन्दर रूप में समा गया है। और उनका अनुवाद भी सुन्दर हुआ है यद्यपि यह अनुवाद अक्षरशः शब्दानुवाद नहीं है। जैसे–

धुलाय धूसर रुक्ष उड्डीन पिंगल जटाजाल,
तपः विलष्ट तप्त तनु, मुखे तुलि विषाण भयाल,
कारे दाओ डाक,
= घोर जटा पिंगल मंगलमय देव! योगिजन सिद्ध।
धूलि धूसरित, सदा निष्काम!
उग्र! लपट यह लू की है या शूल–करोगे बिद्ध
उसे जो करता हो आराम।

तथा–

ज्वलितेछे सम्मुखे तोमार
लोलुप चिताग्निशिखा लेहि लेहि विराट अमर
निखिलेर परित्याक्त मृत स्तूप विगत वत्सर
करि भस्मसार
= उगलते आग धरा आकाश;
पड़ा चिता पर जलता मृत गत वर्ष प्रसिद्ध असार,

तथा–

तोमार गेरुआ वस्त्रांचल
दाओं पाति नभस्तले-विशाल वैराग्ये आबरिया
= शाम हो गयी, फैलाओ वह पीत गेरुआ वस्त्र,
रजोगुण का वह अनुपम राग,

तो हम देखते हैं कि मूल भावधारा की अभिव्यक्ति में चयन किये गये भाव बहुत ही सफल रूप से संयोजित हुए हैं। इसके अतिरिक्त वर्ष को कर्ममय जीवन का प्रतीक मानने के कारण निराला ने 'वैशाख' शीर्षक को बदलकर 'ज्येष्ठ' धर लिया है; कारण ज्येष्ठ है–

वर्ष के उज्ज्वल प्रथम प्रकाश

ग्रीष्म ऋतु से वर्ष का प्रारम्भ मानने पर ज्येष्ठ वर्ष का प्रथम महीना होता है कारण वैशाख में वसन्त छाया रहता है गरमी नहीं दिखाई पड़ती।

निष्कर्ष में हम कह सकते हैं कि निराला इस कविता में रवीन्द्र से भाव-ग्रहण करने में सम्पूर्ण रूप से सफल हुए हैं और रवीन्द्र के प्रभाव को इन्होंने अपनी मौलिक विचारधारा की सहायता से रस रूप में आत्मसात् कर लिया है। यही कारण है कि यह कविता निराला की श्रेष्ठ कविताओं में अन्यतम सिद्ध होती है।

विवेकानन्द की अनूदित कविताएँ

विवेकानन्द की कविताओं का अनुवाद करते हुए निराला ने रवीन्द्र की कविताओं के तथाकथित अनुवाद की भाँति केवल कुछ भावों का चयन कर मौलिक विचारों का प्रतिपादन नहीं किया है वरन् अक्षरशः अनुवाद किया है। विवेकानन्द के प्रभाव ने ही निराला को इन कविताओं के अनुवाद के लिए प्रेरित किया था। डॉ. रामविलास शर्मा इस सम्बन्ध में लिखते हैं कि 'परिमल' की रहस्यवादी कविताओं को एक साथ पढ़ने पर पता लगता है कि रवीन्द्र से अधिक कवि पर विवेकानन्द का प्रभाव है। इष्टदेव की मातृ रूप में कल्पना को स्वामी विवेकानन्द ने ही लोकप्रिय बनाया था। 'देवी तुम्हें मैं क्या दूँ' 'एक बार बस और नाच तू श्यामा' आदि रचनाओं में यह

प्रभाव स्पष्ट है। इन कविताओं की विशेषता यह है कि भावुकता के आँसुओं के बदले जीवन की दारुण व्यथा को गहरे रंगों में अंकित किया गया है और माता के रूप में इष्टदेवी आनन्द से अधिक शक्ति की देवी बन गयी हैं।[24]

सन् 24 में निराला जी ने स्वामी विवेकानन्द की कई रचनाओं का अनुवाद किया था। डॉ. रामविलास शर्मा का कहना है कि सरल भाषा के प्रवाह में वे मूल बंगला के ओज को भलीभाँति सुरक्षित रख सके हैं। इन कविताओं में शृंगार से विरक्ति और ध्वंस से प्रेम प्रकट किया गया है। छायावादी कवियों ने प्रलयंकर रुद्र के ताण्डव के जो गीत गाये हैं, उनका श्रीगणेश 'नाचे उस पर श्यामा' आदि कविताओं से होता है।[25] निराला ने सर्वप्रथम विवेकानन्द की 'गाइ गीत शुनाते तोमाय' का अनुवाद किया था। अक्षरशः अनुवाद के होने पर विवेकानन्द की चिन्तनधारा के सम्बन्ध में आलोचना की आवश्यकता और नहीं रह गयी है क्योंकि मूल भावधारा में कहीं भी परिवर्तन नहीं हुआ और न ही निराला ने किसी नये भाव की संयोजना की बात ही सोची है। अनुवाद की दृष्टि से यह एक सफल अनूदित कविता है जहाँ शीर्षक से लेकर अन्त तक मूल की स्थिति उसी रूप में वर्तमान है। विवेकानन्द की कठिन चिन्तनधारा समन्वित कविता के सुष्ठु अनुवाद से निराला के गम्भीर बंगला-ज्ञान का पता चलता है। उदाहरणार्थ—

मेरुतटे हिमानी पर्वत,
योजन योजन से विस्तार ;
अभ्रभेदी निरभ्र आकाशे
शत उठे चूड़ा तार।
झकमकि ज्वले हिमशिला
शत शत बिजलि-प्रकाश!
उत्तर अयने विवस्वान,
एकीभूत सहस्र किरण,
कोटि वज्रसम करधारा
ढाले यबे ताहार ऊपर,
शृंगे शृंगे मूर्च्छित भास्कर,
गले चूड़ा शिखर गह्वर,
विकट निनादे खसे पड़े गिरिवर,
स्वप्नसम जले जले जाय मिले।[26]

= योजनों तक फैला हुआ
हिम से आच्छादित
मेरु-तट पर है महागिरि

अभ्रभेदी बहु शृंग
अभ्रहीन नभ में उठे,
दृष्टि झुलसती हुई हिम की शिलाएँ वे,
विद्युत-विकास से है शतगुण प्रखर ज्योति;
उत्तर अयन में उस
एकीभूत कर की सहस्र ज्योति-रेखाएँ
कोटि-वज्र-सम कर-कर-धारा जब ढालती हैं,
एक एक शृंग पर
मूर्च्छित हुए-से-भुवन-भास्कर हैं दीखते,
गलता है हिम-शृंग
टपकता गुहा में,
घोर नाद करता हुआ
टूट पड़ता है गिरि,
स्वप्न-समजल-बिम्ब जल में मिल जाता है।

इसके अतिरिक्त निराला ने मूल कविता के कुछ शब्दों में हेर-फेर कर तथा कुछ नवीन वाक्यों का संयोजन कर भाव को और भी अधिक तीव्र बना दिया है। जैसे—

शियरे दांड़ाय तुमि रेते
निर्वाक् आनन, छल छल आँखि
चाह मम मुखपाने।

और निराला का अनुवाद है—

किन्तु निशाकाल में
देखता हूँ,
शय्या-शिरोभाग में खड़े तुम चुपचाप,
छल छल आँखें,
हेरते हो मेरे मुख की ओर एक-टक।

यह अनुवाद मूल से अधिक सुन्दर है। यद्यपि एक स्थान पर निराला की, कुछ वाक्यों को कविता में फिर से दुहराकर अर्थ को सरल करने की चेष्टा खराब नहीं तो बेकार अवश्य रही है। जहाँ विवेकानन्द केवल एक वाक्य को—

महा अन्धकार फेरे अन्धकार-बुके

—दुहराते हैं वहाँ निराला पूरे भाव को दुहरा जाते हैं—

प्रलय के समय में जब
ज्ञान-ज्ञेय-ज्ञाता-लय

होता है अगणन-ब्रह्माण्ड-ग्रास करके, यह
ध्वस्त होता संसार,
पार कर जाता है तर्क की सीमा को
नहीं रह जाता कुछ-सूर्य-चन्द्र-तारा-ग्रह–

यद्यपि हम इसे दोष नहीं कह सकते तथापि इसको हम गुण के अन्तर्गत भी नहीं रख सकते।

निष्कर्ष में हम कह सकते हैं कि उपर्युक्त सामान्य त्रुटि-विच्युति के रहने पर भी यह अनुवाद सर्वांगीण दृष्टि से सुन्दर है।

विवेकानन्द की दूसरी कविता 'नाचुक ताहाते श्यामा' का अनुवाद भी सुन्दर हुआ है। इस कविता में कोमल तथा कठोर भाव के चित्रों को पास-पास दिखाया गया है। कोमलता प्रत्येक को प्रिय है, यह भी अभिव्यक्त है–'मन चाय हासिर हिन्दोल..." इत्यादि। कठोर भाव को कोई नहीं चाहता है, सभी उससे दूर रहना चाहते हैं। किन्तु कोमल-प्राण व्यक्ति यदि दारिद्र्य, दुःख, रोग, महामारी इत्यादि को देखकर भय से अभिभूत हो जाते हैं, फिर वह कोमलता यथार्थ दृष्टि से दुर्बलता तथा कापुरुषता है, उसको हटाकर सर्वदा मृत्यु को आलिंगन करने के लिए प्रस्तुत रहना ही वीरत्व तथा मनुष्यत्व है एवं इस प्रकार के कठोर भावुक के हृदय पर श्यामा नृत्य करती है, वही यहाँ वर्णित है।

निराला ने अनुवाद करते हुए इसी भाव को सुन्दर रूप से व्यंजित किया है और स्थान-स्थान पर मूल से अधिक कवित्वमय भाव को प्रकट किया है। उदाहरणार्थ–

भ्रमर चंचल, कत वा कमल दोले।
= चल-शतदल पर भ्रमर-विहार।

निःसन्देह निराला का यह अनुवाद अधिक कवित्वमय है। कवित्वमय का और एक उदाहरण–

स्वरमय पत्रत्रिनिचय, लुकाय पाताय, शुनाय सोहागवाणी।
= स्वरमय किसलय, निलय बिहंगों
के बजते सुहाग के तार ॥

इसके अतिरिक्त विवेकानन्द के भावों को निराला नूतन शब्दों में संयोजित कर उसका अपूर्व स्पष्टीकरण करने में समर्थ हुए हैं। उदाहरणार्थ–

वर्णखेला धरातल छाय,
राग परिचय भावराशि जेगे उठे।
= धरा-अधर धारण करते हैं,–
रंग के रागों के आकार
देख देख भावुक जन मन में
जगते कितने भाव उदार।

और इस स्पष्टीकरण की प्रक्रिया में निराला कहीं-कहीं विवेकानन्द से आगे भी बढ़ गये हैं। जैसे–

श्रुतिपथे वीणार झंकार,
वासना विस्तार, राग ताल मान लये।
बजती है श्रुति पथ में वीणा,
तारों की कोमल झंकार
ताल-ताल पर चली बढ़ाती
ललित वासना का संसार।

इसके अतिरिक्त, इस स्पष्टीकरण की प्रक्रिया में उन्होंने अपनी ओर से कई वाक्यों की संयोजना कविता में की है, जैसे–

1. मलय वनज-वन-यौवन हास
2. दहक दहक दह कँपा रहीं भू-नभ के छोर।
3. (बढ़ा हाथ दोनों मिलने को)
चलती प्रकट प्रेम अभिसार
4. (किन्तु कलाधर को ही देता)
सारा विश्व प्रेम सम्मान
5. 'दयामयी' कह कह चिल्लाते,
माँ, दुनिया का देखा ढोंग।

तथा–

6. (नाचे उस पर श्यामा), घन रण
में लेकर निज भीम कृपाण।

निष्कर्ष में हम कह सकते हैं कि निराला के श्रेष्ठतम अनुवादों में इस कविता को स्थान मिलेगा। अनुवाद करते हुए कविता में छिपे हुए सौन्दर्य का उद्‌घाटन करने में कवि निराला समर्थ हुए हैं और केवल समर्थ ही नहीं, कहीं-कहीं अधिक कवित्वमय होकर विवेकानन्द से आगे भी बढ़ गये हैं।

'अनामिका' (1937) में जो तीसरी विवेकानन्द की अनूदित कविता है उसका शीर्षक है 'सखा के प्रति'। यह अनुवाद भी विवेकानन्द की अन्य अनूदित कविताओं के समान सुन्दर तथा स्वच्छ है। विवेकानन्द की कठिन भाषा का सुन्दर तथा प्रांजल अनुवाद सत्य ही प्रशंसनीय है। उदाहरणार्थ–

पक्षहीन शोन विहंगम, ए ये नहे पथ पालावार
बारम्बार पाइछ आघात, केन कर वृथाय उद्यम?
छाड़ विद्या जप यज्ञ बल, स्वार्थहीन प्रेम ये सम्बल,
देख शिक्षा देय पतंगम अग्निशिखा करि आलिंगन।

रूपमुग्ध अन्ध कीटाधम, प्रेममत्त तोमार हृदय
हे प्रेमिका, स्वार्थ मलिनता अग्निकुण्डे कर विसर्जन।
= पंखविहीन हो रहे हो तुम, सुनो वहाँ के वियोग सकल।
नहीं कहीं बढ़ने का पथ है, कहाँ भाग जाओगे तुम?
बार बार आघात पा रहे—व्यर्थ कर रहे हो उद्यम।
छोड़ो विद्या जप-तप का बल; स्वार्थ विहीन प्रेम आधार
एक हृदय का, देखो, शिक्षा देता है पतंग का प्यार
अग्निशिखा की आलिंगन कर रूप मुग्ध वह कीट अधम
अन्ध; और तुम मत्त प्रेम के, हृदय तुम्हारा उज्ज्वलतम
प्रेमवन्त ! सब स्वार्थ मलिनता अनल कुण्ड में
भस्मीकृत कर दो,

अनुवाद बहुत ही सुन्दर हुआ है केवल पहले वाक्य में कुछ त्रुटि के रहने के कारण मूल अर्थ में परिवर्तन हो गया है। यथा—

आँधारे आलोक अनुभव,
दुःखे सुख, रोगे स्वास्थ्य पान

—का गलत अनुवाद निराला ने इस प्रकार किया है—

रोग स्वास्थ्य में, सुख में दुख,
है अन्धकार में जहाँ प्रकाश।

इसका निर्भूल अनुवाद निम्नलिखित होना चाहिए था—

स्वास्थ्य रोग में दुख में सुख
है अन्धकार में जहाँ प्रकाश

निष्कर्ष में कह सकते हैं कि इस त्रुटि के रहने पर भी अनुवाद सुष्ठु तथा प्रांजल हुआ है।

इन तीनों अनुवादों के अतिरिक्त निराला के नये पद्य-काव्य-संग्रह (1946) में विवेकानन्द के दो अंग्रेज़ी कविताओं के अनुवाद संगृहीत हैं। पहला, विवेकानन्द की कविता 'टू दी फ़ोर्थ जुलाई' का अनुवाद 'चौथी जुलाई के प्रति' तथा दूसरा 'काली दी मदर' का अनुवाद 'काली माता' के नाम से हुआ है।

'टू दी फ़ोर्थ जुलाई' के अनुवाद को पढ़ने से निराला की काव्य-सृष्टि के एक विशेष तथ्य का पता लग जाता है। आरम्भिक अनुवादों की तरह इसमें क्लिष्ट शब्दों का प्रयोग नहीं के बराबर है। उर्दू शब्दों के प्रयोग की बहुलता पाई जाती है। यद्यपि यह शायद 'सरलता' के लिए किया गया है। उदाहरणार्थ—

Move on, O lord, in thy resistless path !
Till thy high noon o'erspread the world,

Till every land reflect thy light,
Till men and women, with uplifted head.
Behold their shackies broken, and
know, in springing joy, their life renewed ![27]

इसका अनुवाद–

देव, चलते ही चलो बेरोकटोक,
विश्व को दुपहर न जब तक घेर ले,
कर तुम्हारा अर जर्मी जब तक न दे,
स्त्री-पुरुष जब तक न देखे चाव से,
बेड़ियाँ उनकी कटीं, उल्लास की,
जो नयी जब तक न समझें आ गयी।

दूसरी कविता 'काली दी मदर' का अनुवाद विषय के अनुकूल तत्सम शब्दों के प्रयोग से ही किया गया है। अनुवाद सुन्दर हुआ है। उदाहरणार्थ–

The stars are blotted out,
The clouds are covering clouds,
It is darkness vibrant, Sonant.
In the roaring whirling wind
Are the souls of a million lunatics –
Just loose from prison-house,–
Wrenching trees by roots,
Sweeping all from the path,
The sea has joined the fray,
And swirls up mountain-waves
To reach the pitchy sky–[28]

इसका अनुवाद–

छिप गये तारे गगन के,
बादलों पर चढ़े बादल,
काँपकर घहरा अँधेरा,
गरजते तूफान में, शत
लक्ष्य पागल प्राण, छूटे
जल्द कारागार से–द्रुम
जड़-समेत उखाड़कर, हर
बला पथ की साफ़ करके।
शोर से आ मिला सागर,
उठ रहे हैं कृष्ण नभ को
स्पर्श करने के लिए द्रुत,

अनुवाद की सुन्दरता बंगला के प्रख्यात कवि सत्येन्द्रनाथदत्त के अनुवाद से तुलना करने पर और भी स्पष्ट हो जाती है–

निःशेषे निबेछे तारादल, मेघ एसे आबरिछे मेघ
स्पन्दित, ध्वनित अन्धकार, गरजिछे घूर्ण्यवायुवेग !
लक्ष-लक्ष उन्माद पराण वहिंगत बन्दिशाला हते,
महावृक्ष समूल उपाड़ि फुत्कार उड़ाये चले पथे।
समुद्र संग्रामे दिल हाना, उठे ढेउ गिरिचूड़ा जिनि
नभस्तल परशिते चाय !

(2) निराला की कविताओं का बंगला-अनुवाद

निराला के अनुवादों की आलोचना के उपरान्त निराला की कविताओं के बंगला-अनुवाद का उल्लेख कर देना यहाँ अनुचित न होगा। अनुवाद साधारणतया लेखक मूल की भावनाओं से प्रभावित होकर ही करता है। परन्तु निराला जहाँ बंगला से प्रभावित हुए थे वहाँ बंगला को भी उन्होंने प्रभावित किया है इसीलिए उनकी कविताओं का अनुवाद हमें बंगला-भाषा में प्राप्त होता है। सुधाकर चट्टोपाध्याय द्वारा अनूदित कविताओं के कुछ अंश नीचे उद्धृत किये जाते हैं–

कब से मैं पथ देख रही, प्रिय
और न तुम्हारे रेख रही, प्रिय।
तोड़ दिये जब सब अवगुण्ठन
रहा एक केवल सुख लुण्ठन
तब क्यों इतना विस्मय कुण्ठन?
असमय-समय न करो खड़ी, प्रिय?

इसका बंगला-अनुवाद–

कबे थेके पथ चेये आर काल गुणे
बसेइ आछि तोमार लागि हाय प्रिय।
टुटल यखन सकल अवगुण्ठन-इ
रइल यखन केवल सुखेर लुण्ठन–इ
तखन केन विस्मयेर एइ कुण्ठने
काल-अकालेर बाछ-विचारें चुप, प्रिय?[29]

सुधाकर द्वारा अनूदित निराला की एक गद्य-कविता के कुछ अंश का अनुवाद भी नीचे प्रस्तुत किया जाता है :

आज ठण्डक अधिक है।
बाहर ओले पड़ चुके हैं,

एक हफ्ते पहले पाला पड़ा था–
अड़हर कूल-की कूल मर चुकी थी,
हवा हाड़ तक बेध जाती है,
गेहूँ के पेड़ ऐंठे खड़े हैं,
खेतिहारों में जान नहीं
मनमारे दरवाजे कौड़े ताप रहे हैं
एक दूसरे से गिरे गले बातें करते हुए,
कुहरा छाया हुआ।

इसका बंगला-अनुवाद है–

आज ठाण्डा किछु बेशि
बाइरे पड़ेछे शिल
हप्ता खानेक आगे झरेछे बरफ
अड़रेर कूल के कूल गेछे मरे
हाओया हाड़ेर भितर याच्छे बिंधे
गभेर चारा तेबड़े रयेछे खाड़ा
किसानदेर फुर्ति नेइ मने
मनमारा-दरजाय आगुन पोयाच्छे
ए ओर साथे निचुगलाय कइछे कथा
छेयेछे कुयाशा।[30]

(3) निराला की बंगला-कविताएँ

निराला अपने प्रारम्भिक काल में बंगला-भाषा में कविताएँ रचा करते थे जिसका प्रमाण उनका एक दोहा है–

करि अंग भंग भाषा को समस्त छन्द
ब्रज अवधी में अब कवित्त हमें लिखनी है

ये कविताएँ काफ़ी साहित्यिक तथा रोचक हुआ करती थीं जिनके सम्बन्ध में उल्लेख करते हुए गंगाप्रसाद पाण्डेय लिखते हैं कि उनकी बंगला-कविताओं की तारीफ़ महिषादल से कलकत्ते तक समान रूप से होने लगी।[31] परवर्ती युग में आकर इन्होंने बंगला में कविता लिखना छोड़ दिया और रचित बंगला-कविताओं का कोई संग्रह भी नहीं छपाया। इस प्रकार अधिकांश बंगला-कविताएँ काल के गर्भ में विलीन हो गयीं। यद्यपि उनके अणिमा काव्य-संग्रह में उनकी एक बंगला-कविता 'माननीया श्रीमती विजयलक्ष्मी पण्डित के प्रति' संकलित प्राप्त हो जाती है। इस कविता की शैली सम्पूर्णतया रवीन्द्रनाथ की शैली है। कविता चतुर्दशपदी है और यह भी रवीन्द्र का प्रभाव लगता है। उदाहरण–

से दिन तुमि आमाय डेके छिले
आमार संगे कथा बोलबे बोले
भेबेछिलाम, कोनो आछिलाय
एड़िये जाबो एमन विषम दाय।–इत्यादि।[32]

(4) बंगला-कविता पर लिखी गयी पैरोडी

निराला ने रवीन्द्र की दो-एक कविताओं की पैरोडी लिखी है। इसको वास्तविक काव्यगत-रूप-विन्यास के अन्तर्गत नहीं रख सकते हैं क्योंकि यह साधारणतया निकृष्ट कोटि की रूप-रचना समझी जाती है। चूँकि यहाँ रवीन्द्र का प्रभाव परिलक्षित है इसीलिए इसका विवरण यहाँ दिया जा रहा है। यद्यपि यह कहना ही पड़ेगा कि इसमें निकृष्टता कदापि भी लक्षित नहीं होती कारण यह निराला की विशिष्ट व्यंग्य कविताओं के अन्तर्गत आती है। निराला की दो कविताएँ–'खजोहरा' तथा 'रानी और कानी' सामान्यतः रवीन्द्र की 'विजयिनी' तथा 'कृष्णकलि' पर पैरोडी के रूप में लिखी गयी हैं।

खजोहरा एक यथार्थवादी चित्रण है। डॉ. बच्चनसिंह इसे टैगोर की विजयिनी की पैरोडी कहते हैं। उनका कहना है कि विजयिनी इस रचना की बुआ है। विजयिनी में नायिका के स्नान करते समय का रूप-चित्र अंकित किया गया है[33]–

सरसीर
प्रान्तदेशे, बकुलेर घनच्छायातले
श्वेत शिलापटे, आवक्ष डुबाये जले
बसिया सुन्दरी कम्पमाने छायाखानि
प्रसारिया स्वच्छ नीरे-वक्षे लये टानि
सयत्नपालित शुभ्र राजहंसटिरे
करिछे सोहाग; नग्न बाहुपाशे फिरे
सुकोमल डानादुटि, लम्बग्रीवा तार
राखि स्कन्ध–परे कहितेछे बारम्बार
स्नेहेर प्रलापवाणी; कोमल कपोल
बुलाइछे हंसपृष्ठे परशविमोल ॥

खजोहरा की बुआ सावन में गाँव के ताल में स्नान करने जाती है। मेढक की ध्वनि, तेज़ पुहवाँ हवा के झोंकों से झुके हुए पौदे, भागती हुई लोमड़ी, अड़ा हुआ वनबिलाव विजयिनी के सरिता-तट वाले वातावरण के विपरीत है। ज्योंही बुआ तालाब में उतरती है निराला उसे टैगोर की विजयिनी कहते हैं। परन्तु वहाँ विजयिनी के विपरीत ही चित्र है–

पैठी बुआ ताल में जैसे हथिनी,
मारे डर के काँपने लगा पानी,
लहरें भागीं चढ़ने को किनारे पर,
रेला पानी बुआ ने बाँहों में भर।
नीब के खम्भों से पैर कीच में थे।
जाँघ से छाती तक अंग बीच में थे।

डॉ. बच्चनसिंह कहते हैं कि पैरोडी होने पर भी यह भारतीय समाज-व्यवस्था के एक अपरूप पक्ष का निदर्शन भी कराती है।

'रानी और कानी' भी इसी तरह रवीन्द्र की 'कृष्णकलि' की यथार्थमयी पैरोडी है। रवीन्द्र जहाँ कहते हैं–

कृष्णकलि आमि तारेइ बलि,
कालो तारे बले गाँयेर लोक।
मेघला दिने देखेछिलाम माठे
कालो मेयेर कालो हरिण-चोख।

'रानी और कानी' में इसका विवरण दूसरे प्रकार का है–

माँ उसको कहती है रानी
आदर से, जैसा है नाम;
लेकिन उसका उल्टा रूप,
चेचक के दाग, काली, नक-चिप्टी,
गंजा सर, एक आँख कानी।

जैसा कि हम बता चुके हैं कि ये पैरोडियाँ निकृष्ट कोटि की कलागत कृत्रिमता को प्रदर्शित नहीं करती हैं वरन् निराला की विद्रोही भावना ने हमारी सामाजिक कुरीतियों पर व्यंग्य-प्रहार करना चाहा अतः फलस्वरूप इस प्रकार की कविताएँ उन्होंने लिखीं जहाँ हृदय की व्यथा व्यंग्य में परिणत हो गयी है। यही इन पैरोडियों का रूप है।

सन्दर्भ

1. निराला : भाषा की गति और हिन्दी की शैली, चयन।
2. निराला : 'चरित्रहीन', चाबुक।
3. Rickett : A history of Eng. Lit, Page 467
4. वही।
5. रामविलास शर्मा, निराला, पृ. 78
6. निराला, चाबुक।

7. सुकुमार सेन, बांगला साहित्येर इतिहास, तृतीय खण्ड, पृ. 4
8. वही, पृ. 13
9. तपनकुमार बन्द्योपाध्याय, रवीन्द्र-जिज्ञासा, पृ. 1
10. सुकुमार सेन, बांगला साहित्येर इतिहास, पृ. 14
11. रामविलास शर्मा : निराला, पृ. 56
12. सुकुमार सेन, बांगला साहित्येर कथा, पृ. 103
13. तपनकुमार बन्द्योपाध्याय, रवीन्द्र-जिज्ञासा, पृ. 22
14. वही, पृ. 24
15. तपनकुमार बन्द्योपाध्याय, रवीन्द्र-जिज्ञासा, पृ. 39
16. रवीन्द्रनाथ : 'धर्म'।
17. तपनकुमार बन्द्योपाध्याय, रवीन्द्र-जिज्ञासा, पृ. 48
18. रवीन्द्रनाथ : साहित्य, पृ. 47
19. प्रवास जीवन चौधुरी : रवीन्द्रनाथेर सौन्दर्य दर्शन, पृ. 32
20. सुकुमार सेन, बांगला साहित्येर इतिहास, तृतीय खण्ड।
21. वही।
22. वही, पृ. 119
23. अमियकुमार सेन, प्रकृतिर कवि रवीन्द्रनाथ, पृ. 129
24. रामविलास शर्मा : निराला, पृ. 66
25. वही।
26. विवेकानन्द : वीरवाणी, पृ. 40
27. वही, पृ. 66
28. वही, पृ. 58
29. शान्तिरंजन बन्द्योपाध्याय : आधुनिक भारतीय साहित्य, पृ. 57
30. वही, पृ. 58
31. पाण्डेय : महाप्राण निराला, पृ. 33
32. निराला : अणिमा।
33. बच्चनसिंह : क्रान्तिकारी कवि निराला।

सहायक ग्रन्थों की सूची

हिन्दी

	ग्रन्थकार	ग्रन्थ	प्रकाशक
1	केदारनाथसिंह	कल्पना और छायावाद	**वाणी प्रकाशन, नयी दिल्ली**
2.	गंगाप्रसाद पाण्डेय	महाप्राण निराला	साहित्य संसार, प्रथमावृत्ति, सं. 2006
3.	गिरीशचन्द्र तिवारी	कवि निराला और उनका काव्य साहित्य	साहित्य भवन, इलाहाबाद, प्रथम संस्करण, 2013 वि.
4.	गुलाबराय	सिद्धान्त और अध्ययन	प्रतिभा प्रकाशन, दिल्ली
5.	धीरेन्द्र वर्मा (सं.)	साहित्य कोश	ज्ञानमण्डल लि., बनारस
6.	नगेन्द्र	आधुनिक हिन्दी-कविता की मुख्य प्रवृत्तियाँ	गौतम बुक डिपो, दिल्ली, प्रथम प्रकाशन, सन् 1951
7.	नामवर सिंह	छायावाद	सरस्वती प्रेस, बनारस
8.	'निराला' सूर्यकान्त त्रिपाठी	परिमल	गंगा ग्रन्थागार, लखनऊ
9.	'निराला' सूर्यकान्त त्रिपाठी	अनामिका	भारती भण्डार, इलाहाबाद
10.	'निराला' सूर्यकान्त त्रिपाठी	गीतिका	भारती भण्डार, इलाहाबाद
11.	'निराला' सूर्यकान्त त्रिपाठी	तुलसीदास	भारती भण्डार, इलाहाबाद
12.	'निराला' सूर्यकान्त त्रिपाठी	कुकुरमुत्ता	किताब महल, इलाहाबाद
13.	'निराला' सूर्यकान्त त्रिपाठी	नये पत्ते	

14. 'निराला' सूर्यकान्त त्रिपाठी	बेला	
15. 'निराला' सूर्यकान्त त्रिपाठी	अपरा	साहित्यकार-संसद, प्रयाग
16. 'निराला' सूर्यकान्त त्रिपाठी	गीत-पुंज	हिन्दी प्रचारक पुस्तकालय, बनारस
17. 'निराला' सूर्यकान्त त्रिपाठी	आराधना	साहित्यकार-संसद, प्रयाग
18. 'निराला' सूर्यकान्त त्रिपाठी	अणिमा	युग मन्दिर, उन्नाव
19. 'निराला' सूर्यकान्त त्रिपाठी	रवीन्द्र कविता कानन	वाणी प्रकाशन, नयी दिल्ली
20. 'निराला' सूर्यकान्त त्रिपाठी	चयन	कल्याण दास एण्ड ब्रदर्स, वाराणसी
21. 'निराला' सूर्यकान्त त्रिपाठी	प्रबन्ध-पद्म	श्री दुलारे लाल भार्गव, लखनऊ
22. 'निराला' सूर्यकान्त त्रिपाठी	चाबुक	
23. 'निराला' सूर्यकान्त त्रिपाठी	पन्त और पल्लव	
24. 'प्रसाद' जयशंकर	काव्य-कला और अन्य निबन्ध	
25. बच्चनसिंह	क्रान्तिकारी कवि निराला	काशी, प्रथम संस्करण, 2004
26. मानव विश्वम्भरनाथ	निराला—काव्य-दिशाएँ	
27. रवीन्द्र सहाय वर्मा	हिन्दी-काव्य पर आंग्ल प्रभाव	पंकजा प्रकाशन, कानपुर
28. महावीर प्रसाद द्विवेदी	सुकवि किंकर	
29. रामधारी सिंह दिनकर	संस्कृति के चार अध्याय	राजपाल एण्ड सन्स, दिल्ली
30. रामचन्द्र शुक्ल	हिन्दी-साहित्य का इतिहास	नागरी-प्रचारिणी-सभा, काशी, नूतन संस्करण।
31. रामविलास शर्मा	निराला	जन-प्रकाशन-गृह, बम्बई।

32. रामरतन भटनागर	कवि निराला : एक अध्ययन	किताब महल, इलाहाबाद
33. वाजपेयी नन्द दुलारे	आधुनिक साहित्य	
34. विश्वम्भरनाथ उपाध्याय	महाकवि निराला—काव्य, कला और कृतियाँ	
35. शम्भूनाथसिंह	छायावाद युग	सरस्वती मन्दिर, बनारस
36. शिवप्रसाद सिंह	विद्यापति	
37. हजारी प्रसाद द्विवेदी	हिन्दी साहित्य	अतर चन्द्र कपूर एण्ड संस, दिल्ली
38. हजारी प्रसाद द्विवेदी	हिन्दी साहित्य की भूमिका	हिन्दी ग्रन्थ रत्नाकर कार्यालय, बम्बई, चतुर्थ संस्करण

बंगला

39. अमिय कुमार सेन	प्रकृतिर कवि रवीन्द्रनाथ	विश्वभारती ग्रन्थालय, कलकत्ता
40. अमूल्यधन मुखोपाध्याय	बंगला छन्देर मूलसूत्र	
41. चारुचन्द्र बन्द्योपाध्याय	कवि-रश्मि (द्वितीय खण्ड)	ए. मुखर्जी एण्ड को, कलकत्ता
42. तपनकुमार बन्द्योपाध्याय	रवीन्द्र-जिज्ञासा	
43. धूर्जटिप्रसाद मुखोपाध्याय	वक्तव्य	विद्योदय लाइब्रेरी
44. प्रवास जीवन चौधुरी	रवीन्द्रनाथेर सौन्दर्य दर्शन	ए मुखर्जी एण्ड को. कलकत्ता
45. प्रथमनाथ विशी	रवीन्द्र काव्य-प्रवाह (द्वितीय खण्ड)	मित्र एण्ड घोष, कलकत्ता
46. प्रथमनाथ विशी	नेहरू—व्यक्ति तथा व्यक्तित्व	
47. बुद्धदेव बसु (सम्पादक)	आधुनिक बांगला कविता	एम. सि. सरकार एण्ड संस लिमिटेड, कलकत्ता
48. मोहित लाल मजुमदार	साहित्य विचार	
49. रवीन्द्रनाथ ठाकुर	गीतांजलि	विश्वभारती ग्रन्थालय, नूतन संस्करण, 1355 बंगाब्द।

50. रवीन्द्रनाथ ठाकुर	संचयिता	विश्वभारती ग्रन्थालय, नूतन संस्करण, 1355 बंगाब्द।
51. रवीन्द्रनाथ ठाकुर	चयनिका	विश्वभारती ग्रन्थालय
52. रवीन्द्रनाथ ठाकुर	संकलन	विश्वभारती ग्रन्थालय
53. रवीन्द्रनाथ ठाकुर	पुनश्च	विश्वभारती ग्रन्थालय
54. रवीन्द्रनाथ ठाकुर	साहित्य	विश्वभारती ग्रन्थालय
55. रवीन्द्रनाथ ठाकुर	निबन्ध-संग्रह	विश्वभारती ग्रन्थालय
56. रवीन्द्रनाथ ठाकुर	जीवन-स्मृति	विश्वभारती ग्रन्थालय
57. विश्वपति चौधरी	काव्ये रवीन्द्रनाथ	मित्र एण्ड घोष, कलकत्ता
58. विवेकानन्द	वीरवाणी	विवेकानन्द सोसाइटी, कलकता
59. विमल कान्ति समद्दार	रवीन्द्र काव्ये कालिदासेर प्रभाव	गुरुदास चट्टोपाध्याय एण्ड संस, कलकत्ता
60. शान्तिरंजन बन्द्योपाध्याय	आधुनिक भारतीय साहित्य	
61. शान्तिदेव घोष	रवीन्द्र संगीत	वाणी प्रकाशन, नयी दिल्ली
62. सुधाकर चट्टोपाध्याय	आधुनिक हिन्दी साहित्ये बांगलार स्थान, प्रथम खण्ड	शरत् साहित्य, कलकत्ता
63. सुकुमार सेन	बांगला साहित्येर इतिहास, तृतीय खण्ड (रवीन्द्रनाथ ठाकुर)	प्रथम संस्करण, 1953, मर्डन बुक एजेंसी, कलकत्ता
64. सुकुमार सेन	बांगला साहित्येर इतिहास, तृतीय खण्ड (रवीन्द्रनाथ ठाकुर)	द्वितीय संस्करण, मर्डन बुक एजेंसी सन् 1952
65. क्षितिमोहन सेन	बलाका-काव्य-परिक्रमा	

अंग्रेज़ी

66. A.C. Bradley	Oxford Lectures on Poetry	Macmillam & Co. London.
67. Albert, D. Van (Editor)	Literary Criticism in America	The liberal Art Press, New York.
68. Arthur compton Rickett	A History of English Literature	Thomas Nilson & Sons Ltd.

69. Codwell	Illusion & Reality : A History of the Sources of Poetry	People's Publishing House, Bombay, 1947
70. Cecil Day Lewis	Poetic Image	Jonathan Cape, London,1947
71. Hurbert Spencer	The Origin and Function of Music	
72. Hippolyta Tenne	History of English Literature	
73. I.A.Richards	Principles of Literary Criticism	Routledge & Kegan Paul Ltd. London.
74. Progue	Romantic Agony	
75. Shakespeare	Hamlet	
76. T.S.Eliot	Selected Essays	Faber & Faber Ltd. London.
77. W.H. Hudson	An Introduction to the Study of Literature	Geroge G. Harrap & Co. Ltd.

संस्कृत

78. उद्भट	कवि रहस्य
79. कालिदास	मेघदूत
80.	यजुर्वेद

पत्र-पत्रिकाएँ

81. काव्यालोचन विशेषांक—आलोचना का 25वाँ अंक

82. नया साहित्य, निराला अंक

83. साहित्य पत्रिका, कार्त्तिक 2007

84. दी न्यू....... जनरल ऑफ़ फिलोसोफ़िकल, स्टडीज़, जुलाई, 1939

❑❑